主辦單位　西北師範大學歷史文化學院
　　　　　甘肅簡牘博物館
　　　　　河西學院河西史地與文化研究中心
　　　　　蘭州城市學院簡牘研究所

顧　　問　裘錫圭　胡平生　李均明　王子今　吳振武　初師賓

編輯委員會主任　田　澍　張德芳
編輯委員會副主任　劉再聰　高　榮　孫占宇

主　　編　楊振紅
副 主 編　李迎春

編輯委員　（以姓氏筆畫爲序）
　　　　　于振波　〔韓〕尹在碩　田　河　田　澍　朱紅林　李并成　〔韓〕金秉駿　侯旭東
　　　　　〔日〕宮宅潔　郝樹聲　徐世虹　高　榮　孫占宇　陳文豪　陳松長　陳　偉
　　　　　張春龍　榮强　張德芳　鄔文玲　楊振紅　〔日〕廣瀨薰雄　劉再聰　劉國勝

本輯執行編輯　馮　玉　馬智全　肖從禮
本輯特約編輯　單印飛　衣撫生　尚宇昌

第七輯

JIAN DU XUE YAN JIU

簡牘學研究

西北師範大學歷史文化學院

甘肅簡牘博物館

河西學院河西史地與文化研究中心

蘭州城市學院簡牘研究所 編

甘肅人民出版社

圖書在版編目（ＣＩＰ）數據

簡牘學研究 ： 繁體版. 第七輯 ／ 西北師範大學歷史
文化學院等編. -- 蘭州 ： 甘肅人民出版社，2018.9
　ISBN 978-7-226-05344-7

　Ⅰ. ①簡… Ⅱ. ①西… Ⅲ. ①簡（考古）一 中國一 文集
Ⅳ. ①K877.5-53

中國版本圖書館CIP數據核字（2018）第218982號

責任編輯:馬曉燕
封面設計:馬吉慶

簡牘學研究:繁體版. 第七輯
西北師範大學歷史文化學院 等　編
甘肅人民出版社出版發行
（730030　蘭州市讀者大道 568 號）
蘭州鑫泰印刷有限公司印刷
開本 710 毫米×1020 毫米　1/16　印張 15.75　插頁 6　字數 280 千
2018 年 9 月第 1 版　2018 年 9 月第 1 次印刷
印數:1~1 500
ISBN 978-7-226-05344-7　　定價:80.00 元

古-13正　　　　　　　　古-13背　　　　　　　　古-20

  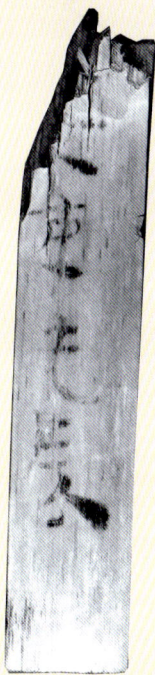 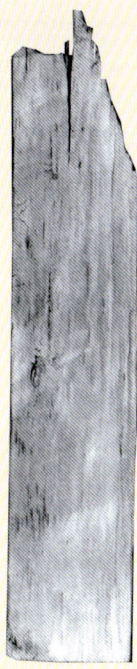

古-22正　　　　古-22背　　　　古-27正　　　　古-27背

湖南張家界市古人堤漢簡

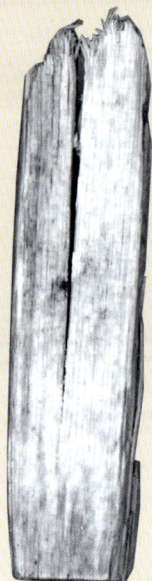

古-28正

古-29+古-33+古-34正

古-29+古-33+古-34背

古-28背

古-30正

古-30背

古-31正

古-31背

湖南張家界市古人堤漢簡

古-32正　　　　古-32背　　　　古-35正　　　　古-35背

 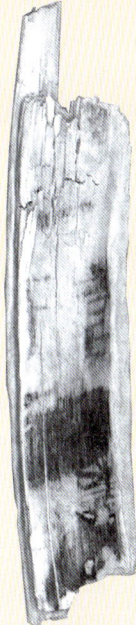  

古-36正　　　　古-36背　　　　古-37正　　　　古-37背

湖南張家界市古人堤漢簡

古–38正　　　　古–38背　　　　古–39正　　　　古–39背

古–40正　　　　古–40背　　　　古–41正　　　　古–41背

湖南張家界市古人堤漢簡

古－42正　　　　　古－42背　　　　　古－43正　　　　　古－43背

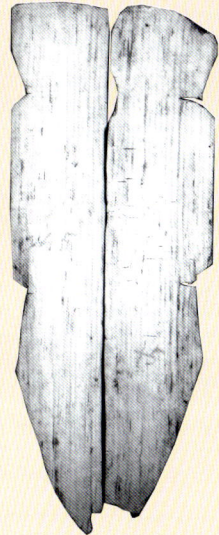

古－44正　　　　　古－44背　　　　　古－45正　　　　　古－45背

湖南張家界市古人堤漢簡

古－46正　　　　　古－46背　　　　　古－47正　　　　　古－47背

古－48正　　　　　古－48背　　　　　古－49正　　　　　古－49背

湖南張家界市古人堤漢簡

古-50正

古-50背

古-51正

古-51背

古-52正

古-52背

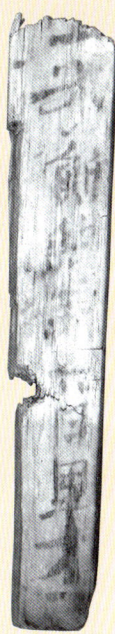

古-53

湖南張家界市古人堤漢簡

古–54正　　　　古–54背　　　　古–55正　　　　古–55背

古–56正　　　　古–56背　　　　古–57正　　　　古–57背

湖南張家界市古人堤漢簡

湖南省文物考古研究所供圖　攝影：張春龍

目　録

上博簡《成王爲城濮之行》再研究

曹方向

（安陽師範學院文學院，安陽 455000；

大阪大學，日本大阪 560–8532）

內容摘要：上博簡《成王爲城濮之行》從楚國視角記述城濮之戰前楚國的情況，整理者給出的簡序有誤，文字釋讀值得商榷之處也不少。如整理者分爲甲、乙兩本的竹簡，實爲一篇竹書，甲 4 和乙 3 順次排列，對進一步復原全篇簡序具有參考價值。此外，結合子犯編鐘、清華簡《繫年》等相關資料可見，《左傳》爲了把晋國描繪成理想的"霸主"，不僅編輯相關史料，甚至可能掩蓋了若干事實。

關鍵詞：上博簡；《左傳》；城濮之戰

上博簡《成王爲城濮之行》，是戰國竹簡所見第一篇寫春秋早期晋楚城濮之戰的竹書，其立足點放在楚國內部，爲我們探索這次重要戰爭提供了珍貴資料。拙文先討論竹書簡序問題，次作簡文疏證，再探討和簡文有關的個別歷史問題。

一、分篇與編聯

整理者陳佩芬先生將本篇分爲甲、乙兩本，甲本有簡 5 枚，乙本有簡 4 枚（以下略稱甲本第一簡爲"甲 1"，乙本第一枚簡爲"乙 1"，其他准此）。①整理者沒有說明分篇理由。作爲上博簡最初的整理者之一，李零先生擬定過《子玉治兵》的篇題。上博簡刊布後，不難得出"子玉治兵"篇"記晋楚城濮之戰前楚臣成得臣治兵事"，大概就是"成王爲城濮之行"的結論。②李零先生還特別括注說："篇題後加，

---

① 馬承源主編：《上海博物館藏戰國楚竹書（九）》，上海古籍出版社，2012 年，第 143—153 頁。
② 曹方向：《上博簡所見楚國故事類文獻校釋與研究》，武漢大學博士學位論文，2016 年，第 85 頁；高佑仁：《上博九〈成王爲城濮之行〉通釋》，中研院史語所青年論壇 2016 年 10 月，第 3 頁。

分甲、乙本",①但限於著作體例,李先生也没有説明甲乙本分篇的原因。資料發表後,陳偉先生等立即指出所謂甲、乙兩本,應該同屬一篇文獻,②但并未闡述具體的合并方法。

當然,就字形而言,甲、乙兩本不是完全没有區別。例如:甲2"……出之雙,三日而畢,漸(斬)三人。舉邦加(賀)子文,以其善行師。王歸,客於子文",和乙2:"……出之灺,三日而畢,漸(斬)三人。王爲余客,舉邦加(賀)餘,女"相比,不難看出,這兩枚簡内容有一部分重複。但同一個字的字形顯然有別。③除引文中保留原篆的"雙"和"灺"外,又如"漸(斬)",甲2、乙2分别作"斲"和"斲";"加(賀)",甲2、乙2分别寫作"加"和"易"。這有可能成爲區分甲乙本的根據。以下利用甲乙本出現較多的字形試作對比。表中上欄爲甲本字形、下欄爲乙本同一個字的對比字形:

表 1　甲乙本字形對比

子	玉	君	余	之	而	師	不
甲1	甲1	甲4	甲3	甲1	甲1	甲1	甲1
甲4	甲4	甲5		甲2	甲2	甲2	甲4
甲5	甲5	甲5	甲4	甲5	甲5	甲5	甲5
乙1	乙1	乙1	乙1	乙1	乙1	乙1	乙1
乙2	乙2	乙1	乙1	乙3	乙2		
乙4	乙4	乙3上	乙2	乙4	乙3		乙3

由這些字形看,"子""余"字例算比較多,而且甲乙兩本寫法大致相同。可是,"玉"字甲乙本寫法有明顯差异,而且乙本三例字形又互不相同;"師"字的寫法,乙本雖然祇有一個例子,却正好和甲5例相似,而和甲1、2兩例寫法不同。關於"之"

①李零:《簡帛古書與學術源流》,生活·讀書·新知三聯書店,2004年,第274頁。
②陳偉:《〈成王爲城濮之行〉初讀》,"簡帛"網2013年1月5日,http://www.bsm.org.cn/show_article.php?id=1771。
③宋華强:《上博九〈成王爲城濮之行〉考釋(九則)》,武漢大學簡帛研究中心主辦《簡帛》第9輯,上海古籍出版社,2014年,第90—91頁。

字,如果詳細區分,可以分出好幾種筆勢(起筆、運筆、收筆的手法),各不相同。尤其有意思的是,"師"字例還存在戰國文字"系"的差异:"𢑚"字寫法和燕系"𢑚"或者齊系"𢑚"寫法接近。①按照一般的判斷,這份文本應該就可以説是根據非楚系的底本抄寫,或者至少受到某種非楚系文字因素的影響。然而從內容看,又看不出非楚系的特點。

在文意未明的情況下,上述情況可能讓整理者作出存在兩份寫本的判斷。不過也可以認爲當時的抄寫者是刻意求變,因此,除了筆勢有别,更有偏旁結構的變化。

表 2　字形結構變例

例 1	甲 1	甲 2	乙 1	乙 2	乙 3
例 2	甲 1	甲 2	乙 1		

表 2 例 1 的最後一個字例,整理者未隸定,高佑仁先生首先指出其字形已經見於郭店簡《性自命出》簡 44(上從"或"下從"肉",也就是該字形第四例的簡化)。應該説,這個字形的變化已經相當極端:現存五個字形,寫出五種偏旁結構。表 2 這兩個字不能簡單地判爲書寫水準低,因爲這兩個字的偏旁省略没有明顯的問題(或許不是完全没有問題)。諸如例 1 最後一例,下部所從"肉"旁似誤寫爲"月"旁)。認爲這位抄手是在進行書寫練習,而且技能尚未成熟,這種可能確實不能排除。但這解釋不是唯一的。書寫較爲隨意也可能造成作品中出現不規則寫法和錯訛之字。書寫隨意和求變并不正面對立。因此,綜合表 1 和表 2 的字形看,當時這位抄手也可能是追求字形變化。這樣一來,包括"師"字不同系别的寫法(如果當時確實有界限嚴格的楚系、燕系"師"字),都可以視爲求變的結果,既無楚系、非楚系之别,也無甲本、乙本之分。所以現在討論甲乙本的合并,更多是從文意方面考慮。

①字形參看湯餘惠主編《戰國文字編》,福建人民出版社,2001 年,第 387 頁。

在關於甲乙本合并的探討中,蘇建洲先生指出乙 3 下段不屬於本篇,隨後高佑仁先生將乙 3 下段編入《顏淵問於孔子》篇,①是很重要的突破。不過,要想完整復原簡文,到現在仍然不可能實現。主要是乙 3、乙 4 殘缺過甚,乙 4 上部殘去大段,僅存簡尾三字。而且不知道還有沒有其他屬於本篇的竹簡未予刊布。侯乃峰先生在簡帛論壇較早提出編聯調整,將乙 1 和乙 2 調整到甲 3、甲 4 之間,其釋文則認爲甲 3 和乙 1 之間、乙 2 和甲 4 之間有缺文。稍後沈培先生作的編聯更令人矚目,除"甲 3+乙 1+乙 2+甲 4"直接連讀的處理,又將甲 5 直接接在甲 4 後。②乙 3 上段和乙 4 未予編聯。

我們在《上博九〈成王爲城濮之行〉通釋》(以下簡稱舊稿)提出,乙 3 上段可接到甲 4 之後。之所以這樣接,因爲甲 1 説"王使子文教子玉",乙 1 又説君王"以子玉之未患",命子文蒐師。甲 4+乙 3 上段,編聯之處的簡文連讀爲"君王謂子玉未患,命君教之",文理似頗爲通順。此外,乙本簡 4 可以排到甲本簡 5 之前。這枚殘片之所以可以直接接到甲 5 之前,因爲乙 4 下所存恰好是簡尾。甲 5 簡首雖缺了一些,也能看到簡頭。兩簡相次,從形制上沒有問題。且兩枚簡編聯處的簡文文意似乎也有迹可循(詳後)。這樣就得以將甲、乙兩本大致合并爲一篇。

以後各家提出的《成王爲城濮之行》編聯,不少也是綜合沈培先生與舊稿的編聯調整。馮勝君、草野友子兩位先生就乙 3 上段和乙 4 的簡文進行補充,不約而同都認爲簡文可以補足爲:"命君教之。君一日而畢、不戮(乙 3 上)【一人。子玉三日而畢、斬三人。】子玉之(乙 4)"。馮先生未説明補字理由。草野博士説:"本篇簡長 33.1 至 33.3 厘米,上端到第一契口 9 厘米、第一契口到第二契口 16.2 厘米,第二契口到下端 7.9 至 8.1 厘米。各簡書寫 22 至 33 字……乙 3 上段,簡長 13.3 厘米,現存 11 字。有上端、第一契口,沒有下半部分。乙 4 簡長 4.5 厘米,現存 3 字。竹簡很短,有下端,沒有契口。乙 3 上段與乙 4 都有竹簡中央部分的龜裂。如果乙 3 上段與乙 4 的綴合,殘缺的部分大約 15 厘米……(補字後)一簡爲 25 字,就竹簡形制而言,基本合適。"③此説有很高的可信度。

①見蘇建洲《初讀〈上博九〉札記(一)》,"簡帛"網 2013 年 1 月 6 日,http://www.bsm.org.cn/show_article.php?id=1776。

②見"簡帛"網"簡帛論壇"《讀〈成王爲城濮之行〉札記》貼討論區第 15 帖,http://www.bsm.org.cn/bbs/read.php?tid=3025&fpage=3&page=3。"簡帛"網論壇發表的意見,請參看季旭昇古文字讀書會金宇祥執筆《上博九〈成王爲城濮之行〉集釋》,"復旦大學出土文獻與古文字研究中心"網 2013 年 1 月 27 日,http://www.gwz.fudan.edu.cn/Web/Show/2008。

③馮勝君:《上博九〈成王爲城濮之行〉補釋》,復旦大學出土文獻與古文字研究中心編《出土文獻與古文字研究》第 6 輯,上海古籍出版社,2015 年,第 360 頁;[日]草野友子:《上博楚簡〈成王爲城濮之行〉の構成とその特質》,《中國出土資料研究》第 18 號,中國出土資料學會,2014 年,第 1—19 頁。

不過因爲殘簡（主要指乙4）缺損文字過多，對殘簡的處理辦法可能有較大風險。另外，按照這種編聯，甲5之後還有缺簡，故事主體却似乎即將結束。估計甲5之後的缺簡不會太多。尚未公布的上博簡中是否還有屬於本篇的簡未被整理者發現，也許只能等將來再作討論。

以下疏證簡文。

二、釋文注釋

以下先寫出釋文，必要注釋之處標出序號，在釋文之後按序號寫注釋。

常見的戰國竹簡文字直接用通行字寫出，不作嚴格隸定，不寫注釋（例如令尹子文的"文"字，整理者當時雖然誤釋，但按現在的戰國簡文研究水準，這種問題已經沒有再寫注釋考證的必要，本文一概從略）。金宇祥先生已經撰寫過本篇集釋，詳細羅列了學術網站發布的各種考釋意見。因而此處"注釋"改用比較簡單的校注形式撰寫。

釋文中"甲1"表示整理者編定的簡號，即甲本第一枚竹簡，以此類推。又，集釋羅列各家循例不用尊稱，以免繁瑣。

【釋文】

城（成）王爲成（城）濮之行[1]，王囟（使）子文𦥯（教）子玉[2]。子文遱（蒐）師於畋（？）[3]，一日而畢[4]，不殷（扶）一人[5]。子 甲1 玉受（蒐）師，出之㸒（蔫）[6]，三日而畢，漸（斬）三人。舉邦加（賀）子文，以其善行師。

王歸，客於子虡（子文）甚 甲2 惪（喜），合邦以飲酒。遠（蔫）伯㻪（嬴）猶約（弱）[7]，寡（顧）寺（持）俐（肉？）飲酒[8]。子文舉胉責（？）伯㻪曰[9]："殼𡟰（蒐）余爲 甲3 楚邦老[10]，君王免余罪，以子玉之未患[11]，君王命余遱（蒐）於畋（？），一日而畢 乙1，不殷（扶）一人。子玉出之㸒（蔫），三日而畢，漸（斬）三人。王爲余褣（客）[12]，舉邦加（賀）余，女 乙2 獨不[13]。余見飲是胉而弃，不思老人之心?[14]"伯㻪（嬴）曰："君王謂子玉未患，甲4 命君𦥯（教）之。君一日而畢，不殷（扶）一人，乙3 上子玉之 乙4 帀（師）。既敗師已[15]，君爲楚邦老，惪（喜）君之善而不愁（誅）[16]? 子玉之師之 甲5

【注釋】

[1]成王爲城濮之行，整理者：指楚成王巡視城濮之地。高佑仁：當時城濮非楚地，成王不能或沒有理由去巡視。簡文"爲"意思是做、發動；"爲城濮之行"即"發

動城濮之戰"。①李守奎、白顯鳳："行"指軍隊行列、陣次。簡文"爲城濮之行"意思是"爲了北上争霸舉行軍事訓練"。②宮内駿：楚成王行城濮之戰。③

向按：各家認爲簡文"城濮之行"指"城濮之戰"，無疑是正確的。其中高佑仁先生的引證尤其充分。但我們認爲，"爲"字仍然可以如李守奎、白顯鳳先生所説，解釋爲"爲了"。《左傳》認爲本次子文、子玉治兵是楚成王"將圍宋"，其實傳文是記時，簡文則是記事，即直接説明治兵的原因。關於這個問題，本文留待第三部分詳細討論。

[2]囟，整理者：讀爲"思"或"使"。上博簡《容成氏》謂紂王爲炮烙，"思民道之"，《荀子》楊倞注引《列女傳》則稱紂王爲炮烙，"令有罪者行焉"。本簡"思"和《容成氏》的"思"都是"令"的意思。王寧：楚簡"囟"與"思"同，多用爲"使"。④宮内駿：包山簡有作爲使役動詞的"囟"，此處也可以直接讀爲表使役的"使"。

教，整理者：隸作𡥈，讀爲"教"。陳偉：讀爲"效"，訓爲致、授。⑤張新俊：讀爲"校"，比、量、考校。簡文是説，楚成王到城濮之前，讓子文和子玉通過檢閱軍實做一個比較。⑥

[3]逡，整理者：字從"叟"，讀爲"受"，爲接受、承受之意。陳偉：改讀爲"搜"，檢閱、閱兵。《左傳》宣公十四年："晉侯伐鄭，爲邲故也。告於諸侯，搜焉而還。"杜預注："搜，簡閲車馬。"搜師即《左傳》之"治兵"。張新俊：此字從"叟"，於此讀爲"閱"，即檢閱軍隊。《玉篇·門部》："閱，簡軍實也。"孫合肥：改釋爲"遺"，"遺師"即"置師"。《史通》卷十四外篇："楚晉相遇，唯在邲役。而云：二國交戰置師於兩棠。"⑦賴怡璇：或可讀爲"治"。"受"端紐幽部，"治"定紐之部，二字可通。"治師"即《左傳》中的"治兵"，指整飭軍隊。⑧宋華强：就字形而言當是從"受"，簡文中讀爲

①高佑仁：《上博九〈成王爲城濮之行〉通釋》，《古文字學青年論壇論文集》，中研院歷史語言研究所，2013 年，第 4 頁。
②李守奎、白顯鳳：《〈成王爲城濮之行〉通釋》，華東師範大學中國文字研究與應用中心等編《中國文字研究》第 21 輯，上海書店出版社，2015 年，第 79 頁。
③[日]宮内駿：《上博楚簡〈成王爲城濮之行〉譯注》，《出土文獻と秦楚文化》第 9 號，出土資料と漢字文化研究會，2016 年，第 64 頁。
④王寧：《上博九〈成王爲城濮之行〉釋文校讀》，"簡帛"網 2013 年 1 月 10 日，http://www.bsm.org.cn/show_article.php?id=1804。
⑤陳偉：《〈成王爲城濮之行〉初讀》，"簡帛"網 2013 年 1 月 5 日。
⑥張新俊：《〈成王爲城濮之行〉札記二則》，"簡帛"網 2013 年 1 月 7 日，http://www.bsm.org.cn/show_article.php?id=1781。
⑦孫合肥：《讀上博九〈成王爲城濮之行〉札記》，"簡帛"網 2013 年 1 月 8 日，http://www.bsm.org.cn/show_article.php?id=1792。
⑧賴怡璇：《〈成王爲城濮之行〉"受"字補説》，"簡帛"網 2013 年 1 月 8 日，http://www.bsm.org.cn/show_article.php?id=1791。

“討”，訓爲“治”，“討師”即《左傳》“治兵”。①

　　畋，整理者：隸作從氵從攴。蘇建洲：此字左從兆，右從殳。②陳偉：此字左從“尋”右從攴，對應《左傳》地名“睽”。“易泉”：其左部寫法與楚簡常見“兆”有較大差别，而與楚簡所見“申”很是接近，疑可分析從申從殳，讀作“陳”。又説：“網友‘無語’指出此處文句對應《左傳》僖公二十七年‘楚子將圍宋。使子文治兵於睽。終朝而畢，不戮一人。’可見該字與‘睽’對應。睽，春秋楚地名。《左傳》僖公二十七年：‘楚子將圍宋，使子文治兵於睽。’杜預注：‘睽，楚邑。’其地不詳。既然是圍宋，則該地距離宋不會太遠，從路綫上看，睽比較可能在陳國境内，陳國後爲楚兼并，戰國時期自然算楚邑。《成王爲城濮之行》簡1大致説在陳治兵，與傳世文獻所説的在睽地治兵，若睽在成爲楚邑之前屬陳國，二者雖存在國名、地名範圍大小之别，仍可以對應。”③宋華强：此字左側所從爲“乖”的表意初文。《易》“睽”卦，馬王堆帛書本經文作“乖”，《繫辭》又作“誵”，因此簡文“誵”就是《左傳》的“睽”。④高佑仁：包山簡157正反兩面書寫同一個人名，即鄢地少宰尹“某訧”，“某”字在竹簡正、背面分别寫作“![字形]”和“![字形]”，前者右邊從“尋”，後者右邊所從，即本簡所從之字形。因而此字仍有可能分析爲從“尋”。⑤

　　向按：簡文“畋”字作![字形]，後文乙本簡1有相應的字形作![字形]。可能是從“申”聲，屬真部字。睽字屬舌根音脂部。兩字韵部對轉，可能存在通假關係。“尋”字楚系簡牘中多見，據研究，“尋”字本義是用手丈量，⑥兩手都指向左邊，簡文兩見此字，并不是這樣寫的。釋“尋”不可從。包山簡157的人名，正反面寫法不同，但這種差異也可能證明其中之一是訛誤之形，不能確證“尋”有和“申”相似的寫法。

　　[4]**畢**，整理者：此字從“或”，疑讀爲“職”。簡文纍增二“戈”和“日”，是沿用“或”而造的繁體。“無語”：此即古文“誖”，讀爲“畢”。⑦沈培：原字形從二或，即《説文》“![字形]（臂）”之聲旁，“臂”與“畢”通。⑧蘇建洲：清華簡《祭公》“克夾紹成康，用![字形]（畢）成大商”之“![字形]（畢）”（引按：《祭公》簡6“![字形]”，整理者隸定爲“![字形]”，讀爲“畢”；《金縢》簡13“![字形]”，整理者隸定爲“![字形]”，讀爲“拔”⑨），可以爲證。王寧：此即

　　①宋華强：《上博九〈成王爲城濮之行〉考釋（九則）》，《簡帛》第9輯，第89—91頁。
　　②見“簡帛”網“簡帛論壇”《讀〈成王爲城濮之行〉札記》貼討論區第2帖。
　　③見“簡帛”網“簡帛論壇”《讀〈成王爲城濮之行〉札記》貼討論區第16帖。
　　④宋華强：《上博九〈成王爲城濮之行〉考釋（九則）》，《簡帛》第9輯，第92—94頁。
　　⑤高佑仁：《上博九〈成王爲城濮之行〉通釋》，《古文字學青年論壇論文集》，第11—12頁。
　　⑥李學勤：《續釋“尋”字》，《故宫博物院院刊》2000年第6期。
　　⑦見“簡帛”網“簡帛論壇”《讀〈成王爲城濮之行〉札記》貼討論區第3帖。
　　⑧見“簡帛”網“簡帛論壇”《讀〈成王爲城濮之行〉札記》貼討論區第21—23帖。
　　⑨字形參看李學勤主編《清華大學藏戰國竹簡》第1册，中西書局，2010年，第252頁。

"𩫫"。《康熙字典》角部"觱"字條:"《説文》本作𪓐,《六書正譌》:𪓐,古觱字,諧聲。"《字典考證》:"《詩·國風·豳風》'一之日觱發',《説文》作'畢發'。"足以證明此字與"畢"通用。①

[5]殷,整理者讀作"逸"。"無語":釋寫爲"逸",讀爲"肆"。②陳偉:字形爲"敄(從肉)",《左傳》作"戮",疑二字音近通假。程燕:讀爲"拘",訓爲拘執。③沈培:此字從"逸"聲,讀爲"抶",例見清華簡《繫年》。金宇祥:左半部應可釋爲"句",可參上博四《柬大王泊旱》簡14"句"(𝓸)等,字從"句"聲,讀爲"戮"。宋華强:此字疑從"昌",讀爲"虔",殺。④宫内駿:"句"見母侯部,"戮"來母幽部,韵部有别。因此字形即使分析爲從"句",也不能讀爲"戮"。

向按:簡文此字三見,這一例作𝓌,簡文略殘泐,乙2作𝐒、乙3殘文作𝓌。總的來説,簡2左上部略近於"句"字。但楚簡文字中的"句"本來從"丩"不從"勹",乙本簡2左上部衹是偶然接近楷書中的"句"字。此字還是應該看作是楚系簡牘中所見和"逸"有關的那個字。整理者的隸定是有道理的。沈培先生等所説《繫年》字例,當指第十一章簡58的"𝐒"字。此從其説,讀爲"抶"。"抶"爲擊笞之意。《左傳》對應的詞是"戮"。按"戮"字除了有"殺"意,典籍中也泛指刑罰,故《荀子》有"戮之以五刑"之説。五刑不都是殺。可見"抶""戮"都可以表示用刑罰加以懲處。或讀爲"肆",《廣雅》:"肆,殺也。"與"戮"字詞義接近。但就楚系文字的用字習慣等問題而言,⑤仍不如直接讀爲"抶"。

[6]𝐒,整理者:隸作殳,讀爲"夫",指兵士。"溜達溜達":此字從"大"。⑥陳偉:乙本所見對應之字可釋爲"太",此字"有一些附加筆劃"。《左傳》對應之字爲"蒍"。

向按:此字簡文兩見,寫法不同,但應該是指同一個地名。另一例見乙2,作𝐒。就本簡之例來看,左上部從"吴"是有可能的。乙2的字形和楚簡中作爲神名的"太"字寫法相同(例如包山簡227作𝐒,望山一號墓簡78作𝐒),也值得重視。由於楚簡中作爲神名的"太"目前也有不同釋讀意見,有待進一步研究。值得注意

---

①王寧:《上博九〈成王爲城濮之行〉釋文校讀》,"簡帛"網2013年1月10日。

②見"簡帛"網"簡帛論壇"《讀〈成王爲城濮之行〉札記》貼討論區第6帖。

③程燕:《讀〈上博九〉札記》,"簡帛"網2013年1月6日,http://www.bsm.org.cn/show_article.php?id=1774。

④宋華强:《上博九〈成王爲城濮之行〉考釋(九則)》,《簡帛》第9輯,第94—95頁。

⑤此處所謂用字用詞習慣,主要是考慮到,雖然金文"殷"字可以讀作"肆",但表示的是編鐘、磬等器物的行列。就楚系簡牘而言,還不足以支持將殷讀爲"肆"而訓爲殺的意見。關於殷字讀"肆",可參考李學勤《釋〈性情論〉簡"逸蕩"》,《故宫博物院院刊》2002年第2期。

⑥見"簡帛"網"簡帛論壇"《讀〈成王爲城濮之行〉札記》討論區第17帖。

的是，“蔿”字屬歌部，“太”屬月部，“蔿”氏的另一種寫法“蓮”屬元部。古音歌、月、元三部字有嚴格的對轉關係。

又，此字整理者屬下爲句，“汗天山”“易泉”等先生改屬上讀。

[7]約，整理者：簡文“猶約”即謀約。陳偉：“約”有少、弱義，與“幼”義近。沈培：讀爲“弱”，幼少之意。王寧：“約”“幼”亦音相近。①高佑仁：“約”雖然有少、弱之意，却没有用來描述年齡的用例。此處似可以直接讀爲“幼”。②

向按：“約”“弱”同屬藥部字，“幼”屬幽部，仍以讀爲“弱”爲好。《左傳》文公十二年：“（趙穿）有寵而弱。”杜預注：“弱，年少也。”

[8]寡，整理者釋。“無語”：可能是“須”或其誤字。③王寧：簡文“須寺”當讀爲“須時”，很晚、遲後的意思。《左傳》作“後至”。金宇祥：此字就字形而言當是“寡”，簡文中或可讀爲“後”。“寡”溪紐魚部，“後”匣紐侯部，聲同類，韵部魚侯旁轉。馮勝君：當爲“須”，簡文訓爲停止、稽留，指伯嬴没有及時去令尹子文府邸赴宴。張峰：疑讀爲“孤”，指伯嬴獨自一人飲酒。④

寺，整理者：讀爲“持”，《説文》：“握也。從手，寺聲。”馮勝君：讀爲“遲”。郭店簡《窮達以時》“管寺吾”即管夷吾，“夷”與“遲”通。

俏，整理者隸作俏，讀爲“舟”，指耳杯。簡文讀作“寡持舟飲酒”。沈培：此字右側疑是“肉”字，簡文讀作“持肉飲酒”。宋華强：此字仍是“俏”，疑即甲骨文盪舟之“盪”的初文，在簡文中讀爲“觴”。⑤馮勝君：此字當釋爲“於”，簡文讀爲“寺（遲）於飲酒”。伯嬴未能及時赴宴，故而遲於飲酒。

向按：此字原簡作　。整理者將其視爲左邊從人右邊從舟，不妥，右邊明顯不是“舟”字；其讀“俏”爲“舟”，以爲耳杯，似亦不確。和容器有關的“舟”，乃是承盤，并不用來飲酒。此字若分析爲左邊從人、右邊從“肉”，破讀爲“肉”是没有問題的，“持肉飲酒”從文意上看也没有什麽障礙。并且，此字可能和下文的“胚”字詞義相關。見後文注。所以本文暫時采納此説。但要注意的是，此字雖然寫成左右結構，却仍有可能是獨體的“舟”字。大家知道，古文字“受”字本從“舟”。上博五《弟子問》簡10“受”作“　”，中間從的“舟”從筆劃數量上來説，和本簡之字是一樣的，也許書手抄寫簡文時筆劃隔開。

①王寧：《上博九〈成王爲城濮之行〉釋文校讀》，“簡帛”網2013年1月10日。
②高佑仁：《上博九〈成王爲城濮之行〉通釋》，《古文字學青年論壇論文集》，第17頁。
③見“簡帛”網“簡帛論壇”《讀〈成王爲城濮之行〉札記》貼討論區第46帖。
④張峰：《〈上博（九）·成王爲城濮之行〉釋讀》，《學術交流》2014年第11期，第149頁。
⑤宋華强：《上博九〈成王爲城濮之行〉考釋（九則）》，《簡帛》第9輯，第96—97頁。

[9]胏,整理者:疑是"俎"字。①沈培隸作"胏",無説。舊稿:關於"胏"字,簡文作
▉,從肉從立;後文相應之字在甲4,作▉,從肉從立,字迹尤爲清晰。其詞義可能
和伯珵"持肉"的所謂"肉"字以類相從。王寧:從月(肉)立聲,讀爲"樏",《説文》:
"樏,酒器也。"《左傳》成公十六年:"行人執樏承飲。"宋華强:簡文讀爲"子文舉
(旅),胏(謂)賈伯嬴曰"。"旅"謂依次相酬酢。中山王銅器銘文"位"字作"𧬼",從
"胃"從"立","胏"是"𧬼"的省體,或是"胃"的异體,於此可直接讀爲"謂"。②馮勝
君:讀爲"脅"。《儀禮》特牲饋食禮:"長脅二骨,短脅。""脅"是古代宴飲中必不可
少的肉食。③

▉,"汗天山"釋文作"酬?"。沈培:釋作"貽(?)"。"流行":此字上部從"朿",
當是"責"。④李守奎、白顯鳳:此字確實是"責",但書寫比較潦草。⑤宋華强:此字當
是"賈"字書寫潦草而成,爲賈字伯嬴,故一稱"賈伯嬴"。⑥馮勝君:此字上部所從
是"丩"之訛,簡文中讀爲"訽",辱罵、詈罵。⑦

向按:關於"▉"字上部,學者以爲是"朿",但是戰國文字從"朿"的字并不罕
見,無一例外都要寫出下部的撇和捺。簡文中并没有相應的筆劃。若説這是書寫
潦草或訛寫,則如馮勝君先生認爲"丩"之訛,也有可能。祇是"訽罵"在簡文中語
意也有些突兀。

[10]穀虎,整理者將第二字分析爲從竹從余。陳劍:第二字上從"虍",於古文
字似係首見,讀爲"菟"。⑧

余,陳劍:此處爲子文自稱。"穀菟余"係"人名+同位語第一人稱代詞"格式,
與《左傳》僖公九年的"小白余"、紀甫人盨的"紀夫人余"等同例。

[11]患,整理者提出三種解釋:其一,引《論語》何晏注:"患,憂也。"其二,引
《戰國策》高誘注:"患,難也。"其三,釋爲禍害。宋華强:讀爲"慣"。⑨沈培:"患"讀
爲"貫""慣"皆無不可,本人都曾考慮過,但從古書相關的話來看,還是讀爲"閑"

①分别見"簡帛"網"簡帛論壇"《讀〈成王爲城濮之行〉札記》貼討論區主題帖及第15帖。
②宋華强:《上博九〈成王爲城濮之行〉考釋(九則)》,《簡帛》第9輯,第97頁。
③馮勝君:《上博九〈成王爲城濮之行〉補釋》,《出土文獻與古文字研究》第6輯,第361頁。
④見流行《讀上博竹簡九札記》,"簡帛"網2013年1月8日,http://www.bsm.org.cn/show_article.php?id=1790。
⑤李守奎、白顯鳳:《〈成王爲城濮之行〉通釋》,《中國文字研究》第21輯,第82頁。
⑥宋華强:《上博九〈成王爲城濮之行〉考釋(九則)》,《簡帛》第9輯,第95—96頁。
⑦馮勝君:《上博九〈成王爲城濮之行〉補釋》,《出土文獻與古文字研究》第6輯,第363頁。
⑧陳劍:《〈成王爲城濮之行〉的"受"字和"穀菟余"》,"復旦大學出土文獻與古文字研究中心"網2013年1月21日,http://www.gwz.fudan.edu.cn/Web/Show/2144。
⑨宋華强:《上博九〈成王爲城濮之行〉考釋(九則)》,《簡帛》第9輯,第99—100頁。

或"嫺"比較好。關於"嫺"有貫、慣之意,郝懿行《爾雅義疏》有詳細論述。①

向按:簡 1 說成王"以子玉之未患",故命令尹子文教之,訓導目的明確,看來是爲了城濮之戰(前 632)讓子玉帶兵。具體訓導方式,應該是子文先示範,然後子玉依樣去學。因此,"子玉之未患"大概和子玉將要領軍作戰的問題有關。或以爲"患"讀爲"慣","子玉未慣"指其不熟悉帶兵。筆者認爲,從文字學角度看這種解釋很合理,但和古籍所見子玉人物特徵不符。根據《左傳》,子玉出身貴族且屢建戰功,當時楚王、蔿賈等從來沒有懷疑過子玉的軍事能力。城濮之戰結束後,子玉雖然戰敗,晉文公仍然說只要子玉還在,晉國就不能算打了勝仗。可見子玉的軍事才能,在當時已經有"國際公認"的影響力。因此我們認爲,"患"讀爲"慣"暫時還不能視爲定論。未患,可能是"無患"之意。《三國志·蜀書·譙周傳》:"處大無患者恒多慢,處小有憂者恒思善。"②簡文說子玉之"未患",即子玉缺乏憂患意識。據史書記載,城濮戰前兩年,子玉率兵滅夔(前 634),其後出任令尹。滅夔次年,率師伐宋圍緡(整理者已列舉這些史實)。《左傳》記載,城濮之戰前,蔿賈(即簡文中的遠伯犂)對子玉的關鍵評價是"剛而無禮"。綜合來看,大概子玉在城濮之戰前,人生較爲順利,個性又不夠沉穩,所以楚王有"未患"的評價。

[12]祫,整理者釋爲"侯"。"不求甚解"改釋爲"賓"。"家興":此字上從宀,下從"我",讀爲"義"。張崇禮:此字從示從"客"。③金宇祥:與甲 2 對照,疑書手原要寫"客"字,但寫錯字。馮勝君:隸定爲"祫",未破讀。④李守奎:釋爲"家"。

向按:簡文"祫"字,上部從"宀",宀字頭下可以看出"各"字上半。戰國簡中"客"之作 客(郭店《老子》甲 9)、客(郭店《老子》乙 4)、客(包山 134)等均可參照。其下部從"示"不夠清晰。以往戰國簡中也有從"各"從"示"的字。例如上博簡《昭王毀室》簡 1"祫"和"祫",簡 5 作"祫"。邱德修先生等已經指出這些字都以"各"爲聲,⑤其中"祫"從示從"客",與本簡之字偏旁同,而"祫"所從"示"旁寫在下方,與本簡之字結構相似。

[13]整理者因編聯不當,句讀也失去依據。張崇禮:當以"女獨不余見"爲句。金宇祥:本簡與乙 2 不連讀。又引季旭昇說:簡文"獨不余見食"意爲"衹有我沒有

　①見"簡帛"網"簡帛論壇"《讀〈成王爲城濮之行〉札記》貼討論區第 35 帖。

　②《三國志》卷四二《蜀書·譙周傳》,中華書局,1982 年,第 1029 頁。

　③說見"簡帛"網"簡帛論壇"《讀成王爲城濮之行札記》第 60 帖,2013 年 1 月 14 日。

　④馮勝君:《上博九〈成王爲城濮之行〉補釋》,《出土文獻與古文字研究》第 6 輯,第 360 頁。

　⑤邱德修:《〈上博〉(四)〈楚昭王毀室〉簡"刪之"》,"出土簡帛文獻與古代學術國際研討會"論文,2005年 12 月。參看筆者《上博簡所見楚國故事類文獻校釋與研究》,第 118 頁。

食物"。張峰:應該在"女獨不"三字後斷讀。①

　　向按:張峰先生文中提到舊稿作出的解釋,現在看來,我們仍然堅持這個意見。根據《左傳》及簡文,蒍賈并不是没有來見子文。簡文説蒍賈"持肉(?)飲酒",且子文和蒍賈有對話中提到的"胝",可能和"持肉飲酒"之舉有關,因此,蒍賈顯然是到了子文這裏。子文不應該説"不余見"。據《左傳》,也衹是説蒍賈"後至、不賀"。所以,"女獨不"可作一句讀,"不"即"否"。子文問蒍賈,"汝何故不向我道賀?"這樣理解,和《左傳》比較一致。文例如《少儀》:"排闔説屨於户内者一人而已矣。有尊者在,則否。"又:"義則可問,志則否。"

　　[14]老人之心,整理者:"正人"指正直之人。沈培:"正"當是"老"字。"鳲鳩":簡文作"🔲",乙1作"🔲",兩字衹争一筆,辭例相同,應同釋"老"。②宋華強:"老人"文意不通,此處仍當是"正人",簡文"正"和"人之心"構成動賓結構,"正"是端正。③

　　向按:"正"字頂上一筆不應往下連到第二筆的中央。兩個字頂部筆劃區别很小,都不是短横的變形,而是代表"老"人頭頸的豎筆之變。如上博簡《昔者君老》的"老"寫作"🔲"、包山簡217的"🔲",頂部的筆劃都可以爲證(包山簡的字形,比本簡和《昔者君老》的字形多兩筆,是没有簡省的"老"字頭)。"不思老人之心",是子文指責這個後生不考慮自己的感受。

　　[15]既,高佑仁:簡文作"🔲",隸定當作"戤"。④宋華強:"戤"與上博簡《成王既邦》簡4"餓"字异體"戤"寫法相近,於此當讀爲"宜"。⑤

　　已,高佑仁:當釋爲"已"。⑥金宇祥:字形作🔲,應爲"巳"字,如《容成氏》簡23之"🔲"、《曹沫之陳》簡4之"🔲"。在簡文讀爲"已",當句末語氣詞。

　　[16]慼,整理者:上部從"扌"從"戈",疑讀爲"哲"。高佑仁:此字簡文作"🔲",上部就是"殺"字。後又認爲,楚簡的"殺"字一般從"攴"而不從"戈",上部當是"誅"字,尤其與中山王銅器銘文"🔲"字寫法一致。《史記·楚世家》:"晋果敗子玉於城濮,成王怒,誅子玉。"同書《晋世家》:"我擊其外,楚誅其内。"兩"誅"字均可爲證。⑦

　　①張峰:《〈上博(九)·成王爲城濮之行〉釋讀》,第149頁。
　　②見"簡帛"網"簡帛論壇"《讀成王爲城濮之行札記》第19帖。
　　③宋華強:《上博九〈成王爲城濮之行〉考釋(九則)》,《簡帛》第9輯,第98—99頁。
　　④高佑仁:《上博九〈成王爲城濮之行〉通釋》,《古文字學青年論壇論文集》,第17—18頁。
　　⑤宋華強:《上博九〈成王爲城濮之行〉考釋(九則)》,《簡帛》第9輯,第100—101頁。
　　⑥高佑仁:《〈上博九〉初讀》,"簡帛"網2013年1月8日,http://www.bsm.org.cn/show_article.php?id=1789。
　　⑦高佑仁:《上博九〈成王爲城濮之行〉通釋》,《古文字學青年論壇論文集》,第21—22頁。

宋華强：簡文“遉”“謂”“慦”等字似乎都和燕系文字有關，值得注意。①馮勝君：此字當改釋爲“慼”或“慽”，憂慮。簡文補足讀爲“喜君之善而不慼子玉之師之敗”，“敗”字據文義補。“君”是伯嬴當面稱“子文”，語譯爲“您高興於您自己的成功，但却不憂慮子玉之師的失敗”。②

三、子玉治兵及相關問題

以上，嘗試綜合各家研究對簡文進行了釋讀。從現存殘簡看，簡文寫的是城濮之戰前，楚國內部的相關情況，主要內容集中在戰前。現存內容可以分爲兩部分：背景和人物對話。背景是楚成王命令尹子文、子玉治兵；在令尹子文家的飲宴過程中，子文和蒍賈的對話。後者構成簡文主要內容。

簡文中蒍賈對子文説的話尚未結束，在甲5之後應該還有至少一枚簡。至於對話結束之後，簡文是不是會寫明城濮之戰的結局、子玉之死等，這些問題，目前還不能做結論。不過，以前我們曾推測，上博簡描寫楚國王家貴族之人物事件，體現出內諱傾向。在以往刊布的上博簡中，一般不直接寫出簡文中人物或事件的負面結局，尤其是對楚國來説不好的結局。因此，本篇也不一定會寫楚人戰敗及子玉自盡等事。换言之，對話之後寫出城濮戰局及子玉之死的可能性并不大。當然，將來上博簡是否還會發表和本篇結局有關的殘簡，仍是未知數。

現在要討論的是，就殘存內容而論，簡文和《左傳》叙事有一個差異：簡文篇首説楚“成王爲城濮之行”而命子文教子玉治兵，此説似與《左傳》不同。

按《左傳》僖公二十七年：“楚子將圍宋，使子文治兵於睽，終朝而畢，不戮一人。”具體而言，治兵後“圍宋”，事在僖公二十七年下半年，城濮之戰則在次年初夏（夏四月）；圍宋是一事，城濮決戰，又是一事。圍宋的楚方將領，僖公二十八年傳文明確説是“子玉”，二十七年傳“釋宋圍”杜預注也已經指明。這樣看來，如高佑仁先生分析指出的那樣，“圍宋”可以説是城濮之戰的先聲。簡文是事後追述，因此和《左傳》叙事略有不同，但實質上并無矛盾。

當然我們并不認爲簡文和《左傳》有矛盾，但即使是事後追述，仍然有問題。根據《左傳》，晉國出兵對楚作戰的決定，是僖公二十七年冬圍宋，宋公孫固告急之後，經過晉大夫商議作出的。然而，楚成王命子文、子玉練兵的時間，却明確爲

---

① 宋華强：《上博九〈成王爲城濮之行〉考釋（九則）》，《簡帛》第9輯，第100頁。
② 馮勝君：《上博九〈成王爲城濮之行〉補釋》，《出土文獻與古文字研究》第6輯，第363—364頁。

"將圍宋"，也就是僖公二十七年冬天圍宋之前。這樣一來，《左傳》和簡文實際上出現了一個重大的差異：當時宋國已經没有還手之力（詳後），楚國没必要爲圍宋而安排子文教子玉練兵。可是，當時晋國根本没有打算和楚國决戰，簡文所述"爲城濮之行"，就和《左傳》無法協調。如果説簡文作爲戰國時代楚人留下的資料，證明子文教子玉治兵確確實實是爲了"城濮之行"，又如何看待《左傳》認爲，子文教子玉練兵早於晋國决定對楚决戰？

爲便於討論，我們先列出一份編年簡史。材料起自《左傳》僖公十八年齊桓公下葬，宋人出兵擁立齊孝公，截止僖公二十八年夏四月城濮之戰。

表 3　《春秋》經、傳宋、晋、楚事

魯僖公	春秋經	左氏傳（宋、晋）	左氏傳（楚）
十八年	春，宋公伐齊。	宋襄公以諸侯伐齊。	鄭伯始朝於楚。杜預注：（鄭朝於楚，）中國無霸故。
十九年	宋人執藤子嬰齊。 邾人執鄫子用之。 宋人圍曹。 （宋人）會陳人、蔡人、楚人、鄭人盟於齊。	宋人執藤宣公。 宋公使邾文公用鄫子於次睢之社。 宋人圍曹。 盟於齊，修桓公之好也。	
二十年	冬，楚人伐隨。	宋襄公欲合諸侯。	冬，鬬穀於菟帥師伐隨。
二十一年	宋人、齊人、楚人盟於鹿上。 秋，宋公……會於盂，（楚子）執宋公以伐宋。 楚人使宜申來獻捷。 秋，公會諸侯盟於薄，釋宋公。	秋，諸侯會宋公於盂。	春，宋人爲鹿上之盟，以求諸侯於楚，楚人許之。
二十二年	夏，宋公、衛侯、許男伐鄭。 冬，宋公及楚人戰於泓，宋師敗績。	夏，宋公伐鄭。	三月，鄭伯如楚。 楚人伐宋以救鄭。 冬，宋公及楚人戰於泓。

續表

魯僖公	春秋經	左氏傳（宋、晋）	左氏傳（楚）
二十三年	春,齊侯伐宋,圍緡。 夏五月庚寅,宋公兹父卒。 秋,楚人伐陳。	春,齊侯伐宋,圍緡。 夏五月,宋襄公卒。 九月,晋惠公卒,懷公命無從亡人。（以下全部寫公子重耳出逃）	秋,楚 成得臣 帥師伐陳,討其貳於楚也。
二十四年	夏,狄伐鄭。 冬,天王出居於鄭。	（鄭伯）不聽王命。 夏,狄伐鄭。 秋,頹叔、桃子奉大叔以狄師伐周,大敗周師。 王出適鄭,處於氾。 冬,王使來告難。 （公子重耳）使殺懷公於高梁。 （冬）王使簡師父告於晋,使左鄢父告於秦。	宋及楚平,宋成公如楚,還,入於鄭。
二十五年	宋殺其大夫。 秋,楚人圍陳,納頓子於頓。	（秦晋勤王）夏四月,王入於王城。晋侯朝王。 冬,晋侯伐原。	楚鬭克、屈禦寇以申、息之師成商密,秦人過析,囚申公子儀、息公子邊以歸。楚 令尹子玉 追秦師,弗及。
二十六年	公子遂如楚乞師。 秋,楚人滅夔。 冬,楚人伐宋,圍緡。 公以楚師伐齊,取穀。	宋以其善於晋侯也,叛楚即晋。	夔子不祀祝融與鬻熊,楚人讓之。秋,楚 成得臣 、鬭宜申帥師滅夔。 冬,楚 令尹子玉 、司馬子西帥師伐宋,圍緡。公以楚師伐齊,取穀。 置（齊）桓公子雍於楚。桓公之子七人,爲七大夫於楚。

續表

魯僖公	春秋經	左氏傳（宋、晉）	左氏傳（楚）
二十七年	冬，楚人、陳侯、蔡侯、鄭伯、許男圍宋。公會諸侯盟於宋。	宋公孫固如晉告急。	楚子將圍宋，使子文治兵於睽，子玉復治兵於蒍。冬，楚子及諸侯圍宋。
		（晉先軫、狐偃建策）於是乎蒐於被盧，作三軍。追述晉文公復國而教其民、伐原之事。	
二十八年	春，晉侯侵曹。晉侯伐衛。楚人救衛。三月，晉侯執曹伯，畀宋人。夏四月，晉侯、齊師、宋師、秦師及楚人戰於城濮。（以下略）	春，晉侯伐曹。晉侯、齊侯盟於斂盂。晉侯圍曹。三月丙午，入曹。宋人使門尹般如晉師告急。曹、衛告絶於楚。夏四月戊辰，晉侯、宋公、齊國歸父、崔夭、秦小子憖次於城濮。（以下城濮之戰）	楚子入居於申，使申叔去穀，子玉去宋。子玉使伯棼請戰。子玉使宛春告於晉師曰，請復衛侯而封曹，臣亦釋宋之圍。楚師背酅而舍。（以下城濮之戰）

　　顧棟高《春秋宋楚爭盟表》認爲，楚、宋爭霸可以追溯到僖公十八年。這一年鄭國朝楚，杜預注也曾明確指出，此時“中國無霸”。①次年齊之盟，與會的陳、蔡、鄭都是楚的屬國，因此童書業先生認爲，當時楚國實際上等同於盟主。②經過僖公二十二年泓之戰，宋方慘敗，甚至宋襄公本人也負傷而去世，是楚成王爭霸的頂峰。此後鄭國伐滑，并且公然“不聽王命”（不接受周天子停止伐滑的要求）。周襄王引狄人伐鄭，却因兵變而被驅逐到鄭國氾地。在這種背景下，魯國也參與圍宋，并和楚國合力伐齊。儘管鄭國妥善接待了逃奔而來的周襄王，但“天下諸侯將南面朝楚……楚兵威所未及者，周與晉耳。”中原的舊秩序至此已經崩潰。③泓之戰後，中原遲遲未出現新的中堅力量來維持中原舊秩序，大體上，楚國的注意力也繼續針對宋人。僖公二十七年冬楚人繼續圍宋，也可以説是楚宋爭霸的尾聲。因爲宋公孫固“如晉告急”，楚宋爭霸隨之轉變成楚晉爭霸。

---

　　①顧棟高曰：“鄭于僖之元、二、三年，三受楚伐而不肯即楚者，以有齊桓在也。至是齊桓死，宋力不能抗，鄭之之楚，亦無如何耳。”［清］顧棟高輯，吳樹平、李解民點校：《春秋大事表》，中華書局，1993 年，第1976 頁。

　　②童書業：《春秋左傳研究（校訂本）》，《童書業著作集》第 1 卷，中華書局，2008 年，第 366—367 頁。

　　③參看《春秋大事表》“春秋晉楚爭盟表”，第 1981—1982 頁。

　　關於這個過程,《春秋》經傳有不同的寫法。從上表很容易看出來,宋人爭霸結束於僖公二十二年,《左傳》從僖公二十三年開始寫晉國事。但是,一直到僖公二十七年,《春秋》經始終没有提晉國。經文不記晉國事,傳統的解釋當然是魯國史官没有得到官方消息。而城濮之戰結束的這一年,經文首次記晉文公,前人認爲"孔子遽書其爵者,予其功不旋踵而建也"。①《春秋》經對晉文公的處理姑置勿論,但由此可以肯定,《左傳》僖公二十三年開始寫晉國,是利用和《春秋》經(或者説魯國史書)不同的資料。資料的差异,本身就體現出傳文編寫者的立場和經文所見不同。

　　泓之戰後的《左傳》記事,幾乎每年都有一定篇幅,寫楚國的軍事動態。另一方,對於當時唯一有希望出面恢復中原舊秩序的晉國,記事反而偏少。城濮之戰爆發,晉楚雙方的實力,春秋經、傳也有微妙差异:經文"晉侯、齊師、宋師、秦師及楚人戰於城濮",而傳文的視角完全不同,説是"楚衆我寡"。傳文對城濮之戰的戰爭描寫,也是晉一國之力對陣楚主導的聯軍,而不是晉主導的聯軍,對陣楚主導的聯軍。

　　由此看來,《左傳》一方面想强化楚國的負面形象:四處侵略中原諸侯國,格外好戰;另一方面,既要突出晉國具有拯救中原的能力,又要刻畫晉國不好戰的形象。進而,以僖公二十八年楚令尹子玉的迫切求戰,和晉文公的"退避三舍",造成更加鮮明的戲劇衝突,使楚國成爲中原的絶對負面因素,而晉國的正面形象由此得到强化。《左傳》於城濮戰後有"君子曰:'晉於是役也,能以德攻。'"簡單來説就是:晉既能"尊王攘夷",又不好戰。

　　然而,在這種叙事框架下,也出現一些矛盾。例如:其一,僖公二十七年傳所説晉國"出穀戍、釋宋圍,一戰而霸,文之教也",仿佛都是二十七年冬到二十八年夏初這段時間内突然而來的收效(如孫復語"其功不旋踵而建")。其二,僖公二十八年春,子玉提出調停,條件是晉國"復衛而封曹",而楚"釋宋之圍"。但晉國明知子玉的調停方案可以讓各方都得到安定("一言而定三國"),却堅決不肯談判。這就讓晉國在戰場上"退避三舍"的高姿態變得有些古怪:明明是晉國要求作戰,描述戰場上的情況,還是要把晉國描寫成不願作戰的一方。

　　查僖公二十七年《左傳》傳文,除去公孫固求援之後對晉國的介紹,剩下主要就是子玉治兵這件事。僖公二十六年傳文已經寫"冬,楚令尹子玉、司馬子西帥師伐宋,圍緡。"因此本年冬,楚人率陳、蔡、鄭、許諸國圍宋,自然是圍緡之後的繼續

---

①此宋代學者孫復語,轉引自《春秋大事表》,第 1984 頁。

推進。清華簡《繫年》第七章寫楚成王"圍宋、伐齊"之後,"戍穀,居鑪。"①也就是派人駐扎在齊的穀地,占領宋的鑪地。這就是説,二十七年繼續圍宋,是直指宋國都城。家鉉翁曾指出:"(僖公二十七年)攻宋不已,是并兼之計。"②實際上,泓之戰以後,宋對楚已無還手之力。儘管《左傳》明確説是"將圍宋"而安排令尹子文教子玉,却絶不是在宋出現了强有力的軍事抵抗。

我們推測,應該是在圍宋的軍隊繼續推進時,接到晉國出兵干預的消息。晉國必然出兵,顧棟高早已指出:"宋爲中國門户,常倔强不肯即楚,以爲東諸侯之衛。至宋即楚而天下之事去矣。故晉文、晉悼之興,首有事於救宋。"③楚成王此時下令練兵,是爲了對晉作戰。換言之,簡文篇首"成王爲城濮之行"而下令"治兵",記的是練兵目的。

問題是,第一:晉國決定對楚作戰,是否能早到僖公二十七年冬圍宋之前?第二:即使這一年晉國決定出兵,楚王爲什麽如此重視,下達練兵的命令?在這之前出現了什麽新的情況,《左傳》未予記載,或者説,被《左傳》作者刻意回避了呢?

我們認爲,1994年出土的子犯編鐘銘文、前引清華簡《繫年》等出土文獻資料,有助於考察這個問題。子犯編鐘銘文:④

惟王五月初吉丁未,子犯佑晉公左右,來復其邦。諸楚荆不聽命於
王所,子犯及晉公率西之六師,博伐楚荆,孔休。大上楚荆,喪厥師,減絶
孤(?)。子犯佑晉公左右,爕諸侯,俾朝王,克奠王位。王錫子犯輅車、四
馬、衣、裳、帶、市、佩……

子犯即晉大夫狐偃,系晉文公(公子重耳)的重臣,他伴隨公子重耳流亡,又親率大軍參與城濮之戰。根據銘文,城濮作戰勝利,最重要的成果是打敗楚國,讓諸侯"朝王",安定周天子之位。這説明,城濮戰爭結束後,晉人確實保持了(至少表面上保持)對周天子的尊崇。這也是《左傳》描寫的春秋霸主"尊王",首次得到春秋文字資料(甚至可以説是當事人親口)證明。

關於晉國伐楚的理由,是"諸楚荆不聽命於王所"。資料發表後,已有學者指出,"諸楚荆"不僅指楚國本身,還包括當時服從楚的其他諸侯國,例如陳、蔡和鄭

①李學勤主編:《清華大學藏戰國竹簡(貳)》,中西書局,2011年,第153頁。
②[清]顧棟高輯,吴樹平、李解民點校:《春秋大事表》,第1983頁。
③[清]顧棟高輯,吴樹平、李解民點校:《春秋大事表》,第1980頁。
④釋文主要依據黄錫全《新出晉"博伐楚荆"編鐘銘文考述》,收入其著《古文字論叢》,藝文印書館,1999年,第131—146頁;裘錫圭《也談子犯編鐘》(原刊《故宫文物月刊》1995年第5期),收入《裘錫圭文集》第3卷,復旦大學出版社,2015年,第83—91頁。關於這篇銘文的集釋性論文,可參看[日]三輪健介《子犯鐘》,《漢字學研究》第1輯,2013年,第111—131頁。

國。前揭清華簡《繫年》第七章寫城濮之戰，楚令尹子玉“率鄭、衛、陳、蔡及群蠻夷之師”，正好可以作具體的補充材料。《左傳》僖公二十四年寫道，鄭國當時已加入楚國主導的聯盟，且不聽周天子的“王命”。這樣看來，晋國有意和楚國決戰，甚至可以追溯到僖公二十四年。而這一年，恰好是子犯編鐘開頭所説“來復其邦”之時。

　　實際上，《左傳》本身也有材料能證明。僖公二十三年，當時身份還是公子的晋文公一行流浪到楚國，就和楚王當面説過：“晋楚治兵遇於中原……以與君周旋。”吳闓生先生認爲：“晋侯創霸，必以攘楚爲功。此事實之無可避免者。不欺楚子，即自見其大略處。”①吳先生所説的“大略”，就是指晋文公和楚對立的態度（至於公子重耳這番對話是否爲史實，是另外一個問題）。僖公二十七年冬楚國進一步圍宋以後，晋國爲争取諸侯國之間的平衡點，正式征討曹、衛，②并且拒絶令尹子玉提出的談判請求，可見對楚決戰不是突然決定的。《左傳》之所以把晋國的作戰決定寫在公孫固告急之後，仍然是爲了營造晋國不好戰而楚國單方面求戰的氛圍。

　　至於晋國當時的實力，傳統看法都根據《左傳》的精彩描述而强調，晋國是以弱勝强、以少勝多。雖然有一些不同看法，也不受重視。

　　子犯編鐘銘文中的“西之六師”，目前没有定論。趙曉龍先生總結分析爲三種説法：第一：周王朝的六師；第二：晋國三軍加上秦、齊、宋三國軍隊，合稱六師；第三：晋國三軍各分爲二，合計六師。第三説係整理發布銘文資料的張光遠先生提出，趙曉龍先生加以論證。③不過，趙先生似乎回避了黄錫全先生曾經提出的一個問題，④即銘文中率“西之六師”伐楚的子犯，本身就是晋人，他怎麼會自稱本國軍隊爲“西”之“師”？ 要知道，《左傳》僖公三十二年秦晋崤之戰，傳文中晋人明確稱秦國軍隊爲“西師”，而這次交戰，秦國恰好也參與其事。既然對晋國來説，秦國軍隊是“西師”，却又自稱本國軍隊爲“西之六師”，恐怕有問題。

　　趙先生之所以把“三軍”理解成“六師”，從其論證方法和材料看，他顯然是接受了城濮之戰晋國以弱勝强、以少勝多的説法（此説最先由童書業先生《春秋左傳研究》論證，趙先生已引證），由此還强調秦、齊、宋國并未參戰。如果當時祇有

---

　　①吳闓生撰，白兆麟校注：《左傳微》，黄山出版社，1995年（1923年初版），第194頁。
　　②童書業：《春秋左傳研究（校訂本）》，《童書業著作集》第1卷，第370頁。
　　③趙曉龍：《子犯編鐘銘文“西之六師”試解》，《西南交通大學學報（社會科學版）》2011年第1期。
　　④黄錫全：《新出晋“博伐楚荆”編鐘銘文考述》（原刊《長江流域文化論集》1995年8月），收入其著《古文字論叢》，第136頁。

晉國三軍出戰，那麼銘文的“六師”只能是晉國的三軍。然而事實并非如此。秦、齊、宋出兵不僅見於《左傳》，清華簡《繫年》第七章也明確説“（晉）文公率秦、齊、宋及群戎之師，以敗楚師於城濮”，①當時不僅秦、齊、宋出兵參戰，還有“群戎之師”。只不過，這些參戰力量在《左傳》中被掩蓋而已。

關於第二説，也有一些問題。由於齊、宋都在晉國東方，也不好計入“西之六師”。至於第一説，是黃錫全、江林昌先生等所持見解。②確實，如同趙先生指出的那樣，西周金文的“西六師”，一般認爲在東周時已不復存在。而東周王朝雖然也有軍隊，但“桓公五年周鄭交戰，王師只湊成中軍，規模應該不是很大，戰鬥力也弱。”有鑒於此，黃錫全先生本人也認爲，“西之六師”也可能指戰前部署在城濮以西的聯合軍隊。還有學者提出，不必拘泥於“六”字，“西之六師”就是指晉國率領的諸侯聯軍。③

子犯編鐘所見“西之六師”，我們認爲上述三説各有可取。晉方是城濮之戰獲勝一方，晉文公、子犯都參與其事，秦、齊、宋和諸戎參戰，看來都是事實。唯獨從傳統典籍中看不到王朝軍隊的蹤迹。然而，銘文“西之六師”指周王朝的軍隊，初看似是孤例，却也不應該輕易否定。因爲這篇銘文本身旗幟鮮明的“尊王”觀念，在東周出土文字資料中，目前實際上也是孤例。

既然“尊王”，王朝軍隊的戰鬥力如何，甚至於到底有没有實際參與，已經不是問題所在。因爲在尊王觀念下，重要的是王朝支持所具有的象徵意義。尤其對昔日屬於中原舊秩序體系、後來迫於楚國壓力而加入楚國主導的新秩序中的鄭、魯等諸侯國，“尊王”的象徵意義尤其重大。在某種程度上，銘文甚至可能爲了“尊王”、強調晉方獲得周天子支持，而刻意采用“西之六師”的提法，以此呼應周王朝曾經的“西六師”，從而凸顯晉方聯軍的正義性。由於子犯是實際帶兵出戰并受到周天子賞賜，在紀念銘文中，他的名字列在晉文公之前，或許是同樣的“尊王”觀念使然：即子犯當時率領的是王朝軍隊而非晉軍，其身份也就不再是晉文公的臣下。

由此看來，晉國在僖公二十八年宋公孫固告急之前早已和楚國對立，晉文公

---

①李學勤主編：《清華大學藏戰國竹簡（貳）》，中西書局，2011 年，第 152 頁。

②黃錫全：《新出晋“博伐楚荆”編鐘銘文考述》，收入其著《古文字論叢》，第 131—146 頁。江林昌：《新出子犯編鐘銘文史料價值初探》，《文獻》1997 年第 3 期，第 96—101 頁。向按：關於“西之六師”，江先生所論實際是引述黃錫全先生《新出晋“博伐楚荆”編鐘銘文考述》之説，然而黃先生稍後發表的《子犯編鐘補議》（也收入《古文字論叢》）中語譯爲“西來的六師”，似乎放弃了“西之六師”即西周“西六師”的見解。

③［日］佐藤信彌：《東遷以後の周王朝とその儀礼》（原刊《東亞文史論叢》2007 年 11 月），收入其著《西周期における祭祀儀礼の研究》，朋友書店，2014 年，第 218—219 頁。

復國之後,楚國連年圍宋,晋國早有對楚決戰的準備。不僅如此,面對楚國持續北上之勢,晋國成功組建聯軍,并得到周王朝支持。這些動態,結合《左傳》、春秋戰國出土文字資料,都可以找到一些端緒。《左傳》寫僖公二十七年冬,楚成王"將圍宋"時命令尹子文教子玉治兵,是在占領宋國緡地,繼續向宋國都城推進的過程中,接到晋國準備出兵的消息。晋國不僅組建了諸侯聯軍,而且得到周王朝的支持,繼齊桓公之後,中原再次出現了由中原諸侯國恢復舊秩序的希望。二十八年春,子玉主動對晋國提出調停辦法,也未嘗不是感受到來自中原聯軍的壓力。爲了準備和晋國率領的聯軍決戰,楚王發布治兵的命令。

簡單來説,楚成王命子文教子玉治兵,在《左傳》寫成"將圍宋",是記時(編年體的常見寫法);簡文寫"爲城濮之行",則是記事(故事類或者説"語類"的常見寫法)。但《左傳》將子玉治兵一事編入晋國決定對楚決戰之前、楚人圍宋的過程之中,完全避開晋國備戰的動態,是要凸顯甚至"捏造"晋國既能尊王、又不好戰的理想霸主形象。簡文由於是楚人編寫,因而如實地寫明,子玉治兵是爲了城濮之戰。甚至城濮可能就是雙方約戰的地點,而不是《左傳》所寫晋人"退避三舍"、誘敵深入之後才到達的地方。

附記:本文寫作得到教育部青年基金項目(15YJC770003)、"漢語海外傳播河南省協同創新中心"資助。

作者簡介:曹方向,男,1985年生,歷史學博士,安陽師範學院文學院講師、日本大阪大學特任助教,主要從事戰國秦漢簡帛研究。

上博簡《容成氏》字詞零釋

尉侯凱

（武漢大學簡帛研究中心，武漢 430072）

內容摘要：本文討論上博簡《容成氏》中的幾個字詞，認爲"以"有表示介詞"於""用"以及表示目的的連詞等用法。簡 33 下"所曰聖人"，"所曰"猶言"所謂"。簡 36"民乃宜怨"之"宜"，當爲虛詞。簡 44-45"作爲九成之臺""作爲金桎三千"、簡 50-51"作爲革車千乘"之"作爲"，應是一個偏義複詞。

關鍵詞：上博簡；《容成氏》；字詞零釋

　　《容成氏》是《上海博物館藏戰國楚竹書(二)》中一篇比較重要的歷史文獻，[①]自其公布以來，學者們在竹簡的拼合與編聯、文字釋讀等方面作了許多卓有成效的工作，爲進一步的文本研究奠定了良好的基礎。筆者不揣谫陋，嘗試對其中幾個字詞的含義或用法略作分析，不當之處，請方家教正。

一、以

　　"以"除了作爲介詞用於方位詞前(如簡 27—28"漢以南""漢以北")，表示連詞"而"(簡 8 上"悦簡以行"、簡 8 下"悦和以長""悦博以不逆"[②])外，還有一些用法比較特殊：

　　1."以"表示介詞"於"

　　簡 17—18："禹乃五讓以天下之賢者，不得已，然後敢受之。"簡 34："皋陶乃

---

　　①馬承源主編：《上海博物館藏戰國楚竹書(二)》，上海古籍出版社，2002 年。

　　②博，簡文作"敀"，整理者讀爲"薄"。劉信芳先生讀爲"博"，見劉信芳《上博藏竹書試讀》，"簡帛研究"網 2003 年 1 月 9 日，http://www.jianbo.org/Wssf/2003/liuxinfang01.htm。陳劍先生亦讀爲"博"，見陳劍《上博簡〈容成氏〉的拼合與編連問題小議》，"簡帛研究"網 2003 年 1 月 9 日，http://www.jianbo.org/Wssf/2003/chenjian02.htm。

五讓以天下之賢者,遂稱疾不出而死。"這裏的兩個"以",均相當於"於",《經詞衍釋》卷一云:

> 以,猶於也。此義《釋詞》不載,今以所聞於嚴君者補注。《禮記》"易以溺人""易於溺人","以""於"互對成文。《左傳》昭二十年"慢則糾之以猛",《家語·正論解》作"糾於猛"。《趙策》"襄子當出,豫讓伏以過橋下",《史記》作"伏於所當過之橋下"。是"以"可訓爲"於"也。《孟子》"君子深造之以道",言深造之於道也。①

簡文"讓以天下之賢者",謂讓於天下之賢者。簡 10"堯以天下讓於賢者,天下之賢者莫之能授也。萬邦之君皆以其邦讓於賢",是"以"訓爲"於"之內證。

2."以"表示介詞"用"

簡 23 下:"舜聽政三年,山陵不處,②水燎不谷,③乃立禹以爲司空。"簡 28:"天下之民居奠,乃飯④食,乃立后稷以爲田。⑤"簡 29:"民有餘食,無求不得,民乃賽,驕怠⑥始作,乃立皋陶以爲理。"簡 30:"舜乃欲會天地之氣而聽用之,乃立質以爲樂正。"簡 37:"湯乃謀戒求賢,乃立伊尹以爲佐。"又簡 45:"既爲金桎,又爲酒池,厚樂於酒,溥夜以爲淫。"以上"以"字表示介詞"用"與動詞"爲"搭配,均省略了賓語。

3.表示不必譯出的介詞

簡 21:"禹然後始行以儉。"這裏的介詞"以"可不譯出,全句謂禹然後始行儉。

4.表示目的的連詞

---

① [清]吳昌瑩:《經詞衍釋》,中華書局,1956 年,第 9—10 頁。

② 處,簡文作"尻",整理者讀爲"序"。陳偉先生讀爲"處",見陳偉《竹書〈容成氏〉所見的九州》,《中國史研究》2003 年第 3 期,第 42 頁。白於藍先生亦讀爲"處","山陵不處"謂山陵崩解,見白於藍《〈簡牘帛書通假字字典〉部分按語的補充説明》,吉林大學邊疆考古研究中心《新果集——慶祝林澐先生七十華誕論文集》,科學出版社,2009 年,第 633 頁。

③ 谷,整理者釋爲"淽"。單育辰先生釋爲"浴",讀爲"谷",見單育辰《新出楚簡〈容成氏〉研究》,中華書局,2016 年,第 126 頁。

④ 飯,整理者隸定作"飤"。何琳儀先生釋爲"飯",見何琳儀《滬簡二冊選釋》,"簡帛研究"網 2003 年 1 月 14 日,http://www.jianbo.org/Wssf/2003/helinyi01.htm。

⑤ 田,簡文作"經",整理者讀爲"盈"。張富海先生讀爲"田",見張富海《讀楚簡札記五則》,《古文字研究》第 25 輯,中華書局,2004 年,第 359 頁。

⑥ 怠,簡文作"能",整理者讀爲"態"。孫飛燕先生讀爲"怠",見孫飛燕《讀〈容成氏〉札記》,《出土文獻》第 1 輯,中西書局,2010 年,第 194 頁。

簡 7 下："於是乎①持版正位,四向和,②懷以來天下之民。""懷以來"當爲"以懷來"之倒。又簡 22:"禹乃建鼓於廷,以爲民之有訟告者鼓焉。"

二、曰

簡 33 下:

　　所曰聖人,其生易③養也,其死易葬,去苛愿,是以爲名。

所,整理者連上句讀。④郭永秉先生改屬下句,最初認爲"所曰"猶言"所謂",但古書中未見用"所曰"表示"所謂"的例子,故從沈培先生説,將"所"字理解爲"所以","所曰聖人",就是"所以叫作聖人"的意思。進而認爲,"所曰聖人"云云,應是叙述完禹葬的傳説之後,作者對禹的評價,此句意在解釋禹得"聖人"之名的原因——去苛行儉,易養易葬。⑤

按:將"所"解釋爲"所以",與下文"是以"語義頗嫌重複。"所曰"一詞雖不見於典籍,但"曰"有表示"謂"的含義,《論衡·本性》:"曰性善者,是見其陽也。謂惡者,是見其陰者也。"裴學海謂"曰"與"謂"爲互文。《韓詩外傳》卷三"此之曰十二發",《逸周書·成開》"内外不爽,是曰明王","曰"皆與"謂"同義。⑥曰屬匣紐月部,謂屬匣紐物部,聲紐相同,韵部月、物爲旁轉,二字聲音也十分密切。《詩·魯頌·閟宫》"王曰叔父",《禮記·明堂位》鄭玄注引"曰"作"謂"。《禮記·學記》"大學之法,禁於未發之謂豫,當其可之謂時,不陵節而施之謂孫,相觀而善之謂摩",《説苑·建本》四"謂"字皆作"曰"。簡文中的"所曰",猶言"所謂",所謂聖人,即所説的聖人。"其生易養,其死易葬,去苛愿",是在稱頌聖人節儉的美德。下文"是以爲名",正是對"所曰聖人"的總結。全句謂所説的聖人,生易養,死易葬,去苛愿,所以得名。

---

①於是乎,簡文作"於是於",整理者認爲三字皆爲衍文。陳劍先生讀爲"於是乎",見陳劍《上博簡〈容成氏〉的拼合與編連問題小議》,"簡帛研究"網 2003 年 1 月 9 日。

②和,整理者連下讀,陳劍先生改屬上句,見陳劍《上博簡〈容成氏〉的拼合與編連問題小議》,"簡帛研究"網 2003 年 1 月 9 日。

③易,簡文作"賜",郭永秉先生讀爲"易",見郭永秉《從〈容成氏〉33 號簡看〈容成氏〉的學派歸屬》,"簡帛"網 2006 年 11 月 7 日,http://www.bsm.org.cn/show_article.php?id=455。

④馬承源主編:《上海博物館藏戰國楚竹書(二)》,第 276 頁。

⑤郭永秉:《從〈容成氏〉33 號簡看〈容成氏〉的學派歸屬》,"簡帛"網 2006 年 11 月 7 日。

⑥裴學海:《古書虚字集釋》,中華書局,1954 年,第 135 頁。

三、宜

簡 36—37：

當是時，强弱不辭讓，①衆寡不聽②訟，天地四時之事不修。湯乃尃③
爲征籍，以征關市，民乃宜怨，虐疾始生，於是乎煩、④喑、聾、跛、◆、癭、
寠、⑤僂始起。

宜，趙建偉先生疑爲“多”字之訛。⑥蘇建洲先生認爲“宜”表示所述的事實正
當如此，可譯爲“難怪”“怪不得”等。⑦單育辰先生認爲“宜”可讀爲“多”。⑧

按：“宜”當爲虛詞。《吕氏春秋·樂成》：“中山之不取也，奚宜二筴哉？一寸而
亡矣。”高誘注：“中山之不取，謂樂羊不敢取以爲己功，一方寸之書則亡矣，何乃
二筴也。”高誘以“乃”釋“宜”，“乃”字亦無實義。《經傳釋詞》卷五云：

宜，助語詞也。《詩·螽斯》曰：“螽斯羽，詵詵兮。宜爾子孫，振振兮。”
宜爾子孫，爾子孫也。言螽斯羽則詵詵然矣，爾子孫則振振然矣。故序
曰：“言若螽斯不妬忌，則子孫衆多也。”箋云：“宜女之子孫使其無不仁
厚。”失之。《小宛》曰：“哀我填寡，宜岸宜獄。”宜岸，岸也。宜獄，獄也。
言我窮盡寡財之人，乃有此訟獄之事也。箋云：“仍得曰宜。”正義云：“在
上謂之宜有此訟，宜有此獄。”皆失之。⑨

簡文“民乃宜怨”，謂民乃怨。簡 29“民有餘食，無求不得，民乃賽，驕怠始
作”，“民乃賽，驕怠始作”與“民乃宜怨，虐疾始生”結構相似，可以參看。

①辭讓，簡文作“紿賜”，整理者讀爲“辭揚”。董珊先生讀爲“辭讓”，見董珊《也説〈容成氏〉“强弱不辭
讓”句》，“簡帛”網 2008 年 3 月 16 日，http://www.bsm.org.cn/show_article.php?id=803。

②聽，簡文作“聖”，整理者讀爲“聲”。陳劍先生讀爲“聽”，見陳劍《上博簡〈容成氏〉的拼合與編連問題
小議》，“簡帛研究”網 2003 年 1 月 9 日。

③尃，簡文作“甫”，整理者讀爲“輔”。陳劍先生讀爲“尃”，見陳劍《上博簡〈容成氏〉的拼合與編連問題
小議》，“簡帛研究”網 2003 年 1 月 9 日。

④煩，簡文作“又”，整理者讀爲“有”。劉信芳先生讀爲“煩”，見劉信芳《楚簡〈容成氏〉官廢疾者文字叢
考》，《古文字研究》第 25 輯，中華書局，2004 年，第 326 頁。

⑤寠，整理者釋爲“宎”。蘇建洲先生釋爲“寠”，見蘇建洲《〈容成氏〉柬釋（五）》，“簡帛研究”網 2003 年
5 月 24 日，http://www.jianbo.org/Wssf/2003/sujianzhou18.htm。

⑥趙建偉：《讀上博（二）札記七則》，“簡帛研究”網 2003 年 11 月 9 日，http://www.jianbo.org/admin3/
list.asp?id=1037。

⑦蘇建洲：《上海博物館藏戰國楚竹書（二）校釋》，（臺北）花木蘭文化出版社，2006 年，第 209 頁。

⑧單育辰：《占畢隨録之十》，“簡帛”網 2009 年 6 月 19 日，http://www.bsm.org.cn/show_article.php?id=
1095。

⑨王引之：《經傳釋詞》，江蘇古籍出版社，1985 年，第 47 頁。

四、作爲

簡 42 下+簡 44—45：[①]

紂不述其先王之道，自爲改[②]爲，於是乎作爲九成之臺，寘盂炭其下，加圜木於其上，使[③]民道[④]之。能遂者遂，不能遂者入而死。不從命者，從而桎梏之，於是乎作爲金桎三千。

簡 50—51：

武王於是乎作爲革車千乘，帶甲萬人，戊午之日，涉於孟津，至於共、滕[⑤]之間，三軍大犯。[⑥]

以上幾處“作爲”，通常被理解爲同義複詞，即“作”“爲”同義，組成一個複合詞組。“作爲”在典籍中也比較多見，例如：

寺人孟子，作爲此詩。（《詩·小雅·巷伯》）

殷之衰也，其王紂作爲頃宮靈臺，卑狹者有罪，高大者有賞，是以身及焉。（《晏子春秋·諫下》）

古之民未知爲宮室時，就陵阜而居，穴而處，下潤濕傷民，故聖王作爲宮室。（《墨子·辭過》）

毋或作爲淫巧，以蕩上心。（《禮記·月令》）

然後聖人作爲鞉、鼓、椌、楬、塤、篪，此六者，德音之音也。（《禮記·樂記》）

但在筆者看來，以上這些“作爲”應是一個偏義複詞，“作”表示製作，“爲”沒有意義。“作”“爲”同義，因言“作”而連言“爲”，“爲”字只起到陪襯作用。《左傳》昭公十三年“鄭，伯男也，而使從公侯之貢”，孔穎達引王肅注：“鄭，伯爵，而連男

[①] 陳劍先生將簡 42 下與簡 44 連讀，見陳劍《上博簡〈容成氏〉的拼合與編連問題小議》，“簡帛研究”網 2003 年 1 月 9 日。

[②] 改，簡文作“芑”，陳劍先生讀爲“改”，見陳劍《上博簡〈容成氏〉的拼合與編連問題小議》，“簡帛研究”網 2003 年 1 月 9 日。

[③] 使，簡文作“思”，孟蓬生先生讀爲“使”，見孟蓬生《上博竹書（二）字詞札記》，“簡帛研究”網 2003 年 1 月 14 日，http://www.jianbo.org/Wssf/2003/mengpengsheng01.htm。

[④] 道，整理者讀爲“蹈”。陳偉先生認爲當如字讀，見陳偉《竹書〈容成氏〉零識》，“簡帛”網 2005 年 11 月 13 日，http://www.bsm.org.cn/show_article.php?id=72。

[⑤] 滕，整理者隸定作“縰”。陳偉先生釋爲“絭”，讀爲“滕”，見陳偉《竹書〈容成氏〉共、滕二地小考》，《文物》2003 年第 12 期，第 90 頁。

[⑥] 犯，簡文作“軋”，整理者讀爲“範”。許全勝先生讀爲“犯”，見許全勝《〈容成氏〉補釋》，“簡帛研究”網 2003 年 1 月 14 日，http://www.jianbo.rog/wssf/2003/xuquansheng01.htm。

言之,猶言曰公侯,足句辭也。"許嘉璐先生對這種現象加以總結道:"本説甲,而連帶説到乙,使兩個相關的詞連在一起,却只突出表達其中一個詞的意義,這種修辭方法就是連文。"①簡文"作爲九成之臺""作爲金桎三千""作爲革車千乘",謂作九成之臺、作三千金桎、作千乘革車。《詩·小雅·巷伯》"作爲此詩"、《晏子春秋·諫下》"作爲頃宮靈臺"、《墨子·辭過》"作爲宮室"、《禮記·月令》"作爲淫巧"、《禮記·樂記》"作爲鞉、鼓、椌、楬、壎、篪",謂作此詩、作頃宮靈臺、作宮室、作淫巧、作鞉、鼓、椌、楬、壎、篪。試看以下兩則材料:

故曰五經既布,然後逐姦民,詰軸僞,屏讒慝,而毋聽淫辭,毋作淫巧。若民有淫行邪性,樹爲淫辭,作爲淫巧,以上諂君上,而下惑百姓,移國動衆,以害民務者,其刑死流。(《管子·五輔》)

作爲琁室,築爲頃宫,剖孕婦而觀其化,殺比干而視其心,不適也。(《呂氏春秋·過理》)

"作爲"與"樹爲""築爲"對文,説明"作"和"樹""築"含義相類,其後之"爲"祇是連帶説及,没有實際意義,《管子·五輔》中的"樹爲淫辭,作爲淫巧",即樹淫辭,作淫巧。上文"毋聽淫辭,毋作淫巧",可以參看。《呂氏春秋·過理》中的"作爲琁室,築爲頃宫",即作琁室,築頃宫。

再來看看《容成氏》簡 30+簡 16②中的一個證據:

質既受命,作爲六律六吕③,辨爲五音,以定男女之聲。

"作爲"與"辨爲"對文,"作"與"辨"含義相似,"爲"字也是連帶説及,只起到陪襯的作用。"作爲六律六吕",即作六律六吕。"辨爲五音",即辨五音。綜上,簡文及典籍中常見的"作爲",應當是一個偏義複詞,而非同義複詞,這一點頗可注意。

作者簡介:尉侯凱,男,1987 年 4 月生,武漢大學簡帛研究中心博士研究生,研究方向爲先秦秦漢出土文獻。

---

①許嘉璐:《古代漢語》,高等教育出版社,1992 年,第 248 頁。
②陳劍先生將簡 30 與簡 16 連讀,見陳劍《上博簡〈容成氏〉的拼合與編連問題小議》,"簡帛研究"網 2003 年 1 月 9 日。
③吕,簡文作"郙",陳劍先生認爲係"邔"字之誤,讀爲"吕",見陳劍《上博簡〈容成氏〉的拼合與編連問題小議》,"簡帛研究"網 2003 年 1 月 9 日。

里耶秦簡所見秦遷陵縣的令史

魯家亮

（武漢大學歷史學院、簡帛研究中心，武漢 430072）

內容摘要：本文主要依據《里耶秦簡》第一卷所刊之 5、6、8 三層簡牘資料，梳理秦遷陵縣令史的基本信息。據上述資料所見，共計有 42 人曾擔任過遷陵縣令史，他們分別是慶、應、陽、夫、韋、犯、行、莫邪、釦、戎夫、上、除、尚、悍、扁、犴、兼、朝、逐、華、歇、就、圂、氣、却、丞、毛季、芒季（或忘季）、雜、敞、彼死、畸、感、言、齮、郤、德、繞、茬、端、蘇、佗。

關鍵詞：里耶秦簡；遷陵縣；令史

令史一職，秦漢傳世與出土文獻中均有不少記載，學界相關研究成果也很豐碩。一般認爲令史是秦及漢初縣廷的主要屬吏，其秩級雖然不高，但在當時縣廷的日常行政運作之中却發揮了重要的作用。①但以往研究所運用的史料較爲分散且時間跨度大,使得相關研究還存在不少空白。2002 年里耶秦簡發現之後,我們在其中找到了不少關於秦遷陵縣令史的記載,這些資料在最近幾年陸續得到刊布,這爲我們系統地考察秦代令史提供了機會。本文擬通過目前所見里耶秦簡(主要是第一卷所刊布之 5、6、8 三層的簡牘資料)中關於令史的記載,對秦遷陵縣令史的基本狀況進行復原。不當之處,請各位同好批評、指正。

一、"遷陵吏志"所見秦遷陵縣令史的規模與地位

里耶秦簡 7-67+9-631 所見爲一份"遷陵吏志"文書,它向我們揭示了在某一

①關於令史,較早見於《漢官儀》所記"更令吏曰令史,丞吏曰丞史,尉吏曰尉史,捕盜賊得捕格"(見[清]孫星衍等輯,周天游點校《漢官六種》,中華書局,1990 年,第 82 頁)。嚴耕望先生據此提出,大抵秦及漢初常統稱一切屬吏曰史,郡府屬吏曰卒史,縣丞尉屬吏曰丞史、尉史,縣令屬吏則曰令史也。西漢中葉以後似少此類名目矣(見嚴耕望《中國地方行政制度史——秦漢地方行政制度》,上海古籍出版社,2007 年,第 221—222 頁)。安作璋、熊鐵基兩先生亦有相似論斷,他們指出秦及漢初朝廷的主要屬吏就是令史,其稱號一直沿用至漢武帝時期(見安作璋、熊鐵基《秦漢官制史稿》,齊魯書社,2007 年,第 662—663 頁)。秦簡資料陸續發現之後,劉向明先生對秦縣令史的統屬、職掌、相近職官以及在文書檔案管理中的情況進行了專題討論(見劉向明《從出土秦律看縣"令史"一職》,《齊魯學刊》2004 年第 3 期,第 51—54 頁;《從睡虎地秦簡看縣令史與文書檔案管理》,《中國歷史文物》2009 年第 3 期,第 72—78 頁)。劉曉滿先生對秦漢令史的設置、數量與地位、任用與升遷、待遇、職能等問題進行綜合討論,但內容還是偏重於漢代(見劉曉滿《秦漢令史考》,《南都學壇(人文社會科學學報)》2011 年第 4 期,第 14—19 頁)。湯志彪先生後來利用里耶秦簡補充討論了秦令史的職掌和升遷問題(湯志彪:《略論里耶秦簡中令史的職掌和升遷》,《史學集刊》2017 年第 2 期,第 30—37 頁)。而趙岩先生則對與令史身份、職責相近的秦代令佐進行考察,頗有借鑒(趙岩:《秦令佐考》,《魯東大學學報(哲學社會科學版)》2014 年第 1 期,第 66—70 頁)。另外一方面,日本學者仲山茂、青木俊介、土口史記以及中國學者郭洪伯、孫聞博等先生對秦縣中"官與廷(或曹)"的關係進行了持續的探討,這其中對與秦縣令史有關的問題多有涉及(參[日]仲山茂:《秦漢時代の"官"と"曹"——縣の部局組織》,《東洋學報》82—4,2001 年,第 35—65 頁;[日]青木俊介:《里耶秦簡に見える縣の部局組織について》,《中國出土資料研究》第 9 號,2005 年,第 103—111 頁;[日]土口史記:《戰国·秦代の縣——縣廷と'官'の関係をめぐる一考察》,《史林》95—1,2012 年,第 5—37 頁;[日]土口史記著,朱騰譯:《戰國、秦代的縣——以縣廷與"官"之關係爲中心的考察》,周東平等編《法律史譯評 2013 年卷》,中國政法大學出版社,2014 年,第 1—27 頁;[日]土口史記:《里耶秦簡にみる秦代縣下の官制構造》,《東洋史研究》第 73—4,2015 年,第 1—38 頁;郭洪伯:《稗官與諸曹——秦漢基層機構的部門設置》,中國社會科學院簡帛研究中心等編《簡帛研究二〇一三》,廣西師範大學出版社,2014 年,第 101—127 頁;孫聞博:《秦縣的列曹與諸官——從〈洪範五行傳〉一則佚文說起》,武漢大學簡帛研究中心主辦《簡帛》第 11 輯,上海古籍出版社,2015 年,第 75—87 頁)。鄒水杰先生則在秦縣官、曹分野認識的基礎上,進一步明確令史值事縣廷各曹,并認爲文書中所見"(廷)某曹"或"(廷)主某"實際指"某曹令史"或"主某令史"(鄒水杰:《簡牘所見秦代縣廷令史與諸曹關係考》,《簡帛研究二〇一六·春夏卷》,廣西師範大學出版社,2016 年,第 132—146 頁)。此外,劉海年、栗勁、高恒等先生對秦漢的令史亦有論述(詳見劉海年《秦代法吏體系考略》,《學習與探索》1982 年第 2 期,第 64—65 頁;栗勁:《〈睡虎地秦墓竹簡〉譯注斠補》,《吉林大學社會科學學報》1984 年第 5 期,第 91 頁;高恒:《秦簡牘中的職官及其有關問題》,收入其著《秦漢簡牘中法制文書輯考》,社會科學文獻出版社,2008 年,第 17—19 頁)。

時間段內,遷陵縣中令史的數量、在崗情況以及在整個吏員中的地位,①其內容如下：

遷陵吏志：AⅠ

吏員百三人。AⅡ

令史廿八人,AⅢ

【其十】人絲（徭）使,AⅣ

【今見】十八人。AⅤ

官嗇夫十人。BⅠ

其二人缺,BⅡ

三人絲（徭）使,BⅢ

今見五人。BⅣ

校長六人,BⅤ

其四人缺,BⅥ

今見二人。CⅠ

官佐五十三人,CⅡ

其七人缺,CⅢ

廿二人絲（徭）使,CⅣ

今見廿四人。CⅤ

牢監一人。CⅥ

長吏三人,DⅠ

其二人缺,DⅡ

今見一人。DⅢ

凡見吏五十一人。DⅣ 7-67+9-631②

---

①單印飛、水間大輔等先生對這份文書有較爲詳細的討論,見單印飛《略論秦代遷陵縣吏員設置》,《簡帛》第 11 輯,上海古籍出版社,2015 年, 第 89—100 頁；［日］水間大輔：《里耶秦簡〈遷陵吏志〉初探——通過與尹灣漢簡〈東海郡吏員簿〉的比較》,《簡帛》第 12 輯,上海古籍出版社,2016 年,第 179—196 頁。此外,江蘇連雲港尹灣 6 號漢墓的 2 號木牘記載有西漢成帝時東海郡下轄各縣邑侯國的吏員種類和數量,可與本牘的記載參看。詳見連雲港市博物館、東海縣博物館、中國社會科學院簡帛研究中心、中國文物研究所編《尹灣漢墓簡牘》,中華書局,1997 年,第 79—84 頁。

②該牘的圖版,分別見鄭曙斌、張春龍、宋少華、黃朴華編著《湖南出土簡牘選編》,岳麓書社,2013 年,第 18、104 頁；宋少華、張春龍、鄭曙斌、黃朴華編著《湖南出土簡牘選編①》,岳麓書社,2013 年,第 23、135 頁；里耶秦簡博物館、出土文獻與中國古代文明研究協同創新中心中國人民大學中心編著《里耶秦簡博物館藏秦簡》,中西書局,2016 年,第 3、77 頁。綴合意見及釋文,則參看里耶秦簡牘校釋小組《新見里耶秦簡牘資料選校（一）》,《簡帛》第 10 輯,上海古籍出版社,2015 年,第 178 頁。

據簡文記載,遷陵縣廷的吏員編制規模爲 103 人,①而見吏秪有 51 人,只占吏員總數的一半左右。此外,還有一條可能與之相關的記載:

      吏凡百四人,缺卌五人。·今見五十人。☐8-1137②

該簡所記吏員總數及見吏數量與 7-67+9-631 所記十分接近,8-1137 極有可能反映的也是遷陵縣某一年的吏員概況。③如此推測不誤,則秦時遷陵縣的吏員編制規模當維持在 100 人之上,而見吏數量約在 50 人左右。

據 7-67+9-631 記載,令史編制有 28 人,今見 18 人,10 人徭使。其編制人數和今見人數均僅次於官佐,在全部吏員中排名第二,且分别占吏員編制總數和今見總數的 27.2%和 35.3%。進一步與官佐比較,如表 1 所見:

表 1

	編制人數	今見人數	占編制總人數百分比	占今見總人數百分比
令史	28	18	27.2%	35.3%
官佐	53	24	51.5%	47.1%

可知,在遷陵縣的實際行政運作中,令史所占在崗人員的比重有所增加,而與之相反,官佐則有所減少。雖然在絕對數量上令史仍少於官佐,但是這種比重增減變化的兩相比對,或可説明令史在當時實際行政中作用的大小。④

"遷陵吏志"所記載的吏員類别有令史、官嗇夫、校長、官佐、牢監、長吏共六類。其中,長吏的釋讀存在争議:最早,葉山先生依據里耶簡牘博物館展出簡牘的照片,懷疑其當釋作"食吏";⑤其後,整理者公布了該簡的彩色圖版并將其釋作"倉吏";⑥里耶秦簡牘校釋小組則將其改釋作"長吏"。⑦從字形上看,"倉"字的釋

---

① 里耶秦簡牘校釋小組指出"吏員總數之和爲 101 人,比簡文所記少 2 人"。見里耶秦簡牘校釋小組《新見里耶秦簡牘資料選校(一)》7-67+9-631 條下校釋 10,第 179 頁。

② 陳偉主編,何有祖、魯家亮、凡國棟撰著:《里耶秦簡牘校釋(第一卷)》,武漢大學出版社,2012 年,第 282 頁。下文所引里耶秦簡釋文,如無特别説明,均出自該書,不再一一注明。又梁煒傑先生將 8-1137 與另外五簡復原爲一個《吏缺》簿册,可參考,詳見梁煒傑《〈里耶秦簡(壹)〉〈吏缺〉簿册復原》,"簡帛"網 2015 年 4 月 7 日,http://www.bsm.org.cn/show_article.php?id=2181。

③ 參梁煒傑《〈里耶秦簡(壹)〉〈吏缺〉簿册復原》。

④ 孫聞博先生將里耶秦簡與尹灣漢簡中關於吏員統計的資料進行縱向對比,發現與西漢相比,秦時令史在縣級吏員體系中所占比重明顯較大,這也反映了當時史類吏員數量衆多且十分活躍的事實。參看孫聞博《秦縣的列曹與諸官——從〈洪範五行傳〉一則佚文説起》,第 87 頁。

⑤ [加]葉山:《解讀里耶秦簡——秦代地方行政制度》,《簡帛》第 8 輯,上海古籍出版社,2013 年,第 118 頁。

⑥ 鄭曙斌、張春龍、宋少華、黃朴華編著:《湖南出土簡牘選編》,第 104 頁;宋少華、張春龍、鄭曙斌、黃朴華編著:《湖南出土簡牘選編①》,第 205 頁。

⑦ 里耶秦簡牘校釋小組:《新見里耶秦簡牘資料選校(一)》,7-67+9-631 條下校釋 9,第 179 頁。

讀可以基本排除。而"食吏"作爲官職名,於文獻中無徵,與其他吏員并列亦顯突兀。①長吏,則在秦簡牘資料與相關傳世文獻中均有記載,如睡虎地秦簡《秦律十八種·倉律》第 26—27 號簡云"長吏相雜以入禾倉及發";②《漢書·百官公卿表》亦云:"縣令、長,皆秦官,掌治其縣。萬戶以上爲令,秩千石至六百石。减萬戶爲長,秩五百石至三百石。皆有丞、尉,秩四百石至二百石,是爲長吏。百石以下有斗食、佐史之秩,是爲少吏。"據《漢書·百官公卿表》所記,"長吏"當包括令(長)、丞、尉。"遷陵吏志"所記遷陵縣長吏編制恰巧爲三人,這恐怕不單是一種巧合。此外,在與"遷陵吏志"性質接近的尹灣漢簡東海郡下轄縣邑侯國吏員簿中,我們也可以找到關於"長吏"的詳細記載,以東海郡下之海西縣爲例:

> 海西吏員百七人。令一人,秩千石;丞一人,秩四百石;尉二人,秩四百石。官有秩一人,鄉有秩四人。令史四人,獄史三人。官嗇夫三人,鄉嗇夫十人。游徼四人。牢監一人,尉史三人。官佐七人,鄉佐九人。亭長五十四人。凡百七人。③

其中關於長吏,記載十分詳細且將其置於各縣吏員之首。與"遷陵吏志"比較,可知"遷陵吏志"衹是將長吏列在了縣吏員類別的最末,且没有詳細的分别描述而已。同時,"遷陵吏志"所見六類吏員,均見於海西縣吏員簿之中,衹是長吏在海西縣吏員簿中被分成了令、丞、尉,校長改稱爲亭長。④在"遷陵吏志"中,除長吏外,令史在其他五類吏員之中排名第一;海西吏員簿所見的情況也大致相似,除新增的一些吏員外,比較兩者相同的吏員,可發現這些吏員的相對排序没有發生大的變化,如表 2 所見:

---

①單印飛先生則認爲從字形上去分析,"食吏"更妥,其秩級應爲佐史。見單印飛《略論秦代遷陵縣吏員設置》,第 100 頁。

②睡虎地秦墓竹簡整理小組:《睡虎地秦墓竹簡》,文物出版社,1990 年,第 25 頁。

③連雲港市博物館、東海縣博物館、中國社會科學院簡帛研究中心、中國文物研究所編:《尹灣漢墓簡牘》,第 79 頁。

④關於秦漢時期校長與亭長的關係,學界多有討論。如高敏先生認爲兩者是同類性質的官吏,廖伯源先生則直接指出校長就是亭長。詳見高敏《論秦漢時期的"亭"——讀〈云夢秦簡〉札記》,收入其著《云夢秦簡初探(增訂本)》,河南人民出版社,1981 年,第 278—279 頁;廖伯源《漢初縣吏之秩階及其任命——張家山漢簡研究之一》,《社會科學戰綫》2003 年第 3 期,第 103 頁。

表 2

位次	1	2	3	4	5
遷陵吏志	令史	官嗇夫	校長	官佐	牢監①
海西吏員簿	令史	官嗇夫	牢監②	官佐	亭長

變化最大的是,校長(亭長)與牢監的位置進行了對調。但在不同時期的吏員統計資料中,令史均排在了吏員中比較靠前的位置,這說明相較於其他的吏員而言,其地位是相對重要的,尤其是在實際行政運作之中。③

此外,從"遷陵吏志"的缺員情況來看,六類吏員祇有兩類不存在缺員,重要者如長吏尚有缺。而在不存在缺員的吏員類別中,令史有 28 人,牢監則祇有 1 人。這再次説明,令史的重要性和不可或缺性。

二、里耶秦簡有關秦遷陵縣令史的直接記載

里耶秦簡中有不少關於遷陵縣令史的直接記載, 如由 8–138、8–174、8–522 和 8–523 四片簡牘拼綴而成"令史行廟"文書:

廿六年六月壬子,遷陵□【丞】敦狐爲令史更行廟詔:令史行☒Ⅰ

失期。行廟者必謹視中□各自署廟所質日。行先道旁曹始,以坐次

相屬。Ⅱ 8–138+8–174+8–522+8–523

十一月己未,令史慶行廟。AⅠ

十一月己巳,令史應行廟。AⅡ

十二月戊辰,令史陽行廟。AⅢ

十二月己丑,令史夫行廟。AⅣ

□□□□□,令史韋行。BⅠ

端月丁未,令史釦行廟。BⅡ

---

① 秦簡"牢監"的研究,可參看[日]水間大輔《里耶秦簡所見的"牢監"與"牢人"》,王沛主編《出土文獻與法律史研究》第 2 輯,上海人民出版社,2013 年,第 26—28 頁。

② 漢簡與漢代"牢監"的研究,可參看李解民《〈東海郡吏員簿〉所反映的漢代官制》,《簡帛研究二〇〇一》,廣西師範大學出版社,2001 年,第 411 頁;宋傑《漢代監獄制度研究》,中華書局,2013 年,第 196—199 頁。

③ 李解民先生在研究"東海郡吏員簿"時也有類似論斷,見李解民《〈東海郡吏員簿〉所反映的漢代官制》,第 411 頁。

□□□□,令史慶行廟。BⅢ

【端】月癸酉,令史犯行廟。BⅣ

二月壬午,令史行行廟。CⅠ

二月壬辰,令史莫邪行廟。CⅡ

二月壬寅,令史釦行廟。CⅢ

四月丙申,史戎夫行廟。CⅣ

五月丙午,史釦行廟。DⅠ

五月丙辰,令史上行廟。DⅡ

五月乙丑,令史□□□DⅢ

六月癸巳,令史除行廟。DⅣ 8-138 背+8-174 背+8-522 背+8-523

背①

該文書的主要內容是秦始皇二十六年(前 221)六月遷陵守丞敦狐發布的令史行廟詔告,并爲相關令史排定了次年行廟的具體日期與次序。文書中出現的令史除重名者共計 13 人,分別爲慶、廬、陽、夫、韋、犯、行、莫邪、釦、戎夫、上、除以及一位不知名令史。這其中慶、廬、釦均出現過 2 次,而釦在第二次出現時身份由令史變成了史。此外,被稱爲史的還有戎夫。我們曾懷疑此兩處可能脫抄一"令"字或史可以作爲令史、鄉史、田部史等的統稱。②現在看來,令史省稱爲史,是十分正常的。比如戎夫又見於 8-1551 號簡:

粟米二斗。 廿七年十二月丁酉,倉武、佐辰、稟人陵出以稟小隸臣

益。Ⅰ

令史戎夫監。Ⅱ 8-1551

由該簡可見,戎夫在秦始皇二十七年(前 220)十二月時仍是令史,這比"令史行廟"文書發布的時間晚了差不多半年。假如戎夫的身份發生改變(即認爲令史與史不同),那麼"令史行廟"文書的制定者如何預測到秦始皇二十七年四月時戎夫由令史變成了史呢?顯然這個假設是很難成立的,這說明此處令史與史當是一回事。

同樣的情況, 也發生在令史釦的身上, 釦在秦始皇二十七年二月時還是令史,到同年五月則變成了史,這兩位釦同名而不同人的可能性應該非常小。里耶

---

①高一致先生及筆者均曾對本文書的釋文進行過校補,此處釋文采用拙作定補後的版本。具體意見可參看高一致《〈里耶秦簡(壹)〉校釋四則》,《簡帛》第 8 輯,上海古籍出版社,2013 年,第 240—242 頁;魯家亮《里耶秦簡"令史行廟"文書再探》,《簡帛研究二〇一四》,廣西師範大學出版社,2014 年,第 44 頁。

②魯家亮:《里耶秦簡"令史行廟"文書再探》,《簡帛研究二〇一四》,第 46 頁。

秦簡中有釦的閥閱記録,顯示釦本人擔任過多個類別的史職:

資中令史陽里釦伐閲:AⅠ

十一年九月隃爲史。AⅡ

爲鄉史九歲一日。AⅢ

爲田部史四歲三月十一日。AⅣ

爲令史二月。AⅤ

□計。[1]BⅠ

年卅六。BⅡ

户計。CⅠ

可直司空曹。DⅠ8-269

據簡文記載,釦在秦王政十一年(前236)九月被進升爲史,此後擔任過鄉史、田部史,大概在秦王政二十四年(前223)十二月時出任令史。[2]閥閱記録顯示,釦可直司空曹,説明釦的工作與司空曹有密切關係。[3]里耶秦簡8-1510號簡所載文書恰好與之有關:

廿七年三月丙午朔己酉,庫後敢言之:兵當輸内史,在貳春□□□

□Ⅰ五石一鈞七斤,度用船六丈以上者四樓(艘)。謁令司空遣吏、船徒

取。敢言Ⅱ之。☑Ⅲ8-1510

三月辛亥,遷陵守丞敦狐告司空主,以律令從事。/……Ⅰ

昭行Ⅱ

三月己酉水下下九,佐赾以來。/釦半。Ⅲ8-1510 背

簡文記載秦始皇二十七年三月四日,庫嗇夫後向遷陵縣提出請求,要求提供船隻和人員爲其將兵輸送到内史,船隻和人員的派出機構當爲遷陵縣司空。同日,文

---

① "計"上一字,王彦輝先生疑爲"貲"(王彦輝:《〈里耶秦簡〉(壹)所見秦代縣鄉機構設置問題蠡測》,《古代文明》2012年第4期,第57頁);戴衛紅先生釋作"錢"(戴衛紅:《湖南里耶秦簡所見"伐閲"文書》,《簡帛研究二○一三》,廣西師範大學出版社,2014年,第89頁);何有祖先生則釋"爲"(何有祖:《〈里耶秦簡(壹)〉校讀札記(三則)》,中國文化遺産研究院編《出土文獻研究》第14輯,中西書局,2015年,第111—112頁)。今按,貲、錢的釋讀意見,明顯與字形不合;是否釋作"爲",亦存疑。

② 睡虎地秦簡《葉書》也記載"喜"的類似任職經歷,他在秦王政三年八月隃爲史,秦王政四年十一月出任安陸的鄉史,又分别於秦王政六年四月和七年正月擔任了安陸和鄢的令史。詳見睡虎地秦墓竹簡整理小組《睡虎地秦墓竹簡》,第6頁。又按,篇名改作《葉書》,可參看李零《視日、日書和葉書——三種簡帛文獻的區别和定名》,《文物》2008年第12期,第77—79頁;陳偉:《秦漢簡牘〈葉書〉芻議》,《簡帛》第10輯,上海古籍出版社,2015年,第85—89頁。睡虎地秦簡《葉書》第11號簡第二欄記"喜除安陸□史","史"上未釋字,舊説頗多,見陳偉主編,彭浩、劉樂賢、萬全文、晏昌貴、伊强撰著《秦簡牘合集(壹)上》,武漢大學出版社,2014年,第23—24頁。陳侃理先生將其釋作"卿",所謂"卿史"即"鄉史",今從其説。詳見陳侃理《睡虎地秦簡〈編年記〉中"喜"的宦歷》,《國學學刊》2015年第4期,第47—48頁。

③ 可參郭洪伯《稗官與諸曹——秦漢基層機構的部門設置》,第124頁。

書抵達縣廷,由釦"半",①兩日後(3月6日),遷陵守丞敦狐將相關信息轉告司空主,要求其按照律令從事。按照當時文書處理的慣例,其後應有"某手"。②但是8-1510號簡下端有殘缺,對應位置只殘留少許文字筆畫,從符號"/"下的殘文看,有可能就是"釦"字。如此,此份與司空有關的文書,在遷陵縣廷由釦打開,最後又由釦經手處理,與釦可直司空曹正可呼應。從文書的處理中,我們也可以看到這些令史雖然没有留下其官職信息,但是却隱含了他們在日常行政中的影子。

8-1510中庫嗇夫後提到的"兵當輸内史"一事,又見於16-5和16-6兩牘,其文曰:"今洞庭兵輸内史及巴、南郡、蒼梧",③文書提及的時間爲秦始皇二十七年二月,與8-1510的時間很接近,當指同一件事。16-5、16-6兩牘正面所記內容大同小异,均爲洞庭郡太守禮向郡內各縣主管以及相關郡吏下達在"洞庭兵輸内史及巴、南郡、蒼梧"時盡量不要興黔首,而先考慮使用"乘城卒、隸臣妾、城旦舂、鬼薪白粲、居貲贖責(債)、司寇、隱官踐更縣者"的命令。兩牘背面則記載了文書抵達遷陵縣後,進一步轉達下發的情況,這時我們均發現了"釦手"的記載。爲方便比較,我們把相關內容節引如下:

> 三月丙辰,遷陵丞歐敢告尉:告鄉、司空、倉主,④前書已下,重,聽書從事。尉Ⅰ別都鄉、司空,司空傳倉,都鄉別啓陵、貳春,皆勿留脱。它如律Ⅱ令。/釦手。丙辰水下四刻,隸臣尚行。Ⅲ16-5背

> 三月庚戌,遷陵守丞敦狐敢告尉:告鄉、司空、倉主,聽書從事。尉別書都Ⅰ鄉、司空,司空傳倉,都鄉別啓陵、貳春,皆勿留脱。它如律令。/釦手。庚戌水下六Ⅱ刻,走衒行尉。Ⅲ

> 三月戊午,遷陵丞歐敢言之:寫上。敢言之。/釦手。己未旦,令史犯行。Ⅳ16-6背

---

①半,原釋文多作"手",陳劍先生指出應改釋作"半",并認爲"半"應該是一個表示打開文書、跟"發"義近之詞。詳見陳劍《讀秦漢簡札記三篇》,"復旦大學出土文獻與古文字研究中心"網2011年6月4日,http://www.gwz.fudan.edu.cn/Web/Show/1518;又復旦大學出土文獻與古文字研究中心編《出土文獻與古文字研究》第4輯,上海古籍出版社,2011年,第370—376頁。

②"手"字含義,學界尚有爭議,可參看《里耶秦簡牘校釋(第一卷)》5-1號簡注釋12;邢義田《"手、半"、"曰觺曰荆"與"遷陵公"——里耶秦簡初讀之一》,"簡帛"網2012年5月7日,http://www.bsm.org.cn/show_article.php?id=1685;邢義田《漢至三國公文書中的簽署》,《文史》2012年第3輯,第163—198頁。

③16-5、16-6兩牘公布較早,研究成果頗多。其釋文、注釋可參看張春龍、龍京沙《湘西里耶秦代簡牘選釋》,《中國歷史文物》2003年第1期,第20—23頁;胡平生《讀里耶秦簡札記》,甘肅省文物考古研究所、西北師范大學文學院歷史系編《簡牘學研究》第4輯,甘肅人民出版社,2004年,第17—19頁;馬怡《里耶秦簡選校》,《中國社會科學院歷史研究所學刊》第4集,商務印書館,2007年,第143—151頁;王焕林《里耶秦簡校詁》,中國文聯出版社,2007年,第104—114頁。

④16-5、16-6中"告鄉、司空、倉主"和"尉別都鄉、司空"的斷句從戴世君先生意見修改,具體見戴世君《里耶秦簡辨正(五)》,"簡帛"網2011年9月30日,http://www.bsm.org.cn/show_article.php?id=1559。

從簡文可以清楚的看到，在遷陵守丞敦狐或遷陵丞歐向尉轉達郡的命令并要求
尉向縣下各鄉以及相關的司空、倉等機構傳達時，經手人均爲釦。在 16-6 中，遷
陵丞歐"寫上"時，經手人也是釦。上述這些文書所記録的時間均在秦始皇二十七
年三月前後，而"令史行廟"文書中釦兩次行廟的時間分別在秦始皇二十七年的
二月和五月，釦在二月時，身份還是令史，五月變成了史，但同年月前後還在以令
史的身份參與行政事務。這和戎夫的情況類似，"令史行廟"文書的書寫者應該也
是無法預見這種變化的。可能的情況應該是，史就是指令史，令史有時候可省稱
爲史。

　　關於令史有時又寫作史，我們還可以再看一個例子。8-480 和 8-481 是兩份
曹的計録文書：

　　　　司空曹計録：AⅠ
　　　　船計，AⅡ
　　　　器計，AⅢ
　　　　贖計，BⅠ
　　　　貲責計，BⅡ
　　　　徒計。BⅢ
　　　　凡五計。CⅠ
　　　　史尚主。CⅡ 8-480

　　　　倉曹計録：AⅠ
　　　　禾稼計，AⅡ
　　　　貸計，AⅢ
　　　　畜計，AⅣ
　　　　器計，BⅠ
　　　　錢計，BⅡ
　　　　徒計；BⅢ
　　　　畜官牛計，BⅣ
　　　　馬計，CⅠ
　　　　羊計；CⅡ
　　　　田官計。CⅢ
　　　　凡十計。CⅣ
　　　　史尚主。CⅤ 8-481

這兩份文書分別是司空曹和倉曹計録的統計，在其末尾則記載了負責人員的信息，均爲"史尚主"。此處的"史尚"通常被理解爲"令史尚"，①這大概是因爲在里耶秦簡的稟食記録中出現了不少"令史尚"參與糧食發放監管的記載：

稻五斗。　　卅一年九月辛亥，倉☑Ⅰ
令史尚☑Ⅱ 8-7

稻四。　　卅一年五月壬子朔壬戌，倉是、史感、稟人出稟牢監裏、倉佐☑。四月三日。Ⅰ
令史尚視平。　　感手。Ⅱ 8-45+8-270②

稻五斗。　　卅一年九月庚申，倉是、史感、【稟人】堂出稟隸臣☑Ⅰ
令史尚視平。Ⅱ 8-211

☑☑司空守兹、佐得出以食春、小城旦却等五十二人，積五十二日，日四升六分升一。Ⅰ
☑令史尚視平。　　得手。Ⅱ 8-216+8-351

粟米一石二斗半斗。　　卅一年三月丙寅，倉武、佐敬、稟人援出稟大隸妾寬。Ⅰ
令史尚監。Ⅱ 8-760

丙廥粟米四石五斗。　　・卅一年十月甲寅倉守妃、【史】感、稟人援出稟隸妾忍、要、欨娍、類詵、小女、窗、歐。Ⅰ
令史尚視平。　　感手。Ⅱ 8-821+8-1584③

☑稟令史詵四日☑☑Ⅰ
☑史尚視平。☑Ⅱ 8-1046

---

①可參看郭洪伯《稗官與諸曹——秦漢基層機構的部門設置》，第 123—124 頁；孫聞博《秦縣的列曹與諸官——從〈洪範五行傳〉一則佚文説起》，第 86—87 頁。
②此簡由何有祖先生綴合，具體見何有祖《里耶秦簡牘綴合（七則）》，"簡帛"網 2012 年 5 月 1 日，http://www.bsm.org.cn/show_article.php?id=1679。
③此簡由何有祖先生綴合，具體見何有祖《里耶秦簡牘綴合（七則）》。

　　☐史感、稟人援出稟大隸妾庇 Ⅰ

　　☐尚視平。　感【手】。Ⅱ8-1177

　　稻七石五斗。　　卅一年七月辛亥朔壬子,倉是、史☐ Ⅰ

　　令史尚視平。☐Ⅱ8-1336

　　稻一石一斗八升。　　卅一年五月乙卯,倉是、史感、稟人援出稟遷

陵丞昌。·四月、五月食。 Ⅰ

　　令史尚視平。感手。Ⅱ8-1345+8-2245

　　粟米五斗。　　卅一年五月癸酉,倉是、史感、稟人堂出稟隸妾嬰兒

揄。Ⅰ

　　令史尚視平。　　感手。Ⅱ8-1540

這組記錄多有殘缺,但相互比勘,可以發現多數内容爲秦始皇三十一年(前216)
倉出稟糧食的記録,對象則主要爲隸臣妾;[1]司空出稟糧食的記録祇有一例(8-
216+8-351),対象則爲舂和小城旦。但無論是倉還是司空發放糧食,均由令史尚
視平或監。[2]上述出稟糧食記録恰好涉及倉和司空的事務;與8-480和8-481中,
史尚負責倉曹和司空曹的計録,似可相互對應。説明史尚就是令史尚。[3]
　　里耶秦簡中還有一則例子,更可説明令史可省稱爲史:

　　廿八年九月庚子,令史華爰☐Ⅰ

　　往采,至今不來,求弗得,恐爲☐Ⅱ8-1463

　　·庚子,史華移倉曹☐☐Ⅰ

　　九月甲辰,遷陵守丞胡敢☐Ⅱ

　　走。/朝手。/九月庚子水下☐Ⅲ8-1463 背

　　①另有隸妾嬰兒一例(8-1540),遷陵丞一例(8-1345+8-2245),牢監、倉佐一例(8-45+8-270),令史
一例(8-1046)。
　　②里耶秦簡8-1793有一則“令佐尚視平”的例子,時間發生在秦始皇三十二年。趙岩先生認爲上述各
簡所見令史尚和此簡中的令佐尚是同一人,參看趙岩《秦令佐考》,第68頁。
　　③今按,里耶秦簡中提及尚爲令史的還有8-1066和8-1815號簡,可參看。

8-1463 簡正面提及的令史華與背面記載的史華應是同一人無疑。①

前文已經指出在稟食記録中,均會出現令史參與監督的例子,我們已經通過令史尚爲例進行了詳細討論, 在里耶秦簡中還有不少其他令史參與監督工作的記録,可總結如表3:

表 3

人名	涉及機構②	時間	簡號	備注
尚	倉 司空	31 年 32 年③	8-7、8-45+8-270、8-211、8-216+8-351、8-760、8-821+8-1584、8-1046、8-1177、8-1336、8-1345+8-2245、8-1540、8-1793	
悍	倉	31 年	8-217、8-1031、8-1037、8-1063	
扁	田官 倉 貳春鄉	31 年	8-262、8-764、8-766、8-1081、8-1266、8-1545、8-1576、9-762④	
狂	倉 司空	31 年	8-448+8-1360、8-474+8-2075、8-575、8-763、8-800、8-1239+8-1334、8-1286、8-1580、8-2249	
兼	貳春鄉 發弩	32 年 33 年	8-761、8-2247	
朝	倉	31 年	8-762	
逐	田官 貳春鄉 啓陵鄉	31 年	8-781+8-1102、8-1328、8-1115+8-1335⑤、8-1406、8-1557、8-1574+8-1787、8-1839、8-2246	
華	少内	35 年	8-811+8-1572、8-984、8-992、8-2143	支錢記録⑥

①可參看趙岩《秦令佐考》,第69—70頁。

②今按,此處的機構應即孫聞博先生所概括之秦的諸官,參看孫聞博《秦縣的列曹與諸官——從〈洪範五行傳〉一則佚文説起》。

③今按:32年之例見於8-1793號簡,此例中尚的身份爲"令佐",較爲特殊,姑列於此備參。

④9-762號簡釋文見鄭曙斌、張春龍、宋少華、黃朴華編著《湖南出土簡牘選編》,第106頁;宋少華、張春龍、鄭曙斌、黃朴華編著《湖南出土簡牘選編①》,第206頁。

⑤此簡由何有祖先生綴合,具體見何有祖《里耶秦簡牘綴合(四)》, "簡帛"網2012年5月21日,http://www.bsm.org.cn/show_article.php?id=1700。

⑥關於令史華記載的4枚簡中唯8-811+8-1572較爲完整:

錢三百五十。卅五年八月丁巳朔癸亥,少内沈出以購吏養城父士伍得。得告戍卒矊耐罪惡。Ⅰ
令史華監。　瘳手。Ⅱ 8-811+8-1572

該簡内容主要是少内出錢購賞吏養得的記録。與稟食記録中糧食發放相似,錢的支出也需要令史監督。兩者的形式頗爲相似,故將其收入此表中。

續表

人名	涉及機構	時間	簡號	備注
歜	庫	35 年	8 –814、8 –847、8 –902、8 –907 +8 –923 +8 –1422、8 –993、8 –1002 +8 –1091、8 –1055 +8 –1579	入錢記録①
就	倉	35 年	8 –839 +8 –901 +8 –926	
圂	司空	33 年	8 –880、8 –1135	
氣	啓陵鄉	31 年	8 –925 +8 –2195、8 –1241、8 –1550、8 –2195	
却			8 –1024	
戎夫	倉	27 年	8 –1551	
行			8 –2210	
丞			8 –2542	

由表 3 所見,這些稟食記録多爲秦始皇三十一年至三十三年(前 214)間的記載,令史華、歜兩人的記録較爲特殊,涉及的時間爲秦始皇三十五年(前 212);令史却、丞的年代不詳。而與"令史行廟"文書中所見令史重名者則有戎夫和行兩人。因此,我們知道在秦始皇三十一年至三十五年活躍的、新增的令史又有 12人,即尚、悍、扁、犴、兼、朝、逐、華、歜、就、圂、氣。另有,具體時間不詳的令史 2人,却與丞。

除"令史行廟"文書和稟食記録(含出錢與入錢記録)這兩處較爲集中關於令史的記載外,里耶秦簡中還有一些散見的而未見於前的令史,如:

　　　　進書令史毛季從者。8–1529

　　　　見徵十五人。8–1529 背

令史毛季,又見於 8–272、8–835、8–1694 等簡,在 8–272 中又被稱爲主吏:

　　　　私進遷陵主吏Ⅰ毛季自發。Ⅱ8–272

---

①關於令史歜的記載,較多的情況是與庫出賣祭祀後多餘祭品得錢的記録有關,如:
卅五年六月戊午朔己巳,庫建、佐般出賣祠宮□□□一胊于隸臣徐所,取錢一。Ⅰ
令史歜監。　　般手。Ⅱ8–1002 +8–1091
卅五年六月戊午朔己巳,庫建、佐般出賣祠宮餘徹脯一胊于□□□所,取錢一。Ⅰ
令史歜監。　　般手。Ⅱ8–1055 +8–1579
與錢糧的支出相似,收入也需要令史加以監督。在形式上,與稟食記録也有可比之處,故將其收入此表中。

主吏,即秦漢郡縣長官的屬吏。①令史亦爲秦縣長官的屬吏。

里耶秦簡中又有一位名叫芒季的令史：

　　　私進令史芒季自發。8-1817

又見於 8-857、8-659+8-2088 等簡,在 8-1065 中則被稱爲"忘季"：

　　　私進令史忘季自發。8-1065

兩者或是同一人。此外,8-782+8-810 中提到的季也可能是此人。有學者指出 8-1817 字體與 8-659+8-2088 相似,疑是這件信函的封檢;②8-659+8-2088 爲贛致芒季書信,8-782+8-810 或是芒季回函。③但上述兩位名字中帶季的令史,均不能確定其任職令史的時間。

下面我們再來看看可以確定任職時間的幾位令史：

　　　卅四年八月癸巳朔癸卯,户曹令史難疏書廿八年以Ⅰ盡卅三年見户數牘北(背)、移獄具集上,如請史書。/難手。Ⅱ8-487+8-2004

　　　廿八年見百九十一户。AⅠ

　　　廿九年見百六十六户。AⅡ

　　　卅年見百五十五户。AⅢ

　　　卅一年見百五十九户。AⅣ

　　　卅二年見百六十一户。Ⅰ

　　　卅三年見百六十三户。BⅡ 8-2004 背

　　　廿八年六月己巳朔甲午,倉武敢言之：令史啟、彼死共走興。今彼死次Ⅰ不當得走,令史畸當得未有走。今令畸襲彼死處,與啟共Ⅱ走。倉已定籍。敢言之。Ⅲ8-1490+8-1518

　　　六月乙未,水下六刻,佐尚以來。/朝半。　　　□尚手。8-1490 背+8-1518 背

　　　廿九年九月壬辰朔辛亥,遷陵丞昌敢言之：令令史感上Ⅰ水火敗亡者課一牒。有不定者,謁令感定。敢言之。Ⅱ8-1511

　　　已。Ⅰ

---

①陳偉主編,何有祖、魯家亮、凡國棟撰著：《里耶秦簡牘校釋(第一卷)》第 41—42 頁;鄔水杰：《簡牘所見秦代縣廷令史與諸曹關係考》,第 141 頁。

②陳偉主編,何有祖、魯家亮、凡國棟撰著：《里耶秦簡牘校釋(第一卷)》,第 195 頁。

③陳偉主編,何有祖、魯家亮、凡國棟撰著：《里耶秦簡牘校釋(第一卷)》,第 226 頁。

九月辛亥水下九刻,感行。　　感手。Ⅱ8-1511 背

世一年後九月庚辰朔辛巳,遷陵丞昌謂倉嗇夫:令史言Ⅰ以辛巳視

事,以律令假養,襲令史朝走啟。Ⅱ定其符。它如律令。Ⅲ8-1560

後九月辛巳旦,守府快行。　　言手。8-1560 背

8-487+8-2004 所見令史雜大概任職於秦始皇三十四年(前 213)前後,并可確知
其任職戶曹;8-1490+8-1518 所見三位令史敞、彼死、畸則可知任職於秦始皇二
十八年（前 219）前後;8-1511 中出現的令史感任職應是秦始皇二十九年（前
218）前後;[1]8-1560 所見令史言則在秦始皇三十一年末才開始視事,[2]其活躍時
間可能在秦始皇三十一年後九月二日之後。其中,令史敞似又見於 8-1563 號簡:

廿八年七月戊戌朔癸卯,尉守竊敢之:洞庭尉遣巫居貸公卒Ⅰ安成

徐署遷陵。今徐以壬寅事,謁令倉貸食,移尉以展約日。敢言之。Ⅱ

七月癸卯,遷陵守丞膻之告倉主,以律令從事。/逐手。即徐□入

□。Ⅲ8-1563

癸卯,胸忍宜利錡以來。/敞半。　　齮手。8-1563 背

該文書的時間爲秦始皇二十八年七月, 與 8-1490+8-1518 簡所記文書時間只相
差了一個月。該文書是尉守竊向遷陵縣廷發出的一份文書,主要内容是要求倉官
向署於遷陵的公卒徐貸食。該文書在發出當日即抵達遷陵縣廷,并由"敞半"。當
天,遷陵守丞膻之就要求倉主按照律令從事,經手人則換成了"逐"。本文書的敞
可能就是 8-1490+8-1518 提到的令史敞。此外, 在 8-75+8-166+8-485 中也可以
找到敞參與文書處理的例證,8-75+8-166+8-485 殘缺較爲嚴重, 其紀年爲秦始
皇二十八年,其中也有"/敞□☑"的字樣,可惜殘斷。但據相似文例,此處也當是敞
半一類記載。似乎也可證明敞至少在秦始皇二十八年前後是任職令史的。

令史畸則見於 8-406 簡:

男子皇楗獄薄(簿)。☑Ⅰ

廿六年六月癸亥,遷陵拔、守丞敦狐、史畸治☑Ⅱ8-406

在簡文中省稱爲史,時間則爲秦始皇二十六年,其工作當與治獄有關。

8-704+8-706 中還有一位令史齮:

---

①8-645 是與 8-1560 密切相關的另外一枚簡,可以相互參看。

②視事,指就職任事。見陳偉主編,何有祖、魯家亮、凡國棟撰著《里耶秦簡牘校釋(第一卷)》,第 23
頁。

　　□□遷陵守丞齮【敢】言之：前日令史齮□ Ⅰ

　　□□守書日課皆□癛（應）式令，令齮定□□ Ⅱ

　　□□課副及當食人口數，別小大爲食□ Ⅲ

　　□□□課副及□傳上，有不定□ Ⅳ 8-704+8-706

　　□言之守府。丙申、己亥、甲辰追，今復□ Ⅰ

　　□手。 Ⅱ

　　□守丞齮敢言之：令二月□亥追，今復寫前日□ Ⅲ

　　□時都郵人羽行。□ Ⅳ 8-704 背+8-706 背

同簡上守丞也名齮。在前揭 8-1563 號簡中也有"齮手"，齮當是尉守竊向遷陵縣廷發出的主要內容爲要求倉官向署於遷陵的公卒徐貰食文書的經手人，因疑齮與尉曹有關聯，[①]其任職令史的時間可能在秦始皇二十八年前後。此外，在 5-1 中也有"齮手"的記載：

　　元年七月庚子朔丁未，倉守陽敢言之：獄佐辨、平、士吏賀具獄，縣官 Ⅰ 食盡甲寅，謁告過所縣鄉以次續食。雨留不能投宿齎。Ⅱ 來復傳。零陽田能自食。當騰期卅日。敢言之。/七月戊申，零陽 Ⅲ 葬移過所縣鄉。/齮手。/七月庚子朔癸亥，遷陵守丞固告倉嗇夫：Ⅳ 以律令從事。/嘉手。Ⅴ 5-1

　　遷陵食辨、平盡己巳旦□□□□遷陵。 Ⅰ

　　七月癸亥旦，士五（伍）臂以來。/嘉發。 Ⅱ 5-1 背

5-1 所記文書的時間爲秦二世元年，其中的齮似屬零陽縣，與 8-704+8-706、8-1563 所見令史齮或非同一人。

　　最後，在里耶秦簡中還有一些出現次數較少，且只見姓名，而無法判斷其任職年代的令史，如邰（8-802）、德（8-1066）、繞（8-1066）、㫃（8-1031、8-1066）、耑（8-1046）、蘇（8-1194）、佗（8-2319）。

　　綜上所述，我們對里耶秦簡中直接記載的令史進行了梳理，除開重名及名字無法辨識者，在遷陵縣擔任過令史一職的有 42 人，他們分別是慶、廮、陽、夫、韋、犯、行、莫邪、釦、戎夫、上、除、尚、悍、扁、狌、兼、朝、逐、華、歇、就、圂、氣、却、丞、毛季、芒季（或忘季）、雜、敞、彼死、畸、感、言、齮、邰、德、繞、㫃、耑、蘇、佗。

---

　　①關於尉曹，我們認爲其是縣尉的下屬官員或機構，孫聞博先生則持否定意見，暫存疑。相關意見參陳偉主編，何有祖、魯家亮、凡國棟撰著《里耶秦簡牘校釋（第一卷）》，第 55 頁；孫聞博《秦縣的列曹與諸官——從〈洪範五行傳〉一則佚文說起》，第 78—79 頁。

三、以"某發""某半""某手"形式出現的令史

上文我們在討論令史釦的時候，據 8-269 已知釦可直司空曹，并結合 8-1510、16-5、16-6 等文書中出現的釦半、釦手的記載，提出這些文書中涉及的事務均與司空有關，且文書的時間與 8-269 記載的釦出任令史的時間不衝突。綜合上述信息來看，8-1510、16-5、16-6 等文書中以釦半、釦手形式出現的這幾位釦可能就是 8-269 和"令史行廟"所記載的令史釦。[①]郭洪伯先生也懷疑 8-63、8-135 中所見的廰與"令史行廟"文書中所見令史廰為同一人。[②]

為了驗證這種懷疑，我們再以令史尚為例，做進一步說明。據上文所引 8-480 和 8-481 兩份曹的計錄文書，我們知道令史尚值守的曹可能是倉曹和司空曹，而依據稟食記錄中大量出現的尚視平或監的記載來看，其涉及的機構恰巧是倉與司空。雖然 8-480 和 8-481 兩牘的具體年代不詳，但稟食記錄所見的年代基本集中在秦始皇三十一年。換言之，我們可以初步推定令史尚在秦始皇三十一年前後，值守倉曹和司空曹，涉及的事務可能主要與倉和司空有關。

我們先來看尚半與尚發的例子，共 4 條。其中 8-2096 僅殘留"尚發"兩字，可忽略不計。其餘 3 條，則基本完整：

卅年二月己丑朔壬寅，田官守敬敢言【之】☒ I
官田自食薄（簿），謁言泰守府□☒ II
之。☒ III 8-672
壬寅旦，史逐以來。/尚半。☒ 8-672 背

卅年六月丁亥朔甲辰，田官守敬敢言之：疏書日食牘北（背）上。 I
敢言之。 II 8-1566
城旦、鬼薪十八人。A I
小城旦十人。A II
舂廿二人。A III
小舂三人。B I

①此外，我們在對"令史行廟"文書進行分析時，也對慶、廰、行、戎夫、上等令史在里耶秦簡中以某半、某手形式出現情況進行了分析，可參看魯家亮《里耶秦簡"令史行廟"文書再探》，第 48—50 頁。
②郭洪伯：《稗官與諸曹——秦漢基層機構的部門設置》，第 119 頁。

隸妾居貲三人。BⅡ

戊申,水下五刻,佐壬以來。/尚半。　　逐手。　Ⅲ8-1566 背

卅一年後九月庚辰朔壬寅,少内守敳作徒薄(簿):受司空鬼薪☒Ⅰ

其五人求羽:吉、☒、哀、瘳、嬗。一人作務:宛。☒Ⅱ

後九月庚辰朔壬寅,少内守敳敢言之:上。敢言之。/☒Ⅲ8-2034

後九月壬寅旦,佐☒以來。/尚發。☒8-2034 背

8-672 是秦始皇三十年(前 217)田官守敬發出的上行文書,其下部殘缺,内容疑與官田自食有關。里耶簡中,有不少涉及官田自食的記載,如"零陽田能自食"(5-1)、"遷陵田能自食"(8-50+8-422、8-169+8-233+8-407+8-416+8-1185、8-1517)等,對象則有獄佐(5-1)、畜官(8-50+8-422)、隸妾(8-169+8-233+8-407+8-416+8-1185)、吏與徒(令佐,8-1517)。前文在論述令史尚監督倉的糧食發放時,指出其對象除隸臣妾之外,尚有隸妾嬰兒(8-1540)、遷陵丞(8-1345+8-2245)、牢監與倉佐(8-45+8-270)、令史(8-1046)。兩相對比,不難看出自食的對象和稟食記錄中糧食發放的對象,類別是比較接近的,主要包括吏與徒兩大類。田官上報的官田自食簿,落實到具體的糧食發放上應是由倉來完成的。所以,8-672 中田官守上報的文書,在抵達遷陵縣廷後,由"尚半",極有可能是因爲令史尚的值守與倉曹相關的緣故。8-1566 也是田官守敬上報的刑徒日食文書,背面詳細寫明了需要發放糧食的刑徒的類別和人數,具體包括城旦鬼薪、小城旦、春、小春、隸妾居貲五類。據 8-145+9-2294 號簡記載,上述五類刑徒均受司空管轄,并且在秦始皇三十二年時均有派往田官勞作的記錄:①

　　①其中 9-2294 的圖版,見鄭曙斌、張春龍、宋少華、黃朴華編著《湖南出土簡牘選編》,第 112—113 頁;宋少華、張春龍、鄭曙斌、黃朴華編著《湖南出土簡牘選編①》,第 145 頁。綴合意見及釋文,則參看里耶秦簡牘校釋小組《新見里耶秦簡牘資料選校(二)》,《簡帛》第 10 輯,上海古籍出版社,2015 年,第 204—206 頁;里耶秦簡博物館、出土文獻與中國古代文明研究協同創新中心中國人民大學中心編著《里耶秦簡博物館藏秦簡》,第 192—194 頁。

表4

刑徒類別	秦始皇三十年人數(8-1566)	秦始皇三十二年人數 （8-145+9-2294）
城旦、鬼薪	18	23①
小城旦	10	6
小舂	3	3
舂	22	24②
隸妾居貲	3	
合計	56	56

據上表可見,秦始皇三十年和三十二年(前215)由司空派往田官勞作的刑徒總人數是一致的,均爲56人。祇是各個類別的人數有所變化。另外,在8-145+9-2294中舂和隸妾居貲者被放在一起進行統計,其所見刑徒的類別也更爲詳細。8-1566所見刑徒均由司空管理,其事務(此處具體指糧食發放)可能也由司空(或田官)進行,所以文書在抵達縣廷後,由值守司空曹的令史尚半。8-2034則是少内守敵上報的作徒簿,内容詳細記載了司空派往少内從事勞作的刑徒類別、數量和從事勞作的具體内容。這些刑徒亦由司空管理,其事務亦當與司空曹有關,在文書抵達縣廷後,亦由令史尚發,與其司空曹的值守亦相符。上述三份文書的時間涉及秦始皇三十年和三十一年,與前文推測的在秦始皇三十一年前後令史尚值守倉曹、司空曹的情形基本相符。

下面再來看"尚手"的例子,共6條。其中8-722殘損較爲嚴重,可暫不納入討論。其餘5條有些雖有殘缺,但大體内容完整。我們先看秦始皇三十一年後九月的這份文書:

卅一年後九月庚辰朔甲□……却之:諸徒隸當爲Ⅰ

吏僕養者皆屬倉……倉及卒長㲃所Ⅱ

署倉,非弗智(知)殹,蓋……可(何)故不騰書? 近所官Ⅲ

①今按,8-145+9-2294中對於刑徒的分類更爲詳細,對應部分除城旦、鬼薪外,還有城旦司寇、仗(丈)城旦、隸臣毄(繫)城旦、隸臣居貲等。

②今按,相關部分的簡文略有殘損,據上下文例,"□□【八】人"和"□□十三人"可能分别是與"白粲""舂"有關的人數統計,可參看里耶秦簡牘校釋小組《新見里耶秦簡牘資料選校(二)》,第207—208頁。如此,則對應部分的刑徒類別當包括舂、白粲、隸妾墾(繫)舂、隸妾居貲等。

　　亙(恒)日上真書。狀何……▨▨▨▨▨▨▨Ⅳ8-130+8-190+8-193

　　後九月甲申旦食時……尚手。8-130 背+8-190 背+8-193 背

這份文書經過綴合後，中部尚有殘缺，但據殘留部分簡文可知當與倉的事務相關。簡文中"却之"是秦代行政司法公文中的術語，有駁回之義。[1]相似例子又見於8-135 和8-157 兩簡，均爲遷陵縣主管官員對其下級(8-135 爲司空、8-157 爲啓陵鄉)上報文書涉及事務的駁回意見。與本簡參看，則這份秦始皇三十一年後九月的文書也可能是縣級(疑是遷陵縣)主管官員對其下級(疑是倉)上報文書提出駁回意見。因爲事務涉及倉，所以最後由值守倉曹的令史尚經手。

　　再來看下面兩條由倉上報的文書：

　　▨▨月己亥朔辛丑，倉守敬敢言之：令下覆獄遝遷陵隸臣鄧Ⅰ

　　▨▨▨名吏(事)、它坐、遣言。·問之有名吏(事)，定，故旬陽隸臣，以約爲Ⅱ

　　▨▨▨史，有遝耐辠以上，毄(繫)遷陵未央(決)，毋遣殹。謁報覆獄治所，敢言Ⅲ8-136+8-144

　　▨▨▨刻刻下六，小史夷吾以來。/朝半。　　尚手。8-136 背+8-144 背

　　廿八年六月己巳朔甲午，倉武敢言之：令史敞、彼死共走興。今彼死次Ⅰ不當得走，令史畸當得未有走。今令畸襲彼死處，與敞共Ⅱ走。倉已定籍。敢言之。Ⅲ8-1490+8-1518

　　六月乙未，水下六刻，佐尚以來。/朝半。　　▨尚手。8-1490 背+8-1518 背

其中8-136+8-144 簡首有殘缺，但據里耶秦簡相關簡文的記載，可知其簡首殘斷的年份和月份很可能是秦始皇二十八年五月，[2]兩份文書均涉及倉的事務，前者是提供遷陵隸臣的個人身份信息，[3]後者是爲令史配發的走重新定籍，[4]這些走極有可能由倉管理的隸臣充當。由8-1490+8-1518 來看，尚應該是倉佐尚，并非令

---

①參看王煥林《里耶秦簡叢考》，《吉首大學學報(社會科學版)》2005 年第4 期，第158 頁；馬怡《里耶秦簡選校》，第142 頁。

②里耶秦簡所見月朔爲"己亥"者有三例，分別爲：秦始皇二十八年五月(見8-170、8-742)、秦始皇三十三年八月(見8-1263)、秦二世元年九月(見8-653)。而倉守敬出現的例子除本簡外，又見於8-1452，其時間爲秦始皇二十六年十二月。綜合這兩條綫索，我們懷疑本簡爲秦始皇二十八年的文書可能性更大。

③即名、事、里等信息，可參看陳偉主編，何有祖、魯家亮、凡國棟撰著《里耶秦簡牘校釋(第一卷)》，第76—77 頁。

④相似情況還可以參看8-1560，內容是遷陵丞向倉嗇夫發文，要求其爲令史配備的走定符。

史尚。因疑 8-136+8-144 簡的尚也是如此。①

此外，還有一份秦始皇二十八年的文書，其中有尚手的記載：

廿八年十二月癸未，遷陵守丞膻之以此追如少內書。/犯手。☐Ⅰ

甲申水下七刻，高里士五（伍）☐行。☐Ⅱ

七月辛亥，少內守公敢言之：計不得敢（？）膻瀆有令，今遷陵已定，

以付郪少內金錢計，計廿☐Ⅲ

☐年。謁告郪司佐：☐雖有物故，後計上校以癘（應）遷陵，毋令校

繆，繆任不在遷陵，丞印一☐☐Ⅳ 8-75+8-166+8-485

弗用，不來報，敢言之。/氣手。/☐水下八刻，佐氣以來。/敞☐☐Ⅰ

七月壬子，遷陵守丞膻之敢告郪丞以寫☐，敢告之。/尚手。/☐水

☐Ⅱ

☐佐氣行旁。☐Ⅲ

☐☐水下☐刻☐☐以來。/犯手。☐Ⅳ 8-75 背+8-166 背+8-485 背

尚手出現在秦始皇二十八年七月遷陵守丞膻之回復郪丞的文書之中。從之前文
書的記載來看，該文書涉及付郪少內金錢計的問題，已有學者指出 8-1023 所見
"付郪少內金錢計錢萬六千七百九十七"或與本簡有關，②而"金錢計"則見於 8-
493 金布曹的計錄。則似乎這份文書所涉及的事務當與少內有關，應由值守金布
曹的令史經手。故此處尚手的出現似與我們之前推定的其值守倉曹和司空曹的
結論不符。對這種矛盾的解釋可能有兩種，其一、令史尚可能在秦始皇二十八年
值守過金布曹；③其二、各曹之間的事務，存在交叉或重疊的情況。如前引 8-480、
8-481 所見，倉曹和司空曹均有器計，另據 8-488 所記戶曹也有器計，8-493 則表
明金布曹也有針對少內的器計。由此反推，倉曹、司空曹、戶曹的器計，可能分別
指倉器計、司空器計、戶器計，正與金布曹的少內器計相呼應。8-75+8-166+8-
485 所見之金錢計，雖見於 8-493 記載的金布計錄，④但 8-481 中也專門有錢計
一項，故不能完全排除此處的金錢計與倉曹無關。退一步說，或正是由於倉曹與
金布曹存在重疊事務，令史尚才有可能由金布曹改任倉曹。

---

① 今按，拙文原將此兩例中的尚也看作令史尚，陳侃理先生指出應理解爲倉佐，甚是。

② 陳偉主編，何有祖、魯家亮、凡國棟撰著：《里耶秦簡牘校釋（第一卷）》，第 263 頁。

③ 據 8-62 記載，令史尚在秦始皇三十二年改任金布曹，似說明他對金布曹的相關事務也較爲熟悉。
此外，在同年三月，其身份也由令史變爲了令佐，說明尚在秦始皇三十二年出現過一次較大的職務變動。
參看趙岩《秦令佐考》，第 68 頁。

④ 8-493 中的"金錢計"當理解爲"少內金錢計"，說詳吳方基《論秦代金布的隸屬及其性質》，《古代文
明》2015 年第 2 期，第 61 頁。

此外,我們注意到前引兩份涉及倉佐尚的文書(8-136+8-144 和 8-1490+8-1518),其時間爲秦始皇二十八年五月和六月。而據 8-75+8-166+8-485,可知令史尚首次出現的時間爲秦始皇二十八年七月。兩相結合,有無可能倉佐尚與令史尚爲同一人,他在秦始皇二十八年由倉佐升任令史?

下面這條尚手的記錄,出現在秦始皇三十二年三月:

廿二年三月丁丑朔朔日,遷陵丞昌敢言之:令曰上Ⅰ葆繕牛車薄(簿),恒會四月朔日泰(太)守府。·問之遷陵毋Ⅱ當令者,敢言之。Ⅲ8-62

三月丁丑水十一刻刻下二,都郵人□行。　　　尚手。8-62 背

據簡文記載,這是遷陵丞昌答復太守府要求在秦始皇三十二年四月朔日上報葆繕牛車薄(簿)的文書。睡虎地秦簡《秦律十八種·金布律》89 號簡云:"傳車、大車輪,葆繕參邪,可殹。韋革、紅器相補繕。取不可葆繕者,乃糞之"。整理者注釋指出大車即用牛牽引的載重的車。①另,8-493 所見金布曹計録有專門的"車計"一項。綜上,我們認爲,8-62 簡所記載的文書應涉及金布曹事務。另據 8-1793 所見,令史尚至少在秦始皇三十二年三月,改身份爲令佐。而恰巧本文書的時間也爲秦始皇三十二年三月,因此我們懷疑除身份由令史變爲令佐外,其值守的曹可能也由倉曹、司空曹變成了金布曹。

經過以上分析,我們對令史尚值守曹的時間和具體曹屬有了進一步的擴展。尚原爲倉佐,大概在秦始皇二十八年擔任令史,值守金布曹(或倉曹);在秦始皇三十一年前後,曾同時值守倉曹與司空曹;到秦始皇三十二年三月,其身份變爲令佐,改爲值守金布曹。

我們以令史尚、釦等爲例,對這些令史以某半、某發、某手等形式出現的文書進行分析,發現里耶秦簡中所見遷陵縣部分文書的開啓、經手(或抄寫、或署名)者正是這些令史。這些文書抵達遷陵後或由遷陵縣府發出時,依據其所涉及事務的具體內容,會由對應事務的曹的令史開啓、經手(或抄寫、或署名)。②如此推測不誤,我們可以依據此種方法,對上述 42 位遷陵令史的任職軌迹進行勾稽,從而復原出秦代遷陵縣令史任職的大體情況,如文末表 5 所示。

---

①睡虎地秦墓竹簡整理小組:《睡虎地秦墓竹簡》,第 41 頁。

②郭洪伯先生從行政運作的角度對令史、曹、諸官的關係進行梳理,他指出"令史組織構成了縣道的輔助部門(猶如今天的'辦公廳'),負責溝通中樞(長吏)與職能部門(稗官)、監督和審查職能部門等事務。輔助部門有不同的辦公場所,也就是曹。每個曹對應特定的輔助性工作,一般是按照職能部門的格局來劃分,如户曹、倉曹、司空曹之類。令史到曹當班,即'直曹'或者'署曹',從而形成分工",詳見郭洪伯《稗官與諸曹——秦漢基層機構的部門設置》,第 124 頁。

表 5　遷陵縣令史情況復原表

序號	姓名	時間①											
		24	25	26	27	28	29	30	31	32	33	34	35
1	慶			8-138+8-174+8-522+8-523	8-63(司空)②								
2	廳			8-138+8-174+8-522+8-523 8-135(司空)	8-63(司空)								
3	陽			8-138+8-174+8-522+8-523	8-138+8-174+8-522+8-523								
4	夫			8-138+8-174+8-522+8-523	8-138+8-174+8-522+8-523	√③	√	√	√	√	√	√	8-765?
5	韋			8-138+8-174+8-522+8-523	8-138+8-174+8-522+8-523								
6	犯			8-138+8-174+8-522+8-523	8-138+8-174+8-522+8-523								
7	行			8-138+8-174+8-522+8-523	8-133(司空)								
8	莫邪			8-138+8-174+8-522+8-523	8-138+8-174+8-522+8-523								
9	鈤	8-269(司空)	√	8-138+8-174+8-522+8-523	8-1510(司空) 16-5(司空)								
10	戎夫			8-138+8-174+8-522+8-523	8-1551(倉)								
11	上			8-138+8-174+8-522+8-523	8-138+8-174+8-522+8-523	8-1562							
12	除			8-138+8-174+8-522+8-523	8-138+8-174+8-522+8-523								

①里耶秦簡所見紀年大體在秦王政二十五年至秦二世二年之間,我們能統計出的令史活躍的年代則在秦王政二十五年至三十五年之間,少量可追溯至秦王政二十四年。

②簡例,只給出有具體時間記載者。如可確定涉及事務的曹屬,則也予以標識。不確定者,空缺。同一年份,有多個簡例者,則依據涉及事務或簡文類型,各選 1 例代表。

③凡此類可以知道令史活躍的最早與最晚年代者,中間一些年份雖無明確記載,我們也假設他們一直在擔任令史。此類均用符號√來表示。

續表

序號	姓名	時間											
		24	25	26	27	28	29	30	31	32	33	34	35
13	尚					8-1490+8-1518(6月,倉佐) 8-75+8-166+8-485（7月,令史,金布）	√	8-672（倉)8-1566（司空）	8-760（倉）8-2034（司空）	8-62（金布）			
14	悍								8-217（倉）				
15	扁								8-764 8-766（倉）8-1576				
16	犴						8-890+8-1583		8-474+8-2075（司空）8-763（倉）	√	√	8-765?	
17	兼									8-2247	8-761		
18	朝					8-136+8-144(倉) 8-1463（倉）8-1490+8-1518(倉)	√	√	8-762（倉）8-1560				
19	逐					8-1563（倉）	8-686+8-973	8-672	8-1557				

續表

序號	姓名	時間											
		24	25	26	27	28	29	30	31	32	33	34	35
20	華					8-1463	√	√	√	√	√	√	8-811+8-1572（金布）
21	歔												8-673+8-2002 8-907+8-923 +8-1422
22	就												8-839+8-901 +8-926（倉）
23	囷								8-1069+8-1434+8-1520（倉、司空）	8-154（倉、司空）8-1135（司空）			
24	氣							8-1550	8-157				
25	却												8-765?
26	丞												
27	毛季												
28	季（或忘季）												

續表

序號	姓名	時間											
		24	25	26	27	28	29	30	31	32	33	34	35
29	雒											8-487+8-2004(戶曹)	
30	敵					8-1490+8-15188-1563(尉曹)							
31	彼死					8-1490+8-1518							
32	畸			8-406(獄曹)√		8-1490+8-1518							
33	感						8-1511						
34	言								8-1560	8-1560			
35	齮					8-1563(尉曹)							
36	郤						8-1524(司空)						
37	德												
38	繞												
39	旌												
40	端												
41	蘇												
42	佗												
合計人數		1	1	13	13	10	7	6	10	8	5	4	4

據表 5 所見,出現令史最多的年份爲秦始皇二十六、二十七年,有 13 人;其次爲秦始皇二十八和三十一年,有 10 人。顯然與之前"遷陵吏志"所見令史 28 人的員額、18 人在崗的情形有較大差距。但是,觀察表 5 也可以發現,秦始皇二十六、二十七年所見的 13 位令史,祇有 3 人在二十八年繼續出現,因此二十八年所見令史中至少有 7 位是前一年所未見的。這種情況如果真的出現,有一種可能性,就是在秦始皇二十七、二十八年之際,遷陵縣令史發生大規模的變動。就情理而言,這種情況發生的可能性應是較小的。出現這種情況,應是目前材料所限而導致的。我們有理由懷疑秦始皇二十七年出現的 13 位令史,絕大部分在秦始皇二十八年仍爲令史。相應地,秦始皇二十八年新見的 7 位令史,可能在秦始皇二十七年已經開始任職。除去重複,兩者相加,則令史有 20 人之多,加上資料披露不完整,可能還存在漏收令史的情況。因此,令史人數只會比目前所見的 20 人要多,而不會更少。如此,則與"遷陵吏志"所見令史的情形相去不遠。

通過分析,我們對秦遷陵縣令史的情況有了大致的了解。但是由於目前里耶秦簡的資料還祇是公布了小部分,所以未來伴隨新資料的公布,還會出現更多新的有關令史的記載。而簡牘復原工作的進一步深入,尤其是綴合編聯成果的增多,更多令史活躍的年代也將會得到證實。相關的一些研究,如令史值守之曹的具體歸屬、令史的職能等問題亦可得到深化。

附記:小文草成後,曾於 2014 年 10 月 25 日,在武漢大學簡帛研究中心、美國芝加哥大學顧立雅中國古文字學中心共同主辦之 "武漢大學第二屆海外學術周·中國簡帛學國際論壇 2014"上宣讀;同年 11 月 30 日,又在北京大學出土文獻研究所主辦"出土文獻與秦漢史研究工作坊(第一回)"上報告。兩次報告,蒙陳偉師、金秉駿、陳侃理、劉欣寧、馬孟龍、孫聞博諸先生批評、指正,得以修正其中的錯誤,特致謝忱!

本文爲武漢大學自主科研項目(人文社會科學)研究成果,寫作得到武漢大學青年學者團隊"史前至秦漢漢水流域人類文化的跨學科研究"和"中央高校基本科研業務費專項資金"資助(supported by"The Fundamental Research Funds for the Central Universities")。

作者簡介:魯家亮,男,1980 年生,歷史學博士,武漢大學歷史學院、簡帛研究中心副教授,主要研究方向爲秦漢出土文獻與秦漢史。

嶽麓秦簡課役年齡中的幾個問題

朱德貴

(哈爾濱商業大學經濟史研究所,哈爾濱 150028)

内容摘要:《嶽麓書院藏秦簡(肆)》披露了一批珍貴的有關秦課役身分的新史料。這些史料顯示,秦"小"的年齡上限爲 18 歲,這與學術界傳統觀點迥然有別;"小未傅"中的"小",并非泛指未傅籍者,而是指"敖童未傅"15 歲及以上者;根據秦及漢初出土簡牘可知,秦"始傅"年齡確實應爲 15 歲,18 歲及 18 歲以上者不僅須承擔完全法律責任,而且還必須服全役。

關鍵詞:嶽麓秦簡;課役年齡;傅籍;敖童

秦漢編户民之課役年齡的界定是"傅籍"制度中的關鍵性問題。近幾年來,由於新的簡牘材料不斷披露,學術界對這一問題又掀起了一股新的討論高潮。如凌文超、張榮強等先生就秦漢"小""大"年齡的區分、傅籍的條件及相關問題提出了許多令人耳目一新的看法。①本文擬在這些賢哲研究的基礎上,利用陳松長先生主編的《嶽麓書院藏秦簡(肆)》中明確書有紀年或年齡的簡牘材料專門就秦"小男子(女子)"年齡界限、"小未傅"與"敖童未傅"的關係以及秦"始傅"年齡等問題談些粗淺的看法。不妥之處,敬請專家斧正。

一、"小男子(女子)"年齡界限問題

秦課役年齡究竟爲何?爲了弄清楚這一問題,我們首先有必要弄清楚秦律中有關"小""大"年齡的界定問題。上個世紀 70 年代雲夢秦簡刊布以後,學術界同

---

①凌文超:《秦漢魏晋"丁中制"之衍生》,《歷史研究》2010 年第 2 期;凌文超:《走馬樓吴簡"小""大""老"研究中的若干問題》,《中國國家博物館館刊》2013 年第 11 期;張榮強:《〈二年律令〉與漢代課役身分》,《中國史研究》2005 年第 2 期;張榮強:《"小""大"之間——戰國至西晋課役身分的演進》,《歷史研究》2017 年第 2 期。

仁結合西北漢簡針對其中所披露的以身高和年齡區分"小""大"的問題展開了熱烈而持久的討論。一般認爲,秦漢時期課役年齡可分爲兩年齡段:一是 1 至 14 歲爲"小",其中又可細分爲"未使男(女)"和"使男(女)";二是 15 歲以上至免老,亦可細分爲"(使)大男(女)""睆老"和"免老"三個等級。①令人欣慰的是,陳松長先生主編的《嶽麓書院藏秦簡(肆)》最近又披露了一批新簡牘。②這批簡牘顯示,秦律對"小""大"的區分與上述學界傳統觀點完全不同。爲了説明這一問題,先讓我們回顧一下《嶽麓書院藏秦簡(肆)》中的如下簡文:

　　1.典、老占數小男子年未盈十八歲及(簡 011/2037)女子。縣、道嗇夫訾,鄉部吏貲一盾,占者貲二甲,莫占吏數者,貲二甲。(簡 012/2090)③

　　2.·繇(徭)律曰:發繇(徭),興有爵以下到任弟子、復子,必先請屬所執法,郡各請其守,皆言所爲及用積(簡 156/1295)徒數,勿敢擅興,及毋敢擅傳(使)敄童、私屬、奴及不從車牛,凡免老及敄童未傅者,縣勿敢傳(使),節(簡 157/1294)載粟,乃發敄童年十五歲以上,史子未傅先覺(學)覺(學)室,令與粟事,敄童當行粟而寡子獨與老(簡 158/1236)父老母居,老如免老,若獨與瘰(癃)病母居者,皆勿行。(簡 159/1231)④

以上就是嶽麓秦簡中出現的兩則彌足珍貴的有關秦課役年齡的新史料。概略而言,這些史料反映了如下幾個歷史事實:

　　例 1 表明,秦官府在登記簿籍時,無論"男子"或"女子",皆須"書年"。我們以爲,秦王政十六年(前 231)"初書年"之政策施行後,秦逐漸采取并推廣了"書年"制度。何以有如此之説呢?嶽麓秦簡載有一則新史料,其文曰:"爽初書年十三,盡廿六年,年廿三歲。"⑤對此,陳偉先生認爲:"簡文説爽到二十六年二十三歲,那麼,他十三歲'初書年'就當在十六年(前 231)。《史記·秦始皇本紀》記十六年之

　　①有關此類問題研究的代表性論著,請參閱耿慧玲《由居延漢簡看大男大女使男使女未使男未使女小男小女的問題》,《簡牘學報》1980 年第 7 期,第 249—274 頁;陳明光《秦朝傅籍標準蠡測》,《中國社會經濟史研究》1987 年第 1 期;臧知非《秦漢"傅籍"制度與社會結構的變遷——以張家山漢簡〈二年律令〉爲中心》,《人文雜誌》2005 年第 1 期;[日]重近啓樹《秦漢における徭役の諸形態》,《東洋史研究》12 卷 31 號,1990 年,第 431—465 頁;馬怡《秦人傅籍標準試探》,《中國史研究》1995 年第 4 期;彭衛、楊振紅《中國風俗通史·秦漢卷》,上海文藝出版社,2002 年,第 354 頁;王子今《兩漢社會的"小男""小女"》,《清華大學學報(哲學社會科學版)》2008 年第 1 期。
　　②這批新出簡牘大部分反映的是秦統一前後的歷史,且律文中直接書年,這顯然與雲夢秦簡有別。正是因爲如此,我們才有可能確切把握秦課役者身分的幾個關鍵性問題。
　　③陳松長主編:《嶽麓書院藏秦簡(肆)》,上海辭書出版社,2015 年,第 42 頁。
　　④陳松長主編:《嶽麓書院藏秦簡(肆)》,第 119—120 頁。
　　⑤陳松長:《嶽麓書院所藏秦簡綜述》,《文物》2009 年第 3 期。

事曰:'初令男子書年。'簡文正好與之吻合。"①更爲引人注目的是,該律文明確載明"未盈十八歲"的男子或女子,皆爲"小"。

例 2 中"凡免老及敖童未傅者,縣勿敢傅(使),節載粟,乃發敖童年十五歲以上"一語則說明,秦"十五歲以上"之敖童亦屬未成年人,當爲"未傅者"。何謂"敖童"? 睡虎地秦墓竹簡整理者曰:"古時男子十五歲以上未冠者,稱爲成童。據《編年紀》,秦當時 17 歲傅籍,年齡還屬於成童的範圍。"②當然,該解釋前半部分是正確的,但後半部分所言秦 17 歲始傅,值得商榷。③由上可知,凡因"小"而"未傅者",秦律皆有一專有名詞"小未傅"稱之。那麼,"小"的年齡段又是如何界定的?秦簡牘資料表明,秦官府在登記各類簿籍時,皆會區分"小男子(或小女子)"與"大男子(或大女子)",如秦簡載:

卅二年(前 215)日酉陽成里小男子(8-713)□廣□(8-713 背)④

卅二年(前 215)六月乙巳朔壬申,都鄉守武爰書:高里士五(伍)武自言:以大奴幸、甘多、大婢言、子益Ⅰ等,牝馬一匹予子小男子產。典私占。初手。Ⅱ8-1443+8-1455 六月壬申,都鄉守武敢言:上。敢言之。初手。Ⅰ六月壬申日,佐初以來。欣发。初手。(8-1455)⑤

錢十七。卅四年(前 213)八月癸巳朔丙申,倉□、佐却出買白翰羽九□長□□□□之□十七分,□□陽里小女子胡傷Ⅰ□。令佐敬監□□□□。距手。(8-1549)⑥

徑膺粟三石七斗少半升。·卅一年(前 216)十二月甲申,倉妃、史感、稟人窋出稟冗作大女子鐵十月、十一月、十二月食。令史狂視平。感手。Ⅱ8-1239+8-1334⑦

卅五年(前 212)七月戊子朔己酉,都鄉守沈爰書:高里士五(伍)廣自言:謁以大奴良、完、小奴、饒,大婢闌、願、多、□,Ⅰ禾稼、衣器、錢六萬,盡以予子大女子陽里胡,凡十一,物同券齒。Ⅱ典弘占。Ⅲ(8-1554)七月戊子朔己酉,都鄉守沈敢言之:上。敢言之。□手。Ⅰ【七】月己酉日

①陳偉:《嶽麓書院秦簡 0552 號小考》,"簡帛"網 2009 年 4 月 19 日,http://www.bsm.org.cn/show_arti-cle.php?id=1030。
②睡虎地秦墓竹簡整理小組編:《睡虎地秦墓竹簡》,文物出版社,1990 年,第 87 頁。
③關於秦漢傅籍的年齡問題,下文將論及。
④陳偉主編:《里耶秦簡牘校釋(第一卷)》,武漢大學出版社,2012 年,第 208 頁。
⑤陳偉主編:《里耶秦簡牘校釋(第一卷)》,第 326 頁
⑥陳偉主編:《里耶秦簡牘校釋(第一卷)》,第 355 頁。
⑦陳偉主編:《里耶秦簡牘校釋(第一卷)》,第 197 頁。

入,沈以來。□□。沈手。Ⅱ(8-1554 背)①

　　卅五年(前 212)八月丁巳朔,貳春鄉兹敢言之:受酉陽盈夷Ⅰ鄉戶
隸計大女子一人,今上其校一牒,謁以從事。敢Ⅱ言之。Ⅲ(8-1565)如意
手。(8-1565 背)②

以上各簡皆有明確紀年,可證這些文書是反映秦"書年"時期(尤指秦王朝時期)
的各類官文書。這些資料顯示,秦官府在書寫"爰書"和其他官文書時,不僅特意
注明了"小男子"或"小女子"。同時,也標注了"大男子"或"大女子"等表示承擔課
役者年齡大小的信息。

　　那麼,秦官府又是如何區分這些"小男子(或小女子)"與"大男子(或大女
子)"的呢? 上引嶽麓秦簡例 1 説明,官吏在"占數"時,若將"未盈十八歲"者登記
造册,則"占者貲二甲",相關吏員諸如"縣、道嗇夫""鄉部吏"等也要負有連帶責
任。秦律何以有如此之規定? 這是因爲,未滿 18 歲及年滿 18 歲者所承擔的法律
責任和義務是不同的,如嶽麓秦簡載:

　　3. 匿罪人當貲二甲以上到贖死。室人存而年十八歲以上者,貲各一
甲,其奴婢弗坐,典、里典(缺簡)(簡 001 正/1966)而舍之,皆貲一甲。
(簡 002/2042)主匿亡收、隸臣妾,耐爲隸臣妾,其室人存而年十八歲者,
各與其疑同灋,其奴婢弗坐,典、田(簡 003/1965)典、伍不告,貲一盾,其
匿□□歸里中,貲典、田典一甲,(簡 004/2150-1)伍一盾,匿罪人雖弗散
(蔽)貍(埋),智(知)其請(情),舍其室,(簡 2150-2)□□□吏遣,及典、
伍弗告,貲二甲。(簡 005 正/1991)亡律(簡 005 背/1991-b)③

　　4. 盜賊旋(遂)者及諸亡坐所去亡與盜同法者當黥城旦舂以上及命
者、亡城旦舂、鬼薪白粲舍人(簡 060/2011)室、人舍、官舍,主舍者不智
(知)其亡,贖耐。其室人、舍人存而年十八歲者及典、田典不告,貲一甲。
伍(簡 061/1984)不告,貲一盾。當完爲城旦舂以下到耐罪及亡收、司寇、
隸臣妾、奴婢闌亡者舍(簡 062/1977)人室、人舍、官舍,主舍者不智(知)
其亡,貲二甲。其室人、舍人存而年十八歲以上者及典、田典、伍不告(簡
063/2040)貲一盾。(簡 064/1979)以故捕,除。(簡 065/2043)④

　　5.·尉卒律曰:黔首將陽及諸亡者,已有奔書及亡册(無)奔書盈三

①陳偉主編:《里耶秦簡牘校釋(第一卷)》,第 357 頁。
②陳偉主編:《里耶秦簡牘校釋(第一卷)》,第 362 頁。
③陳松長主編:《嶽麓書院藏秦簡(肆)》,第 39—40 頁。
④陳松長主編:《嶽麓書院藏秦簡(肆)》,第 58—60 頁。

月者，輒筋〈削〉爵以爲士五（伍），（簡 135/1234）有爵寡，以爲毋（無）爵寡，其小爵及公士以上，子年盈十八歲以上，亦筋〈削〉小爵。爵而傅及公（簡 136/1259）士以上子皆籍以爲士五（伍）。鄉官輒上奔書縣廷，廷傳臧（藏）獄，獄史月案計日，盈三月即辟問鄉（簡 137/1258）官，不出者，輒以令論，削其爵，皆校計之。（簡 138/1270）①

6.置吏律曰：縣除小佐毋（無）秩者，各除其縣中，皆擇除不更以下到士五（伍）史者爲佐，不足，益除君子子、大夫子、小爵（簡 210/1396）及公卒、士五（伍）子年十八歲以上備員，其新黔首勿强，年過六十者勿以爲佐。人屬弟、人復子欲爲佐吏（簡 211/1367）（缺簡）②

上引例 3 和例 4 屬秦《亡律》之規定，它們皆涉及到了 18 歲及 18 歲以上者所應承擔的不同的法律責任。例 3 包含兩層意思：一是如果隱匿罪犯者，法律當處之以"貲二甲以上到贖死"等刑罰；而同居之人年齡滿 18 歲以上者，如果其照顧恤問所匿罪人，則每人"貲一甲"。③二是如果有隱匿"亡收、隸臣妾"者，則隱匿之人"耐爲隸臣妾"；而同居之人年齡達 18 歲者，若也照顧體恤這些逃亡者，則與匿人者同罪。例 4 則含有如下幾層意思：一是逃亡之盜賊及諸如逃離勞作署所，且與"盜同法者"皆當"黥城旦舂以上"；而"命者（秦逃亡者諸多類型中之一種）"、逃亡的"城旦舂、鬼薪白粲"藏匿於私人之家、私人旅店、官方旅店，如果室主及旅店主人不知其逃亡身分，則一律"贖耐"。二是同居之人或客店同住之人年齡達 18 歲者照顧了以上這類逃亡罪犯，如果不告官，則"貲一甲"。三是當"完爲城旦舂以下到耐罪"者以及"亡收、司寇、隸臣妾、奴婢闌亡者"居住在私人之家、私人旅店、官方旅店，如果室主、私人店主及官方旅店主人不知其逃亡身分，皆"貲二甲"；④如果同居之人及公、私旅店凡年滿 18 歲以上者，皆"貲一盾"。由此可見，這兩條《亡律》特意提到了一個關鍵性年齡——18 歲。我們相信，在秦律令體系中，凡年齡達到或超過 18 歲者所應承擔的法律責任，與"未盈十八歲"者是有顯著區別的。

---

①陳松長主編：《嶽麓書院藏秦簡（肆）》，第 112—113 頁。

②陳松長主編：《嶽麓書院藏秦簡（肆）》，第 137—138 頁。

③此處之"存"，乃爲照顧或體恤問候之意，《説文》："存，恤問也。從子才聲。徂尊切。"（[漢]許慎：《説文解字（附檢字）》，中華書局，1963 年，第 310 頁）《禮記·王制》曰："八十月告存。"孔穎達解釋説："每月致膳。"（[漢]鄭玄注，[唐]孔穎達疏：《禮記正義》，[清]阮元校刻《十三經注疏（附校勘記）》（影印版），中華書局，1980 年，第 1346 頁）又，《禮記·月令》："養幼少，存諸孤。"（[漢]鄭玄注，[唐]陸德明音義，[唐]孔穎達疏《禮記正義》，[清]阮元校刻《十三經注疏（附校勘記）》（影印版），中華書局，1980 年，第 1361 頁）

④此律中"闌亡"，指的是"秦代逃亡的一種，即無符傳私越關卡、且逃亡時間在一年以上者"。參見陳松長主編《嶽麓書院藏秦簡（肆）》，上海辭書出版社，2015 年，第 78 頁。

　　例 5 屬《尉卒律》。該律大意是講，"將陽"者、有"奔書"及無"奔書"而逃亡"盈三月"者一律削爵爲士伍。此處被處罰者凡三類人：第一類人是"將陽"者，亦即"無符傳且逃亡時間在一年以上者"。[①]第二類人是有"奔書"而亡者。何謂"奔"？此"奔書"又爲何意？段玉裁解釋説："奔，走也……引申之，凡赴急曰奔，凡出亡曰奔。其字古或叚賁、或叚本。"我們據前引"黔首將陽及諸亡者"簡文可知，"此'奔'或與黔首"奔命"有關。如雲夢秦簡《爲吏之道》載："魏奔命律（簡 29 伍）。"[②]又，《漢書·昭帝紀》載："（始元元年，前 86）遣水衡都尉呂破胡募吏民及發犍爲、蜀郡奔命擊益州，大破之。"東漢應劭注曰："舊時郡國皆有材官騎士以赴急難，今夷反，常兵不足以討之，故權選取精勇。聞命奔走，故謂之奔命。"[③]因此，"奔書"應爲登記黔首服役情況的官文書。第三類人是無"奔書"而亡者。顧名思義，此類人係尚未登記服役之人。

　　尤爲值得注意的是，該《尉卒律》又透露了與 18 歲者相關的幾條重要歷史信息。如該律規定，以上三類逃亡者如果是繼承丈夫爵位的婦人，[④]一律削其爵位；如果其本身有小爵以及公士以上之子且年齡"盈十八歲以上"者，也一并削奪其"小爵"。所謂"小爵"，整理者解釋説："未傅籍而繼承爵位者。"[⑤]因此，從"子年盈十八歲以上，亦筋<削>小爵"一語可以看出，年齡"盈十八歲以上"者仍使用"小爵"稱之。換言之，年齡"盈十八歲以上"者亦可稱爲"小"。法律同時又規定，凡達到法定"爵而傅"者，則一律"籍以爲士五（伍）"。[⑥]

　　例 6 大意是講，縣廷在任命"小佐"無秩禄者時，可以在本縣中選擇"不更以下到十五（伍）"且經過考核合格者爲"佐"。當人數不足時，"縣官"可以推舉"君子子、大夫子、小爵及公卒、士五（伍）子年十八歲以上"者，以備不虞之需。可見，此《置吏律》對"備員"者身分有如下詳細的規定：

　　一是"君子子"年齡滿 18 歲以上者可以備員。何謂"君子"？有學者指出："'君子'指的是地位或品行較高且擔任一定行政職務的人，如雲夢秦簡中出現的'署君子'就是指'防守崗位的負責人'，這類人既然社會地位頗高，其極有可能擁有一定的高爵位。"[⑦]筆者以爲甚是。那麼，"君子子"就是指繼承了"君子"爵位的人。

---

①陳松長主編：《嶽麓書院藏秦簡（肆）》，第 78 頁。
②睡虎地秦墓竹簡整理小組編：《睡虎地秦墓竹簡》，文物出版社，1990 年，第 175 頁。
③《漢書》卷七《昭帝紀》，中華書局，1962 年，第 219 頁。
④陳松長主編：《嶽麓書院藏秦簡（肆）》，第 164 頁。
⑤陳松長主編：《嶽麓書院藏秦簡（肆）》，第 165 頁。
⑥此"爵"顯然非指"小爵"。
⑦朱德貴：《嶽麓秦簡所見〈戍律〉初探》，《社會科學》2017 年第 10 期。

二是“大夫子”年滿18歲者。顧名思義，“大夫子”即爲具有“大夫”爵位者之後代，據《二年律令·置後律》載：“疾死置後者，徹侯後子爲徹侯，其毋（無）適（嫡）子，以孺子、良人子。關内侯後子爲關内侯，卿侯〈後〉子爲公乘，五大夫後子爲公大夫，公乘後子爲官（簡367）大夫，公大夫後子爲大夫，官大夫後子爲不更，大夫後子爲簪裹，不更後子爲上造，簪裹後子爲公士，其毋（無）適（嫡）子，以下妻子、偏妻子。（簡368）”①此律中“後”就是“適（嫡）子”，即爵位的第一順序繼承者。

三是“小爵”滿18歲者。前引《二年律令·傅律》：“不更以下子年廿歲，大夫以上至五大夫及小爵不更以下至上造年廿二歲，卿以上子及小爵大夫以上年廿四歲，皆傅之。（簡364）”可見，凡未傅籍者皆可謂之曰“小爵”。②

四是“公卒、士五（伍）”等無爵位者之子“年十八歲以上”者。

以上四種人年齡達18歲以上者皆可充當“佐”之備員。但法律何以在此特意提及“年十八歲以上”呢？筆者以爲，秦律令對年齡達18歲者有明確的界定，這與“年未盈十八”者所承擔的法律義務與責任明顯不同。據此可見，秦律對“小”“大”的界定應當是18歲。也就是説，“未盈十八”者爲“小”，而“年十八以上”者爲“大”。這主要是由這兩類人所承擔的不同的法律責任及義務所決定的。

然而，漢代官府對百姓“小”“大”年齡的界定却與秦的完全不同。如西北漢簡載：

　　　　　　　●妻大女君憲年廿四
止北隧卒王誼　●子未使女女足年五歲　皆居署廿九日　七月乙卯妻取卩
　　　　　　　●子小男益有年一歲　　用穀四石少

E.P.T65：119③

　　　　　妻大女弟年卅四用穀二石一斗六升大
制虜隧卒張孝　子未使女解事年六用穀一石一斗六升大·凡用穀
　　　　　三石三斗三升少

55·25④

　　　　　弟大男輔年十九
第四隧卒張霸　弟使男勳年七　見署用穀七石八升大

①彭浩、陳偉、[日]工藤元男：《二年律令與奏讞書》，上海古籍出版社，2007年，第235頁。
②陳松長主編：《嶽麓書院藏秦簡（肆）》，第165頁。
③甘肅省文物考古研究所等：《居延新簡——甲渠候官與第四燧》，文物出版社，1990年。在此僅標注簡號，以下皆同。
④謝桂華、李均明、朱國炤：《居延漢簡釋文合校》，文物出版社，1987年。在此僅標注簡號，以下皆同。

　　　　　　妻大女年十九

　　　　　　　　　　　　　　　　　　　　　　133·20

　　　　　　妻大女君以年廿八用穀二石一斗六升大
執胡燧卒富鳳　子使女始年七用穀一石六斗六升大
　　　　　　子未使女寄年三用穀一石一斗六升大
　　　　　　·凡用穀五石

　　　　　　　　　　　　　　　　　　　　　　161·1

　　　　　　妻大女胥年十五
第四燧卒虞護　弟使女自如年十二　　見署用穀四石八斗一升少
　　　　　　子未使女真省年五

　　　　　　　　　　　　　　　　　　　　　　194·20

　　在西北出土的漢簡中,此類例子不勝枚舉,此不一一備舉。概略而言,這些簡文説明,漢代"小"包括"使男(女)""未使男(女)"。正如彭衛等先生所言:"(漢代)官方對兒童尚有特定指稱。簡牘文書載録的年齡分層是:大男和大女,年齡在15歲以上;使男和使女,年齡在7歲至14歲;未使男和未使女,年齡在2歲至6歲。又據《居延新簡》收録的簡文,漢代尚有'小男'和'小女'概念,分別包括使男、未使男和使女、未使女。"[1]可見,這種將"小"又分爲"使男(女)""未使男(女)"的制度,與秦制相比確有區別。儘管如此,這種分法在秦已出現萌芽,只不過文獻中未見具體的分段年齡的記載而已,如雲夢秦簡載:

　　　　妾未使而衣食公,百姓有,欲叚(假)者,叚(假)之,令就衣食焉,吏輒被事之。(《倉律》簡48)[2]

　　　　冗隸妾二人當工一人,更隸妾四人當工【一】人,小隸臣妾可使者五人當工一人。(《工人程》簡109)[3]

　　可見,"未使""使"等在秦官方律令文書中已然有清晰明確的記載。因此,筆者以爲,漢代"使男(女)""未使男(女)"等文書習語實乃承襲了秦制。

　　　　———————

　　①彭衛、楊振紅:《中國風俗通史·秦漢卷》,上海文藝出版社,2002年,第354頁。王子今先生亦認爲:"兩漢未成年人中以'小男''小女'標誌的身份,或主動或被動地初步參與了社會生産和其他社會活動。'小男''小女'身份包括'使男''使女'和'未使男''未使女'。"見王子今《兩漢社會的"小男""小女"》,《清華大學學報(哲學社會科學版)》2008年第1期。當然,此類研究還有很多,具體情況可參閱上引凌文超及張榮强等先生文中的有關述評。

　　②睡虎地秦墓竹簡整理小組編:《睡虎地秦墓竹簡》,第32頁。

　　③睡虎地秦墓竹簡整理小組編:《睡虎地秦墓竹簡》,第45頁。

簡言之,秦漢官府對"小""大"的區分完全不同。嶽麓秦簡顯示,秦"小"的年齡上限爲 18 歲以下,而漢代却爲 1 至 14 歲。這其中的原因主要是政治環境的變化。漢朝一統天下後,主要的目的在於治理天下,而非"馬上打天下"。因此,將"大"的年齡界限降至爲 15 歲,這極其有利於增加國家的財政收入,穩固政權的經濟基礎。[①]而秦統一後,北伐匈奴,南攻諸夷,國家仍"徭戍"不已,因此,秦將"小"的年齡界限提升至 18 歲以下。[②]那麼,秦將"小"的年齡界限提升至 18 歲,難道秦 18 歲以下就不需要"傅籍"從軍或承擔各種勞役任務嗎? 秦史資料顯示,即使是"小未傅"與"敖童未傅"者,亦必須依律承擔一定的制度性義務和責任。

二、"小未傅"與"敖童未傅"的關係問題

既然漢代官文書中所記 1 至 14 歲爲"小",15 歲以上爲"大",那麼,我們又該如何解釋漢代男子 20 歲仍屬"小未傅"的現象? 如西北漢簡載:"黃龍元年(前49)六月辛未朔壬辰,南鄉佐樂敢言之:楊里公乘冷□年廿歲,小未傅,爲家私市居延,乏彭祖,告移過所縣、道毋苛留,如律令/掾良、令史陽。(簡 73EJT33:41A)"[③]可見,"冷□"的年齡已達 20 歲,顯然與上文提及到的漢代以"十五歲以上"爲"大"的制度相抵牾。那麼,如何解釋這一充滿矛盾的問題呢? 有學者曾云:"(秦漢)'小'和'未傅'是同義復指,'小未傅'就是泛指未達到傅籍年齡的男子。"[④]其實,此處之"小"應解釋爲"敖童"。此"敖童"就是"古時男子十五歲以上未冠者",[⑤]亦稱爲"成童"。如《禮記·內則》:"十有三年,學樂誦《詩》,舞《勺》。成童,舞《象》,學射御。"鄭玄注曰:"成童,十五以上。"[⑥]《後漢書·李固傳》:"固弟子汝南郭亮,年始成童,游學洛陽,乃左提章鉞,右秉鈇鑕,詣闕上書,乞收固屍。"李賢注曰:"成童,年十五也。《禮記》曰'十五成童,舞《象》'也。"[⑦]我們知道,漢初實行了嚴格的以爵位高低爲標準的"傅籍"制度,如《二年律令·傅律》:"不更以下子年廿歲,大

①如衛宏《漢舊儀》曰:"算民,年七歲以至十四歲出口錢,人二十三。[二十錢]以食天子。其三錢者,武帝加口錢,以補車騎馬通稅。又令民男女年十五以上至五十六賦錢,人百二十爲一筭(算),以給車馬。"見[漢]衛宏《漢官舊儀》,[清]孫星衍等輯《漢官六種》,中華書局,1990 年,第 50 頁。

②當然,秦男子"年盈十八歲以上"仍可稱爲"小爵(即未傅者擁有的爵位)",下文將論及,此不贅述。

③甘肅簡牘博物館等編:《肩水金關漢簡(肆)》,中西書局,2015 年,第 6 頁。

④張榮強:《"小""大"之間——戰國至西晉課役身分的演進》,《歷史研究》2017 年第 2 期。

⑤睡虎地秦墓竹簡整理小組編:《睡虎地秦墓竹簡》,第 87 頁。

⑥[漢]鄭玄注,[唐]陸德明音義,[唐]孔穎達疏:《禮記正義》,載自[清]阮元校刻《十三經注疏(附校勘記)》(影印版)下冊,中華書局,1980 年,第 1474 頁。

⑦《後漢書》卷六三《李固傳附子燮傳》,中華書局,1965 年,第 2088 頁。

夫以上至五大夫及小爵不更以下至上造年廿二歲，卿以上子及小爵大夫以上年廿四歲，皆傅之（簡364）。"①我們可以大膽推測，當時"不更以下子年廿歲"者應占傅籍者中的絕大多數，因爲高爵位者畢竟比例不高。因此，相對於"不更以下子"而言，漢初凡爲15歲至19歲"小未傅"者皆可稱之爲"敖童未傅"。而前引西北漢簡"楊里公乘冷□年廿歲"，仍爲"小未傅"，這是因爲該文書反映的是"黃龍元年（前49）"即宣帝時期的傅籍制度。我們知道，早在漢昭帝時期，朝廷已實行了"二十三始傅"之政策，"楊里公乘冷□"年齡爲20歲，當然屬"小未傅"了。②

關於"小未傅""敖童未傅"的關係，嶽麓秦簡云：

免老、小未傅、女子未有夫而皆不居貲日者，不用此律。（簡058/1941+2031）③

……凡免老及敖童未傅者，縣勿敢傳（使），節（簡157/1294）載粟，乃發敖童年十五歲以上（簡158/1236）。④

相關的記載在漢初的《二年律令·徭律》也存在，如《二年律令》："免老、小未傅者、女子及諸有除者，縣勿（簡412）敢徭使。節（即）載粟，乃發公大夫以下子未傅年十五以上者。補繕邑院，除道橋，穿波（陂）池，治溝渠，斬奴苑。自公大夫以下，（簡413）☐勿以爲徭。（簡414）"⑤可見，秦及漢初的《徭律》何其相似，甚至有些法律用語也基本相同，只不過《二年律令》將"敖童未傅"改爲"小未傅"而已。因此，從嶽麓秦簡及漢初《二年律令》來看，"小未傅"其實就是指"敖童未傅"。

那麼，秦"小未傅（或曰敖童未傅）"在法律上需要承擔哪些義務和責任呢？上引例2中的嶽麓簡律文有詳細的規定。在討論之前，我們有必要從例2律文的內容及邏輯上對之進行重新句讀：

·繇（徭）律曰：發繇（徭），興有爵以下到人弟子、復子，必先請屬所執灋，郡各請其守，皆言所爲及用積（簡156/1295）徒數，勿敢擅興，及毋敢擅傳（使）敖童、私屬、奴及不從車牛。凡免老及敖童未傅者，縣勿敢傳（使），節（簡157/1294）載粟，乃發敖童年十五歲以上。史子未傅先覺（學）覺（學）室，令與粟事。敖童當行粟而寡子獨與老（簡158/1236）父老母居，老如免老，若獨與癃（癃）病母居者，皆勿行。（簡159/1231）

毋庸置疑，這段律文主要涉及到秦針對特殊人群徵發徭役的法律規定。它主要表

①彭浩、陳偉、[日]工藤元男：《二年律令與奏讞書》，上海古籍出版社，2007年，第234頁。
②[漢]桓寬撰，王利器校注：《鹽鐵論校注·未通》，中華書局，1992年，第192頁。
③陳松長主編：《嶽麓書院藏秦簡（肆）》，第58頁。
④陳松長主編：《嶽麓書院藏秦簡（肆）》，第119—120頁。
⑤彭浩、陳偉、[日]工藤元男：《二年律令與奏讞書》，上海古籍出版社，2007年，第248頁。

達了如下四層意思:

第一,針對有爵者及相關特殊群體,其徭役徵發由所屬"執灋"和郡守負責。所屬"執灋"負責三類人群的徭役徵發:一是"有爵"者,亦即公士以上之群體;二是"人弟子",整理者以爲,"人弟子"當"指私人招收的弟子";①三是"復子(或曰人復子)",亦即"免除徭役者之子"。②而郡縣如果要徵發徭役,則必須請示"郡守"。如此看來,秦"執灋"與"郡守"屬兩套不同的行政管理系統。質言之,此段律文大意是講,凡徵發"有爵以下到人弟子、復子",必須首先請示所屬"執灋"或郡守,并呈送本機構興發徭徒的用途及人數簿籍,"勿敢擅興"徭役。同時,該律文也規定,"縣官"不得興發"敖童""私屬"、奴婢以及"不從車牛"者。其中,"私屬"意爲"被主人免除奴婢身分的男奴";"不從車牛"是指"不當跟隨車牛服役者"。③

第二,法律對"免老""敖童未傅"者服役之規定。法律規定,凡是達到免老條件及"敖童未傅"者,"縣官"不得擅自興發。但在轉運糧食"粟"時,"縣官"可徵發"敖童年十五歲以上"者服役。

第三,法律對"史子未傅"者服役的規定。該律文規定,從事文書工作者之"子",在傅籍之前,必須在學校學習文書課程。然而,一旦有轉輸糧食工作,則必須依律承擔"粟事"。

第四,法律對"敖童"服役的特別關照。依照秦律規定,15 歲以上之"敖童""當行粟",但如有下列情況之一者,可不承擔轉輸糧食之役:一是與達到法定"免老"條件的父母同居的獨生子;二是與殘疾或生病之母同居的獨生子。這則律文集中反映了秦官府對百姓的人文關懷精神,所謂秦政猛於虎的論斷是不能全然成立的。

可見,從秦《徭律》上看,秦對"十五歲以上""敖童未傅"者服役的情況是有特殊規定的。其中,尤其值得注意的是,漢代"使男(女)""大男(女)"區分的年齡界限爲 15 歲。而在秦律令中,15 歲亦是一個關鍵性的法定年齡界限。那麼,在秦及漢初時人的眼中,"十五歲"及"十五歲以上"究竟有何特殊含義呢?先讓我們回顧一下如下史料:

> 數日,已降,項王怒,悉令男子年十五已上詣城東,欲坑之。④
>
> 秦王聞趙食道絕,王自之河內,賜民爵各一級,發年十五以上悉詣

---

① 陳松長主編:《嶽麓書院藏秦簡(肆)》,第 166 頁。
② 陳松長主編:《嶽麓書院藏秦簡(肆)》,第 166 頁。
③ 陳松長主編:《嶽麓書院藏秦簡(肆)》,第 167 頁。
④ 《史記》卷七《項羽本紀》,中華書局,1959 年,第 329 頁。

長平,遮絕趙救及糧食。①

　　(惠帝六年)令民得賣爵。女子年十五以上至三十不嫁,五算。②

　　吳楚反時,非年十五,有材力,上書願擊吳。③

　具體來講,這些史料有如下幾點值得我們注意:

　第一,"十五歲以上"者可從軍。項羽之所以欲坑殺"十五歲以上"男子,其主要原因就是,凡滿 15 歲者皆有能力手持兵器上戰場,故而項羽才會"欲坑之"。而秦王"發年十五以上悉詣長平",也是基於 15 歲以上者有能力從軍的考慮。

　第二,從制度層面上講,"女子年十五以上"必須出嫁。此處何以唯獨規定"年十五以上"呢? 我想,這與 15 歲以上者所承擔的法律義務及責任不無關係。④

　第三,在漢初,"非年十五"者沒有從軍的義務。正因爲如此,所以官府才特別注明,凡"非年十五"者自願"上書""擊吳",方可准許其從軍。

　可見,"十五歲"及"十五歲以上"者在秦及漢初不僅要從軍,亦必須承擔一定的制度性義務。這些制度性的義務除了編户齊民必須承擔的"徭戍"外,還需上交各種賦稅,如人頭稅等。東漢初期的衛宏在其《漢舊儀》中曰:"算民,年七歲以至十四歲出口錢,人二十三。[二十錢]以食天子。其三錢者,武帝加口錢,以補車騎馬(迪稅)。又令民男女年十五以上至五十六賦錢,人百二十,爲一筭(算),以給車馬。"⑤據此可知,無論男女,凡"年十五以上至五十六"者皆必須依律繳納"算賦",而"年七歲以至十四歲"者亦需上交"口錢"。

　概言之,秦漢官府對課役者"小""大"區分的制度性規定,既有利於區分不同年齡段之人的法律責任與義務, 更有利於發揮國家的賦稅征課及食物配給等財政收支功能。而"小未傅"中的"小"既不是指 1 至 15 歲的年齡段,也不是"未傅"的同義復指。從例 5 律文中"子年盈十八歲以上,亦筋〈削〉小爵"可知,"小爵"意爲"未傅"者,而擁有"小爵"之"盈十八歲以上"者,顯然是指滿 18 歲者仍舊存在"未傅"的情況。因此,"小未傅"中的"小"是指 15 歲以上"敖童未傅"之意。我們以

---

①《史記》卷七三《白起王翦列傳》,第 2334 頁。同書載:"武安君之死也,以秦昭王五十年十一月。死而非其罪,秦人憐之,鄉邑皆祭祀焉。"《史記集解》引何晏曰:"白起之降趙卒,詐而坑其四十萬⋯⋯長平之事,秦民之十五以上者皆荷戟而向趙矣,秦王又親自賜民爵於河內。夫以秦之強,而十五以上死傷過半者,此爲破趙之功小,傷秦之敗大,又何以稱奇哉!"(第 2337 頁)

②《漢書》卷二《惠帝紀》,第 91 頁。應劭注曰:"《國語》越王勾踐令國中女子年十七不嫁者父母有罪,欲人民繁息也。漢律人出一算,算百二十錢,唯賈人與奴婢倍算。今使五算,罪謫之也。"

③《史記》卷五九《五宗世家》,第 2096 頁。

④"十五歲"者已可爲吏。如《史記·萬石張叔列傳》載,石奮衹有 15 歲,由於其"恭敬",高祖也擢升他爲"小吏"。參見《史記》卷一〇三《萬石張叔列傳》,第 2763 頁。

⑤[漢]衛宏:《漢官舊儀》,[清]孫星衍等輯《漢官六種》,中華書局,1990 年,第 50 頁。

爲,秦漢時期有關"小""大"身分識別的制度性規定,與法律責任及賦税徵課有關,而與"傅籍"制度并無直接關聯。

三、"始傅"的年齡問題

在雲夢秦簡刊布以前,古今中外的學者只能依據傳世文獻及後世注釋家的言論對秦漢"始傅"年齡作出各種推測。如《史記·項羽本紀》載:"……至滎陽,諸敗軍皆會,蕭何亦發關中老弱未傅悉詣滎陽,復大振。"①曹魏時期的孟康在其《漢書音義》中對此解釋説:"古者二十而傅,三年耕有一年儲,故二十三年而後役之。"在孟康看來,古人是 20 歲始傅,但尚需耕作 3 年,故其全役的年齡應爲 23 歲。

但是,同時代的如淳并不認同這一觀點,他針對"蕭何亦發關中老弱未傅悉詣滎陽"中的"傅"解釋云:"律年二十三傅之疇官,各從其父疇内學之。高不滿六尺二寸以下爲罷癃。《漢儀注》'民年二十三爲正,一歲爲衛士,一歲爲材官騎士,習射御騎馳戰陣'。又曰'年五十六衰老,乃得免爲庶民,就田里'。今老弱未嘗傅者皆發之。未二十三爲弱,過五十六爲老。《食貨志》曰'月爲更卒,已復爲正,一歲屯戍,一歲力役,三十倍于古者'。"可見,如淳爲了加强解説的可信度,在此引用了三種文獻:一是《漢律》。依據當時的法律,民年 23 始傅,②但此民非一般百姓。如裴駰《史記集解》言"家業世世相傳爲疇",③很顯然,此"傅籍"者爲手工業者。二是《漢官舊儀》。東漢初期的衛宏在《漢官舊儀》中説:"民年二十三爲正,一歲而以爲衛士,一歲爲材官騎士,習射御騎馳戰陣。"④可見,如淳引衛宏之語的意圖是想强調,無論是手工業者或一般民衆,始傅年齡均爲 23 歲。三是《漢書·食貨志》。如《漢書·食貨志》載:"又加月爲更卒,已復爲正,一歲屯戍,一歲力役,三十倍于古。"⑤也就是説,秦民一旦"傅籍"爲正後,必須承擔各種兵役和勞役。據此可知,如淳認爲,民衆的始傅年齡不是 20 歲,而是 23 歲。⑥

---

①《史記》卷七《項羽本紀》,第 324 頁。

②筆者以爲,此律實爲昭帝時期的法律,因爲"二十三始傅"是昭帝時期的制度。參見[漢]桓寬撰,王利器校注《鹽鐵論校注·未通》,中華書局,1992 年,第 192 頁。

③《史記》卷二六《曆書》,第 1259 頁。

④[漢]衛宏《漢官舊儀》,[清]孫星衍等輯:《漢官六種》,中華書局,1990 年,第 48 頁。

⑤顏師古注曰:"更卒,謂給郡縣一月而更者也。正卒,謂給中都官者也。率計今人一歲之中,屯戍及力役之事三十倍多於古也。"《漢書》卷二四《食貨志》,第 1138 頁。

⑥其實,23 歲始傅當指昭帝時的制度,而非秦及景帝前之制,如《鹽鐵論·未通》:"(御史曰)今陛下哀憐百姓,寬力役之政,二十三始傅,五十六而免,所以輔耆壯而息老艾也。"(參見[漢]桓寬撰,王利器校注《鹽鐵論校注·未通》,中華書局,1992 年,第 192 頁)文中御史所言之"陛下"指的是漢昭帝。換言之,至昭帝時,朝廷已將景帝時 20 歲始傅改爲了 23 歲始傅,此制一直延續至漢末而未曾改變。

宋元以降，注釋家們對"傅籍"年齡的觀點也大致與如淳的相同。如宋代徐天麟在《漢書·景帝紀》"（景帝二年）令天下男子年二十始傅"條目下按曰："《高紀》：發關中老弱未傅者悉詣軍。如淳曰：'律，年二十三傅之疇官，高不滿六尺二寸以下爲罷癃。'《漢儀注》，民年二十三爲正，一歲爲衛士，一歲爲材官騎士，習射御，馳戰陳。年五十六乃免爲庶民，就田里。則知漢初民在官三十有三年也，今景帝更爲异制，令男子年二十始傅，則在官三十有六年矣。"①言下之意，在景帝二年之前，"天下男子"23 歲始傅，至景帝時才"令男子年二十始傅"。元代馬端臨亦贊同徐天麟的看法，他引徐天麟語説："徐氏曰：按《高紀》'發關中老弱未傅者悉詣軍。'如淳曰：律年二十三傅之疇官……今帝更爲异制，令男子年二十始傅，則在官三十有六年矣。"②

近代以來，中外史家們大都采用了如淳、馬端臨等古人的説法。奇怪的是，孟康所言"古者二十而傅"一語却一直未引起學界的重視。其實，據《二年律令》記載，凡"不更以下子年廿歲"者"皆傅之"。也就是説，漢初至昭帝時期的百姓確實是 20 歲始傅，而非 23 歲。

可喜的是，上個世紀 70 年代，雲夢秦簡公布了一則有關"喜傅"的史料。這則史料一經公布，即刻引起了學界的極大關注。但在如何理解這則史料時，學者們却得出了不同的結論。概略而言，主要存在如下幾種不同之意見：

其一，秦始傅年齡爲 15 歲。如高敏先生據雲夢秦簡所記解釋説："秦始皇元年時的服役者是以年滿十五周歲爲成年標準的。這樣，歷代史家所謂秦的服役者以二十三歲始役的説法，便顯然錯誤了。"③可見，高敏先生并不贊同上述如淳和馬端臨等的 23 歲始傅的觀點。而此後他又對孟康的 20 歲始傅之看法也進行了批駁，他説："我們已經確知，根據雲夢出土秦簡《編年記》的'喜傅'之年，證明從秦國到秦始皇三十年時，服役者的始役年齡均小於二十歲。那麽，魏晋時人孟康所説的'古者二十而傅'，决不可能是指秦國及秦王朝之制。"④

高敏先生的這種 15 歲始傅的觀點一經提出，即刻引起了衆多學者廣泛關注，如黄今言先生就贊同高先生之説，他解釋到："秦代是以十五周歲爲'始傅'年

---

①［宋］徐天麟《西漢會要》卷四十七《民政二·傅籍》，上海人民出版社，1977 年，第 547 頁。

②［元］馬端臨《文獻通考》卷十《户口考一·歷代户口丁中賦役》，中華書局影印本，1986 年。

③高敏：《關於秦時服役者的年齡問題探討——讀雲夢秦簡札記》，《鄭州大學學報（哲學社會科學版）》1978 年第 2 期。不僅如此，高先生還將秦 15 歲始傅之制延伸到整個漢代，他解釋説："秦時服役者以十五歲爲始役年齡，亦即傅年爲十五周歲，而且從秦到漢，都以十五歲始役。"（高敏：《西漢前期的"傅年"探討——讀〈張家山漢墓竹簡〉札記之六》，《新鄉師範高等專科學校學報》2002 年第 3 期）愚以爲，高先生此言論并未考慮到景帝及昭帝時的兩次始傅年齡的改革，實爲不妥。

④高敏：《秦漢徭役制度辨析（上）》，《鄭州大學學報（哲學社會科學版）》1985 年第 3 期。

齡標準的。十五歲始役,大概是戰國時期的常規,及至秦代仍爲定制。”①

其二,秦始傅年齡爲 17 歲。如高恒先生説:“傅籍就是登記應徵服役(包括兵役和徭役)的名册。此外,傅籍還與繳納賦税、授田等問題有關……秦規定的傅籍年齡,可能是十七歲左右。”②此後,胡大貴等先生則對秦 17 歲始傅之制進行了確認,其文曰:“秦人未十七爲弱,過六十爲老,老弱者不傅藉,不服役。凡年十七至六十歲的男子,必須傅籍,國家按名籍徵發徭役。”③其實,這種觀點承襲了雲夢秦簡整理小組的意見,如其文曰:“據《編年紀》,秦當時十七歲傅籍,年齡還屬於成童的範圍。”④

與此同時,陳明光先生則從身高和年齡兩個方面對秦“傅籍”制度進行了系統考察,他的結論是:“秦制用以區分成年與否的標準,是身高制與年齡制并行使用的。至於傅籍的標準,秦制對不同的對象使用不同的標準,具體而言,‘隸臣妾’的傅籍標準是法定身高制,即隸臣以六尺五寸,隸妾以六尺二寸爲傅籍的法定身高,公民傅籍標準采用法定年齡制,法定年齡爲十七歲。”⑤愚以爲,馬怡的結論更爲可取,如馬怡在《秦人傅籍標準試探》一文中説:“我國古代,男子二十歲成年,十五歲以上衹是成童。從先秦到兩漢,人們用身高指代年齡的現象相當普遍。在秦律中,身高制的應用顯著而突出。秦國户籍制度的發展,也存在一個由不成熟到成熟的過程。”⑥可見,馬先生在此將秦“傅籍”的標準分爲兩個時期,即前期以身高爲標準,而後期則以年齡爲准。

其三,還有學者提出了秦 16 或 17 歲始傅的觀點,如張榮强曾言:“據簡文,‘小隸臣’滿六尺五寸始傅爲‘大’,身高六尺五寸合十六、七歲左右,與秦時平民

①黄今言:《秦代租賦徭役制度研究》,《江西師院學報》1979 年第 3 期。此 15 歲始傅觀點的學者還有很多,如宋傑先生在其《〈九章算術〉記載的漢代徭役制度》一文中説:“關於傅籍應役的年齡,一般認爲景帝時規定爲二十歲,昭帝時改爲二十三歲,即成定制,直到漢末……當時交算賦的人是徭役徵發的對象,也就是説,人們從交納算賦的那一歲(十五歲起),即開始爲國家承擔徭役義務了。”宋傑:《〈九章算術〉記載的漢代徭役制度》,《北京師院學報(社會科學版)》1985 年第 2 期。持這類觀點者最爲普徧,此不贅引。

②高恒:《秦律中的徭、戍問題——讀雲夢秦簡札記》,《考古》1980 年第 6 期。

③胡大貴、馮一下:《試論秦代徭戍制度》,《四川師範大學學報(社會科學版)》1987 年第 6 期。

④睡虎地秦墓竹簡整理小組編:《睡虎地秦墓竹簡》,第 87 頁。

⑤陳明光:《秦朝傅籍標準蠡測》,《中國社會經濟史研究》1987 年第 1 期。臧知非先生亦贊同 17 歲始傅的觀點,他説:“秦漢傅籍於每年八月進行,秦和漢初是十七歲始傅,景帝時改爲二十歲,昭帝改爲二十三歲;傅籍是成年的開始,同時標誌著政治身份的改變,在承擔服徭役的義務的同時,也開始享受與其身份相一致的利益,按等級獲得爵位、田宅、實物以及減免刑罰的特權,是社會經濟、政治結構變動的制度因素之一。”臧知非:《秦漢“傅籍”制度與社會結構的變遷——以張家山漢簡〈二年律令〉爲中心》,《人文雜誌》2005 年第 1 期。

⑥馬怡:《秦人傅籍標準試探》,《中國史研究》1995 年第 4 期。此類研究成果很多,此不一一備舉。

傳籍服正役的年齡相近,這裏的'大'就應當是服正役的身分狀態。"①最近,張榮強又撰文更正了這一看法,他說:"按照當時身高與年齡的大致對應關係,六尺五寸相當於十六七歲,這也與我們根據《編年記》推算出來的'喜'十七歲傅籍的結果一致。"②

可見,古今中外的學者對秦"傳籍"年齡問題的研究,仍未達成一致的意見。尤其是持秦"傳籍"年齡爲 17 歲的觀點,近年來有成爲定論的趨勢。但綜合分析新近出土的簡牘可知,此類觀點尚待進一步商榷。筆者以爲,秦"始傅"年齡確實應爲 15 歲。茲試說如下:

第一,從雲夢秦簡中"喜傅"史料可知,秦"始傅"年齡爲 15 歲。學術界關於此類問題的研究,已取得了豐碩的成果,此不贅引。

第二,秦律規定,"敖童"必須"傅籍"。如秦律載:"可(何)謂'匿户'及'敖童弗傅'?匿户弗繇(徭)使,弗令出户賦之謂殹(也)。(《法律答問》簡 165)"前文已證,"敖童"即指"成童",其年齡爲 15 歲以上。而此律中卻包含了兩層意思:一是"匿户"。不難看出,黔首"匿户"的目的就是逃避户稅。③二是"敖童弗傅"。該律文意思是說,倘若相關官吏不給"敖童"傅籍,則犯有使"敖童""弗繇(徭)使"之罪。而此"繇(徭)使"指的就是前引"……節(簡 157/1294)載粟,乃發敖童年十五歲以上"之勞役。可以想見,當時的秦肯定存在大量"敖童弗傅"的現象,否則律文就不會有如此之規定。換言之,"敖童弗傅"顯然是一種罪名,違者將以律論處。

第三,秦律中的"小未傅(或曰敖童未傅)"與秦爵位制度密切相關。既然"敖童"必須"傅籍",那麼爲何又有很多大於 15 歲以上者仍稱爲"小未傅(或曰敖童未傅)"呢?衆所周知,秦及漢初推崇軍功爵制。百姓爵位的提升,意味著其在政治地位及經濟待遇的提高。如《二年律令·傅律》載:

> 不更以下子年廿歲,大夫以上至五大夫及小爵不更以下至上造年廿二歲,卿以上子及小爵大夫以上年廿四歲,皆傅之。公士、(簡 364)公卒及士五(伍)、司寇、隱官子,皆爲士五(伍)。疇官各從其父疇,有學師者學之。(簡 365)

可見,爵位越高者,"始傅"年齡越大;而爵位低者(或無爵位者),則"始傅"年齡亦低。因此,秦律中出現的"小未傅(或曰敖童未傅)",其年齡達 15 以上(甚至

---

① 張榮強:《〈二年律令〉與漢代課役身分》,《中國史研究》2005 年第 2 期。
② 張榮強:《"小""大"之間——戰國至西晉課役身分的演進》,《歷史研究》2017 年第 2 期。
③ 朱德貴:《簡牘所見秦及漢初"户賦"問題再探討》,《深圳大學學報(人文社會科學版)》2017 年第 4 期。

18 歲以上)仍未"傅籍"者,乃是其爵位高的緣故。

因此,秦民"始傅"年齡確實應爲 15 歲,且其在"始傅"之後至 17 歲這個年齡段所承擔的并非全役,僅服部分勞役而已。但秦民凡 18 歲及以上者不僅須承擔完的法律責任,而且也必須服全役。正如前引孟康所言:"古者二十而傅,三年耕有一年儲,故二十三年而後役之。"毋庸置疑,秦及漢初之民"始傅"之後,官府要過三年乃"役之"。

四、幾點結論

2015 年由陳松長先生主編的《嶽麓書院藏秦簡(肆)》披露了一批珍貴的反映秦統一前後的有關秦課役年齡的新史料。大致説來,這批新史料反映了如下幾個歷史真相:

第一,秦"小男子(女子)"的年齡界限。一般認爲,秦漢時期官府按"小""大"來界定年齡。"小"指的是 1 至 7 歲年齡段者。該部分年齡段者又分爲"未使男(女)"——2 至 6 歲、"使男(女)"——7 至 14 歲;"大"指的是 15 歲至免老年齡段。這部分年齡段者又分爲三個層次:15 歲以上至睆老、睆老和免老。但嶽麓秦簡顯示,秦"小"的年齡段爲 18 歲以下,而非 1 至 14 歲。不僅如此,秦律對 18 歲以上及"未盈十八歲"者在承擔法律責任及義務方面各不相同。因此,從這批新出秦簡可知,秦"未盈十八歲"者爲"小",18 歲以上者爲"大"。

第二,"小未傅"與"敖童未傅"的關係。我們以爲,秦"小未傅"中的"小"并非"未傅"的同義词。倘若"小未傅"就是泛指未傅籍之人,那麽,我們又該如何理解例 5 律文中"子年盈十八歲以上,亦筋<削>小爵(未傅籍者擁有之爵位)"之規定呢?

嶽麓秦簡顯示,"凡免老及敖童未傅者","縣官"一律不得徵發。但假如官府需要轉輸糧食,則可"發敖童年十五歲以上"者。同時法律也規定,作爲獨生子的"敖童",如果與免老的父母同居,或與殘廢及生病的母親同居,即使是"載粟",也可依律"勿行"。秦律對"小未傅(或曰敖童未傅)"的特別關照,彰顯了秦律的人文關懷精神。值得注意的是,秦律對"敖童未傅"18 歲以下者的制度性規定説明,秦"小""大"身分識別制度與"傅籍"制度無直接關聯。

第三,"傅籍"年齡問題。近幾年來,衆多學者提出了秦"始傅"年齡爲 17 歲的觀點,且有成爲定論的趨勢。但筆者以爲,秦"始傅"年齡應爲 15 歲。如上引秦律載:"可(何)謂'匿户'及'敖童弗傅'? 匿户弗繇(徭)使,弗令出户賦之謂殹(也)。

(《法律答問》簡 165)"可見,對主管官吏來說,"敖童弗傅"顯然是一種罪名。換言之,凡"敖童"必須依律"傅籍",否則將依律論處。

同時,由於秦及漢初實行嚴格的軍功爵制,編户民爵位越高,其政治地位及經濟待遇亦越高。所以,漢初《二年律令·傅律》才會規定,"不更以下子"20 歲"始傅","大夫以上至五大夫及小爵不更以下至上造"22 歲"始傅",而高爵位諸如"卿以上子及小爵大夫以上",可以放寬到 24 歲"始傅"。因此,秦律中出現的大量年 15 歲至 18 歲及以上者仍爲"敖童未傅"的記載就不足爲奇了。

附記:本文係國家社科基金後期資助項目"新出簡牘與秦漢賦役制度研究"(批准號 16FZS004)和黑龍江省哲學社會科學基金項目"出土資料所見秦漢財政與國家治理研究"(批准號 16ZSD01)之階段性成果。

作者簡介:朱德貴,男,1964 年生,哈爾濱商業大學經濟史研究所教授、博士生導師,主要從事秦漢史研究。

漢代西域漕運之渠"海廉渠"再議

張俊民

（甘肅省文物考古研究所，蘭州 730000）

内容摘要：《漢書·西域傳》烏孫條對漢代辛武賢爲討烏孫進行的漕運工程有所記述，但所載甚略，後人所言多屬揣測之詞，敦煌卷子甚至記載此渠在敦煌城之北。懸泉漢簡中有幾條與此漕運工程相關的資料，可供考察當時人們對此漕渠的看法、漕運的作用和漕運的終點問題。漕渠大致應在今新疆域內，終點是位於土垠遺址的居盧倉。辛武賢主導的漕渠工程舉國之力，歷時五年，但因戰事未起，流沙淤塞，未得善終。

關鍵詞：漢代；西域；海廉渠；懸泉漢簡

　　西漢之時的西域大國烏孫，地控今天巴爾喀什湖以南、以東的廣大地域，包括伊犁河流域和伊塞克湖一帶。極盛時，人口是鄯善、若羌、莎車、疏勒、焉耆、于闐、龜兹等七國總數的兩倍。宣帝後期，與漢王朝保持"和親"關係的烏孫內部發生內亂，其中親漢的一派受到以烏就屠爲代表的近匈(奴)一派的極大打擊，消息傳到長安後，漢宣帝派破羌將軍辛武賢將兵萬五千人征討烏就屠。《漢書·趙充國傳》記載："辛武賢自羌軍還後七年，復爲破羌將軍，征烏孫至敦煌，後不出，徵未到，病卒"。《漢書·西域傳》記録："漢遣破羌將軍辛武賢將兵萬五千人至敦煌，遣使者案行表，穿卑鞮侯井以西，欲通渠轉穀，積居盧倉以討之"。史書記載簡略如此，在懸泉漢簡之後，曾有學者專門就漢簡資料所見的烏孫資料進行梳理，對這一時期的漢王朝與烏孫關係進行探討與證補。[1]從這些文章的論述來看，多數是側重于漢與烏孫關係的檢討，雖然也有學者注意到了"穿渠校尉"與史書所記"穿

---

　　①袁延勝：《懸泉漢簡所見漢代烏孫的幾個年代問題》，《西域研究》2005 年第 4 期；何海龍：《從懸泉漢簡談西漢與烏孫的關係》，《求索》2006 年第 3 期；袁延勝：《懸泉漢簡所見辛武賢事蹟考略》，中國秦漢史研究會、咸陽師范學院編《秦漢研究》第 4 輯，陝西人民出版社，2010 年，第 122—129 頁。

卑鞮侯井以西,欲通渠轉穀"的聯繫,但尚未見就"渠"一事進行探討的專文。筆者曾注意到此"渠",并就相關問題做過檢討,先後在 2016 年 8 月蘭州的簡牘學和莫高窟的敦煌學國際學術研討會上做了不同形式的宣講。但仍有未盡之處,故作此文,討論穿渠的時間、地點、規模以及結局等問題。

一、穿治海廉渠的時間問題

因爲穿渠之事是由征討烏孫一事引起的,烏孫内亂的時間《漢書·趙充國傳》與《漢書·西域傳》并沒有明確記載,祇有《漢書·趙充國傳》記録辛武賢再任破羌將軍的時間是"自羌軍還後七年",按照這一推算,司馬光《資治通鑑·漢紀》記載"甘露元年"。徐松據《趙充國傳》推算"辛武賢以神爵元年自酒泉太守爲破羌將軍;二年五月,罷酒泉太守官。後七年,復爲破羌將軍,征烏孫,是討烏就屠事在甘露元年。"①

這就是按照史書記載推演而來的時間, 即辛武賢屯兵敦煌討烏孫的起始時間是甘露元年(前 53),而目前我們通過懸泉漢簡看到漢代直接文書記録是甘露二年。如:

> 1.甘露二年十一月丙戌富平侯臣延壽光禄勳臣顯承
>
> 制詔侍御史曰穿治渠軍猥候丞□萬年漆光王充詣校尉作所
>
> 爲駕二封軺傳載從者各一人軺傳二乘　　傳八百冊四
>
> 　御史大夫定國下扶風厩承書
>
> 以次爲駕當舍傳舍如律令　　　　　　　　ⅡT0214③:73A②

本簡屬於傳文書抄件, 是持傳人途經懸泉置時懸泉置接待人員録復傳形成的文書。甘露二年富平侯張延壽、光禄勳石顯聯名調派"穿治渠軍猥候丞□萬年漆光王充"等前往"(穿渠)校尉"勞作的地方"作所"。傳文書簽發人是御史大夫于定國。由富平侯、光禄勳起事,經由侍御史同意,再由御史大夫簽發,足見此事重大,非同一般。記録顯示甘露二年十一月時曾調派軍隊到敦煌塞外。

而實際上敦煌塞外負責穿渠的"校尉"在甘露二年的年初也曾經路過酒泉、敦煌等地。簡文記:

> 2.甘露二年四月庚申朔丁丑樂官令充敢言之詔書以騎馬助傳馬送

---

①[清]徐松:《漢書西域傳補注》,見《西域水道記》,中華書局,2005 年,第 465 頁。

②此類簡號爲懸泉漢簡,釋文作"縣泉",行文作"懸泉"。下同。

破羌將軍穿渠校尉使者馮夫人

　　軍吏遠者至敦煌郡軍吏晨夜行吏御逐馬前後不相及馬罷巫或道弃
逐索未得謹遣騎士

　　張世等以物定逐各如牒唯府告部縣官旁郡有得此馬者以與世等敢
言之　　　　　　　　　　　　　　　　　　　Ⅴ T1311④:82

本簡也是傳文書,不過其簽發機構僅僅是"樂官令","樂官令"派騎士張世等追逐官方遺弃的馬匹。"樂官"《漢書》作"樂涫",爲酒泉郡屬縣之一。張世追逐討要遺失馬匹文書的發文時間是四月廿四日,可見這些馬匹散落遺失的時間還要早一些。散失的原因是送"送破羌將軍、穿渠校尉、使者馮夫人軍吏,遠者至敦煌郡"的馬匹,因爲晝夜兼行,行軍速度過快,致使部分馬匹跟不上隊伍而散落遺失,且部分馬匹在後面的找尋過程中仍没有找到,再次派人持"牒"沿途追找。文末的"唯府告部縣官旁郡有得此馬者以與世等",即樂涫令希望太守府發文知會酒泉郡屬縣乃至旁郡(敦煌郡),有得到這些馬的人將馬匹給張世等人帶回。

　　這是從簡牘文書明顯體現出來的時間,而實際上還有一些比較隱暗的資料,可以證明破羌將軍伐烏孫的時間還要早一些,甚至可以早到甘露元年。這個時間,也恰與史書所言及前人所推相吻合。

　　3.☐效穀長禹丞壽告遮要縣泉置破羌將軍將騎萬人從東方來會正
月七日今調米肉飴棗假

　　　　☐書到受作冊令客到不辦具冊忽如律令　　Ⅱ T0114④:340A
　　　　　掾德成尉史廣德　　　　　　　　　　Ⅱ T0114④:340B

本簡上殘,缺少具體紀年時間。從前面四月破羌將軍已經過懸泉置,到本簡要求在正月七日之前準備好"米肉飴棗",可見破羌將軍將騎萬人從東方來的時間是在甘露二年正月之前。因爲破羌將軍將騎萬人伐烏孫途經效穀縣,效穀縣長禹、丞壽二人聯名要求在其縣中的懸泉、遮要二置,在七日也就是破羌將軍可能到效穀縣之前備好接待物品。而效穀縣之所以能將大致時間告知二置,當有相關機構用公文告知縣府。從這層意義上講,破羌將軍辛武賢伐烏孫經過懸泉置的時間可以在甘露二年的正月上旬。能在正月上旬趕到效穀縣,出發時間自當還要早一段時間。

　　4.十一月丁巳中郎安意使領護敦煌酒泉張掖武威金城郡農田官常
平糴調均錢穀以大司農丞印封下敦煌

　　　　酒泉張武威金城郡大守承書從事下當用者破羌將軍軍吏士畢已過
具移所給吏士賜諸裝實☐☐☐　　　　　　　Ⅱ T0114②:293

本簡上端完整而没有紀年時間,當屬於某一册書散簡,具體的紀年時間在右側文書(或右簡)中。按照一般官文書傳達到敦煌郡的時間,與之相關的發文時間應在十月或更早;中郎安意領護河西四郡、金城郡在十一月爲破羌將軍籌備軍糧裝備,時間上正好與上簡正月銜接。祇是因爲本簡最初被誤作神爵元年,而致使在討論破羌將軍伐烏孫的時間問題時被某些學者忽略。①

破羌將軍辛武賢伐烏孫,起事時間應在甘露元年,而真正出行則需要一個準備過程。簡4所見中郎安意在十一月要求河西諸郡準備物質是一個方面,而類似簡3要求沿途準備過往食宿應該又是一個方面。這正應了古人所謂"兵馬未動、糧草先行"的説法。

從物質準備來看,漢朝政府決定讓破羌將軍辛武賢將兵伐烏孫,應該在甘露元年,而破羌將軍到敦煌的時間應在二年正月。而實際上史書記載辛武賢到敦煌,并未出塞,而是"徵未到,病卒"。可以説辛武賢病死在此次征伐烏孫的過程中。因爲烏孫局勢的穩定,辛武賢的軍隊兵不血刃而還。從史書記載來看,征伐烏孫之役也就結束了。懸泉漢簡中有一些關於這一時期的簡文,可以説是對這一時期局勢的最好説明。這些簡文反映了漢王朝駐屯西域勢力與中央政府的密切交往。如:

　　5. 上書二封其一封長羅侯一烏孫公主　甘露二年二月辛未日夕時
受平望驛騎當富縣泉驛騎朱定付萬年驛騎

ⅡT0113③:65

　　6. 使烏孫長羅侯惠遣斥候恭上書詣行在所以令爲駕一乘傳
甘露二年二月甲戌敦煌騎司馬充行大守事庫令賀兼行丞事謂敦煌
以次爲當舍傳舍如律令

ⅤT1311③:315

　　7.甘露二年二月庚申朔丙戌魚離置嗇夫禹移縣泉置遣佐光持特傳
馬十匹爲馮夫人柱廩穧麥小石卅二石
七斗又荄廿五石二鈞今寫券墨移書到受簿入三月報毋令繆如律令

ⅡT0115③:96

準備接待馮夫人的物品,傳遞長羅侯、烏孫公主的文書時間均在甘露二年二月,與正月份準備接待破羌將軍時間緊密,足見此時爲了解決烏孫内亂問題,除

---

① 胡平生、張德芳:《敦煌懸泉漢簡釋粹》,上海古籍出版社,2001年,第51—52頁;袁延勝:《懸泉漢簡所見漢代烏孫的幾個年代問題》,《西域研究》2005年第4期;初昉、世賓:《懸泉漢簡拾遺(叁)》,中國文化遺産研究院編《出土文獻研究》第10輯,中華書局,2011年,第228—248頁。

了調派軍隊準備討伐外,還有情報傳遞、資訊溝通等許多事情。除了軍事手段之外,外交、人事方面的介入,使得甘露初年的烏孫之亂,很快得到解決。破羌將軍辛武賢兵不血刃,"不出塞而還"。征伐烏孫的戰爭結束了,而原本希望在戰爭中開挖的漕渠修建一事并沒有終止,而是延續了一定的時間。如:

8.甘露四年六月辛丑

郎中馬上使護敦煌郡塞外漕作倉穿渠

爲駕一乘傳載從者一人有請詔　　外世一

　　御史大夫萬年下謂以次爲駕當舍傳舍從者

　　如律令　　七月癸亥食時西　　　　　　　　ⅡT0115④:34

9.甘露四年十月乙亥朔☐

　　穿海渠當舍傳舍☐　　　　　　　　　　　　ⅡT0215S:303

10.初元年八月戊子……

　　　御史少史任增詔迎護敦煌塞外穿臨渠漕……　ⅡT0114③:463

此三簡或有殘斷,從其文書格式判斷,屬於傳文書抄件。持傳人途經懸泉置時,懸泉置録副傳就是我們今天見到的文書。

首先,這些持傳人均與當時穿漕渠有關。發文單位應該屬於中央,完整者可見出自御史大夫府。由之可見,當時的穿漕渠事中央政府是直接參與者。

其次,持傳人的任務名稱雖然不同,但是今天看來應該是一件事。這件事或言"敦煌郡塞外漕作倉穿渠",或言"穿海渠",或言"敦煌塞外穿臨渠漕"。

再次,因爲這一地區與敦煌的特殊關係,在具體的過程中,敦煌太守或敦煌郡府亦有參與。如:

11.敦煌長史行大守事遣卒史尹建上使護

玉門塞外穿渠漕轉丞相少史魯千秋劾事

公車司馬以令爲駕二封軺傳

　　甘露四年八月丙子朔乙酉敦煌長史奉憙行大守事

　　丞破胡謂敦煌以次爲駕當舍傳舍如律令　　ⅡT0216②:657

12.初元年九月甲午朔辛亥大守守卒史許別將護穿渠移玉門關☐

　　　　　　　　　　　　　　　　　　　　　　ⅡT0214③:62

這二簡均可以看出是敦煌太守府發出的傳文書,前簡持傳人的任務送劾狀到"公車司馬"是給皇帝的上書,被彈劾人魯千秋的具體職務是"使護玉門塞外穿渠漕轉",原本職務是丞相少史;後簡是敦煌郡派人護送"穿渠"玉門關外者,途經懸泉置,與敦煌郡參與人員的送迎有關。

由這些簡文來看,由辛武賢開始漕渠修浚,并沒有因爲破羌將軍辛武賢"不出塞而還"就結束,而是還持續了一段時間。這個時間要比史書記録的時間長一些,前後約有五年之久,即從甘露元年到初元年(前53—前48,初元年前還有黄龍元年)。

二、漕渠的名稱——海廉渠

因爲史書所記僅僅是由何處向何處穿渠而已,至於渠名、結果一概未言。敦煌漢簡與居延舊簡均未有言,至居延新簡方有隻言片語提到辛武賢所穿之渠。且因爲資料少而對於所言的玉門塞外穿渠産生誤會,以爲玉門就是漢代的玉門縣,而將辛武賢所穿之渠蠡定在今天的玉門花海北石河下游。[①]對於簡中出現的"海廉渠"也沒有找到正確的歸宿。即便如此,這也是最早與辛武賢穿渠相關的資料,祇是沒有被充分認識而已。[②]

居延新簡的這條簡文是:

13.☐☐☐☐軍玉門塞外海廉渠盡五月以☐

　　☐九月都試騎士馳射最率人得五算半算☐

　　☐四月　　　　　　　　　　　　　　　　　　EPT52:783[③]

從文字記録看,本簡屬於某人的功勞案文書,記録其考核成績,除了都試騎射得到的獎勵外,還有在"玉門塞外海廉渠"參與挖掘漕渠,可能也是取得政績的一個要素或條件。按照已有的研究這里的"軍"字當釋作"穿"。

本簡出現的"海廉渠"無疑是史書中不曾出現的水利工程名稱,與之相關的資料在懸泉漢簡中亦有出現。綜合起來看應該屬於與辛武賢穿渠相關的資料。這些資料不僅可以補充史書所言的修渠時間, 還可以補充渠名乃至當時修渠的一些事。

除上引簡文外,還有:

14.☐刑士詣敦煌塞外穿海廉☐　　　　　　　　　VT1311③:228

---

① 李并成:《河西走廊西部漢長城遺迹及其相關問題考》,《敦煌研究》1995年第2期;李并成:《甘肅玉門花海比家灘古緑洲沙漠化的調查研究》,《中國邊疆史地研究》2003年第2期;高榮:《漢代河西的水利建設與管理》,《敦煌學輯刊》2008年第2期。

② 張俊民:《西北漢簡中"海廉渠"初探》,首届絲綢之路(敦煌)國際文化博覽會系列活動——簡牘學國際學術研討會會議論文,2016年8月,蘭州。

③ 甘肅省文物考古研究所等:《居延新簡》,中華書局,1994年;張德芳主編,李迎春著:《居延新簡集釋(三)》"軍"改釋作"官"亦不妥,甘肅文化出版社,2016年,第784頁。

15.☑□塞外穿海廉渠敞 　　　　　　　　　　Ｖ T1311③:351

16.·右吏士漕病死海濂☑ 　　　　　　　　　　Ⅱ T0214③:101

從三簡中出現的斷簡符號來看,文字均不完整。不過其中出現的海廉(濂)還是非常重要的,且其中一個直接作"海廉渠"。這里出現的"海廉渠"無疑就是居延新簡中"玉門塞外海廉渠",不過是又被稱作"敦煌塞外"。"海廉渠"不見史書記載,其與辛武賢在敦煌塞外的穿渠活動應該可以聯繫起來,或者說二者是一回事。漢代人或言"敦煌塞外",或言"玉門塞外",而玉門塞外應該是指玉門關塞外,而不是玉門縣之塞外。

三、海廉渠的位置問題

關於海廉渠的地理位置問題,初見於史書的漕渠,并沒有具體位置,而祇是辛武賢到敦煌後,"遣使者案行表,穿卑鞮侯井以西,欲通渠轉穀,積居廬倉以討之。"地點在卑鞮侯井以西,目的是向居廬倉(後人稱爲"居盧訾倉")運糧。至三國時孟康注《漢書》以爲"大井六通渠也,下泉流涌出,在白龍堆東土山下",增加了渠名"大井六通渠",或作"大井,六通渠",確切位置是在白龍堆東土山下。這時的白龍堆是不是現在所言的白龍堆呢? 具體所指是不是有變更尚不得而知。

此地名到清代徐松《漢書·西域傳補注》(道光九年刻本)下補曰:

據《趙充國傳》辛武賢以神爵元年自酒泉太守爲破羌將軍,二年五月罷歸酒泉太守官,後七年,復爲破羌將軍征烏孫。是討烏就屠事在甘露元年。

孟康曰:大井,六通渠也。下泉流涌,出在白龍堆東土山下。補曰:宋祁云"面"當作"西"。《通鑒注》謂時立表穿渠於卑鞮侯井以西。按:今敦煌縣引黨河穿六渠經縣西下流入疏勒河歸哈喇淖爾,淖爾西即大沙磧,豈古六通渠遺迹歟?

補曰:通渠轉穀,欲水運也。廬倉,謂建倉。國朝雍正中大將軍岳鐘琪於黨河議行水運,詳見余《西域水道記》中。

徐松的這一揣測在敦煌卷子中得到印證,王國維《西域井渠考》"悉穿大井"下稱:"是漢時井渠或自敦煌城北直抵龍堆矣",[1]其所據也就是"大井澤條"。

《沙州都督府圖經》記:

---

①王國維:《觀堂集林》,中華書局,2004年,第621頁。

大井澤,東西卅里,南北廿里。右在州北十五里,《漢書·西域傳》漢
遣破羌將軍辛武賢討昆彌至敦煌,遣使者按行,悉穿大井,因號其澤曰
大井澤。

其後,有的學者又進一步考察,認爲:

頗疑所謂"大通渠",不過是從敦煌向北開渠,穿過大井澤,北入疏
勒河一段而已。這一段不過五十餘里。既入疏勒河後,可就疏勒河道略
加疏通,而西抵"白龍堆東土山下"。如此,省工省時而易辦。今見冊里澤
中有苦溝一道北趨,或即其遺迹。若此,則孟康注與當年之工程量、民力
及地理形勢皆可相合而無抵牾。①

由是,從《漢書》到敦煌卷子,由班固、孟康,經徐松、王國維至今,辛武賢所穿"卑
鞮侯井以西"向居盧訾倉運糧的漕渠位置完成了由西向東逐漸遷移的過程,且最
終在敦煌城北十五里找到了極有可能的遺迹。

居延新簡之後,受其中"玉門塞外"的限定與影響,部分學者將"海廉渠"與疏
勒河東支流入乾海子的北石河聯繫起來。認爲:

所云"玉門"指漢玉門縣,非漢玉門關,因玉門關外并無人工所修渠
道。筆者考得漢玉門縣位於今玉門市赤金鎮赤金堡古城,玉門塞外海廉
渠即應指今五墩以東延伸于長城塞垣之北的北石河東段,此處造渠,表
明其地昔日爲戍守兵卒的屯田之域。②

上面的推論是建立在玉門是指玉門縣的基礎上的,且忽略了辛武賢所浚漕渠。但
是通過對懸泉漢簡資料的歸類與梳理,我們發現所謂辛武賢的漕渠應該在敦煌
更西的地方,渠名在當時稱"海廉渠",而對海廉渠大體位置的記錄又有"敦煌塞
外"與"玉門塞外"兩説。這些資料如:

17.甘露四年六月辛丑

郎中馬上使護敦煌郡塞外漕作倉穿渠

爲駕一乘傳載從者一人有請詔　　　外世一

　　御史大夫萬年下謂以次爲駕當舍傳舍從者

　　如律令　　七月癸亥食時西　　　　　　　ⅡT0115④:34

18.初元年八月戊子……

御史少史任增詔迎護敦煌塞外穿臨渠漕……　　ⅡT0114③:463

---

①李正宇:《古本敦煌鄉土志八種箋證》,甘肅人民出版社,2008 年,第 75—76 頁。疑"苦"爲"枯"之誤。
②李并成:《河西走廊西部漢長城遺迹及其相關問題考》,《敦煌研究》1995 年第 2 期。

19.敦煌長史行大守事遣卒史尹建上使護

玉門塞外穿渠漕轉丞相少史魯千秋劾事

公車司馬以令爲駕二封軺傳

　　甘露四年八月丙子朔乙酉敦煌長史奉憙行大守事

　　丞破胡謂敦煌以次爲駕當舍傳舍如律令　　　Ⅱ T0216②：657

20.初元年九月甲午朔辛亥大守守卒史許別將護穿渠移玉門關☐

　　　　　　　　　　　　　　　　　　　　　　　Ⅱ T0214③：62

以上四簡,均與當時穿渠漕運有關,從中可看出當時之人對漕渠位置的認識還是有些模糊的。前二簡發文單位均在長安,一作"敦煌郡塞外",一作"敦煌塞外";後二簡,發文者屬於敦煌本地吏員,將漕渠與玉門塞聯繫起來。從今天的研究來看,一般是將玉門都尉所轄的漢塞作爲敦煌郡的最西端,在這層意義上講,玉門塞外也就是敦煌塞外。但是,敦煌太守一度節制伊循都尉也恰在這一時間内,并且官文書還會在伊循都尉前加上"敦煌"二字加以限定。如:

21.敦煌伊循都尉臣大晨上書一封☐

　　甘露四年六月庚子上　　　　　　　　　　　　　Ⅱ T0216③：111

從這層意義上講，敦煌塞外是不是也可以包括伊循都尉轄域呢？ 從管理的範疇看,中央文書言敦煌塞外也可以包括伊循都尉;而從敦煌郡自己的限定來看,漕渠在玉門塞外,位置範疇明顯是有變化的。

　　從已有的地理考察來看, 現在敦煌塞的西盡在疏勒河尾閭榆樹泉盆地的東側,呈扇狀分布,屬於敦煌郡的大煎都候官,最西南的烽隧名廣昌隧(D1、T6d,俗名"西井子墩")。

　　史書所言"穿卑鞮侯井以西,欲通渠轉穀積居廬倉",可以説已經説出了漕渠的起始點,東端起點在卑鞮侯井,末端是居盧訾倉。但是問題是我們能不能將這兩個史書上的地名與現今實際地理位置相比附。按照孟康的意思,卑鞮侯井引水白龍堆東土山下。"白龍堆"是不是現在的"白龍堆"?參考諸多考察記録和羅布泊穿越日記, 從敦煌塞到被有些學者認爲是居盧訾倉的土垠遺址中間有許多著名的地質段落。

　　敦煌塞的最西端就是前言的榆樹泉盆地,在其西北是敦煌市的旅游點"魔鬼城"。"魔鬼城"的西側是三隴沙。這一地帶受風蝕影響,古海雅丹高 20–100 米,屬於中大型雅丹群,而且風蝕谷狹窄,雅丹造型豐富多彩,高密集型爲世界所少見。

　　三隴沙之西是阿奇克谷地。該谷地位於敦煌地塊和北山構造帶的結合部位,是新生代以來北山前新生代地層由北向南低角度逆沖推覆而成的壓陷型構造谷地。由於受疏勒河斷裂帶和羅布泊南——土牙——呲牙井斷裂帶控制,谷地夾峙於海拔 1200–1600 米和 1000–1100 米的北山山地和庫木塔格沙漠之間,東西長約 200 公里,南北寬約 8–30 公里,海拔爲 788–831 米,在地貌上是一個呈東北西南向展布的東高西低、東窄西寬的喇叭狀谷地。阿奇克谷地被認爲是古疏勒河的河道,曾經是絲綢之路的重要通道之一,近些年成爲探險游客自駕車從敦煌進入羅布泊的交通要道。

由之再西,到羅布泊。一般所言的白龍堆位置在羅布泊東北部,是第四紀湖積層抬升形成的礫質土丘地貌,因風水侵蝕作用,形成東北至西南走向的長條狀土丘群,綿亘近百公里。由於白龍堆的土臺以砂礫、石膏泥和鹽城構成,顏色呈灰白色,有陽光時還會反射點點銀光,似鱗甲般,所以古人將這片廣袤的雅丹群稱爲"白龍"。

當然也有學者主張居盧訾倉在阿奇克谷地的東端,或將卑鞮侯井也就是後期的都護井位置蠡定在榆樹泉盆地,認爲從疏勒河尾閭榆樹泉盆地向西穿渠引水至阿奇克谷地東側的"居盧訾倉"。①

受此類觀點的影響,甘肅的長城調查隊在九十年代曾在阿奇克谷地的東側對居盧訾倉進行了重點踏查。用他們的話是"我們曾先後五次進入羅布泊東部的三壟沙地區尋找居盧訾倉古城遺址。從阿奇克谷地東沿、庫木塔格沙漠東北角直至三壟沙地區,東西 40 公里,南北 10 公里的狹長地帶,每日步履,前後工作 20 余天,始終未見到居盧訾倉城址。"②

由於交通條件的改善,許多人冒險穿越羅布泊,從其留下的游記來看,白龍堆距離榆樹泉盆地還比較遠。

馮其庸《人生散葉》曾這樣介紹其穿越羅布泊的路綫:"1986 年我開始了中國大西部的研究,二十年內我連續去了新疆十次,三次上 4900 米的紅其拉甫和 4700 米的明鐵蓋達坂山口,兩次穿越'死亡之海'的塔克拉瑪幹大沙漠,一次穿越了米蘭、羅布泊,到了樓蘭;再從樓蘭出來,再穿羅布泊,東行到龍城、白龍堆、三壟沙入玉門關到達敦煌。"

2014 年 3 月 15 日—3 月 20 日新疆哈密自駕車在《穿越羅布泊縱橫阿奇克夢回古樓蘭情系無人區》中的行程路綫是:"哈密→敦煌雅丹→三壟沙→金礦→雨花石山→黑山口→八一泉→自流井→庫姆塔格沙漠→彭加木失蹤地→阿奇克

---

①張莉:《西漢楼兰道新考》,《西域研究》1999 年第 3 期。
②甘肅省文物局編:《疏勒河流域漢代長城考察報告》,文物出版社,2001 年,第 101 頁。

谷地→紅十井礦→白龍堆雅丹→羅布泊鎮→羅布泊湖心余純順墓地→樓蘭保護站→龍城雅丹→土垠遺址→樓蘭古城。”

目前而言,主張居盧訾倉在土垠遺址的觀點比較占上風。①土垠遺址是 1930 年由黃文弼發現并命名的,位於羅布泊北部,樓蘭古城之南,是漢代之時出入樓蘭的重要門户。位在今孔雀河下游,三面環水,水路交通比較便利,具有良好的水運條件。

從上面的叙述來看,學術界對於白龍堆與居盧訾倉的位置還存在爭議,也就是説辛武賢所穿海廉渠的起始點也會因此有异議。從地理分布來講,敦煌塞外修渠若在現在的白龍堆西側無疑更遠了些,而若在榆樹泉盆地以西,仍缺少足以成立的證據。②卑鞮侯井是不是後期所言的都護井,是不是就是現在的榆樹泉盆地?居盧訾倉是在阿奇克谷地東側,還是在新疆的土垠遺址?這一點直接涉及到海廉渠的位置問題。還有這一國家級工程的具體工程量問題,這一前後至少持續了五年的工程,究竟又在何處呢?單單字面上比附古今地名,恐怕很難解決這一問題,這就需要考古工作者做實地踏查才能解決。

四、海廉渠修建情况簡析

以上通過簡牘資料,我們發現了很多可以補充破羌將軍辛武賢穿渠的材料。由之可見,所修浚漕渠的名稱是“海廉渠”。修渠的時間并没有因爲辛武賢“不出塞而還”戰事的結束而終止,而是前後持續了至少五年的時間。漢代之時,對漕渠的位置所在認識就有點模糊,一説在敦煌塞外,或説在玉門塞外;在這種意義上,漢代的混淆意味著玉門塞應該是玉門都尉塞。由是,居延新簡中所言的玉門塞外穿渠,其具體位置無疑不應該在玉門縣塞外去找尋。

漕渠的修浚,從首起開始,無疑具有軍事的性質。本意是想修浚一條連接東西的水上通道,經過穿漕渠向居盧訾倉運集糧草。起事是戰事,修渠的人員也應該是軍人身份。衹是未因戰事終止而結束。

漢代水利事業與穿渠技術已經相當成熟,秦時關中的水渠、成都的都江堰以及靈渠均顯現了較高的技術水準;到漢代,用於關中的井渠之法已經很成熟,昆

①孟凡人:《羅布淖爾土垠遺址試析》,《考古學報》1990 年第 2 期。
②吳礽驤:《漢代玉門關及其入西域路綫之變遷》,中國中亞文化研究協會、中國社會科學院歷史研究所中外關係史研究室編《中亞學刊》第 2 輯,中華書局,1987 年,第 1—15 頁。

明池習樓船,漢代技術自當在原來技術水準之上有所發展。而辛武賢所謂"遣使者案行表",也就是軍人之外,還有很高技術的水工參與,進行技術指導,解決技術問題。漢代之時,敦煌曾經存在一定的船運業務,且與政府有關。在懸泉漢簡中有幾條以"節"命名的地名,似乎是在敦煌中部都尉轄區,從簡文中的"浚渠"、"迎舡"之詞,當時在這些"節"之間可能有水路存在。①而相關資料的時間也恰在海廉渠的修浚時間段內。

從傳文書持傳人的身份,可以看出此事屬於國家大事,持傳人直接由中央委派;由於連續時間比較長,人員更換自不可免。居延漢簡所見的騎士曾參與敦煌塞外穿渠而得到一定的優免;金關漢簡所見,也涉及到這一穿渠勞務。

當然,這一國家級工程在敦煌塞外,因爲這一時期敦煌太守節制伊循都尉,可以説某種程度上屬於敦煌塞外的穿渠工程也在敦煌太守的管轄範圍之內。此時伊循都尉的上書因爲缺少直接的文字證據,不一定就是涉及到穿渠之事,而敦煌太守明確的彈劾文書,則顯現出修渠之事可能因爲某事與敦煌太守存在矛盾,或者説主持修渠的人做法并不符合規範,以至於有敦煌太守上書彈劾的奏章文字。

這一前後持續了五年的國家級水利工程,在漢代之後不爲人知,或者説言而不明,自當與其所處地理位置以及河渠的保存狀況不可分。首先是地理環境的因素,其次也與其初衷不無關係。地理環境造就了這一地段修渠不易,行水更難。風沙淤積,可以説是人類不可抗拒之力,也就是某位上書所言(ⅡT0214③:61,質地竹簡):"禄愚戇,以爲渠雖已成□有施□,闐闐毋已難久葆"。

本簡作爲竹簡在懸泉置出現,可以看作是比較特殊的。字體如何,在缺少查看實物的情況下不得而知。但是從行文語氣來看,屬於"禄"的上書文句。在"禄"的上書中有關於"渠"的議論,是不是與海廉渠有關姑且存疑。但是如果將之理解爲對海廉渠存廢的爭議亦無不可。國家用五年的時間,耗費大量的人力、物力修成的海廉渠,雖然可以建成即"渠雖已成",但是會因爲"闐闐毋已,難久葆。"這就是説,當時已經對海廉渠的修浚提出了疑議,也可以説點出了海廉渠興廢的原因。渠可以修成,但是很難持久。

在此突出本簡與本簡出現的上書人"禄"有關,這位"禄"極有可能是時任懸泉置置丞的禄。按照已知置丞的研究,置丞禄的任職時間是甘露四年九月至初元

---

① 張俊民:《對出土文物資料中"節"的考察》,《湖南省博物館館刊》第 9 輯,嶽麓書社,2013 年,第171—181 頁。

二年六月(前 50—前 47)。①這個時間正好處在海廉渠的修浚時間段内,作爲修浚水渠迎來送往重要機構的負責人,置丞禄對於塞外修渠之事自當有所耳聞,上書言修渠之弊亦在情理之中。

五、小結

因爲時代演變,具體信息的缺失,致使後人的解釋距離實際越來越更遠,所謂"差之毫厘謬以千里"! 從班固《漢書》所謂"穿卑鞮侯井以西",到三國孟康《漢書注》變成白龍堆東土山下,由敦煌卷子大井澤,經王國維以至不久前,辛武賢所修水渠的起始點幾近被東移至敦煌城北,若非懸泉漢簡的記録幾可成立。懸泉漢簡告訴我們,辛武賢所浚之渠應該稱"海廉渠",當時之人就有"敦煌塞外"與"玉門塞外"的混用;海廉渠起于用兵烏孫,但是并没有因爲戰事的終結而停止。由中央政府主持的這一水利工程,從甘露元年到初元元年,前後持續用時五年之久,在當時可謂"國家級"水利工程,惜風沙掩埋與自然填淤,人迹罕至已不爲後人所知。海廉渠的起點、終點終究是在何處,除了還有很多資料需要梳理外,更有待經過實地踏查工作進行確認。

作者簡介:張俊民,男,1965 年生,河南蘭考人,甘肅省文物考古研究所研究員,主要從事簡牘與秦漢考古、秦漢史研究。

---

①張俊民:《懸泉漢簡"置丞"簡與漢代郵傳管理制度》,[韓]《中國古中世史研究》第 20 輯,2008 年。

漢代西北邊塞的"市藥"

馬智全

（蘭州城市學院簡牘研究所，蘭州　730070）

内容摘要：西北漢簡中關於"市藥"的記載，反映出漢代西北邊塞存在前往河西及中原内地購買藥物的活動。購買藥物時由邊塞候部、候官、部都尉、郡太守等機構發出傳書，説明市藥者前往地點以及享有乘坐車輛傳馬、住宿傳舍的待遇，可見政府對市藥活動的支持。漢簡中藥彙與邊塞守禦器具并列，説明醫藥是邊塞重要的戰備物資。敦煌懸泉置發現的包藥的古紙，是認識漢代藥物保存的重要文物。紙張上記載的藥物，爲治療傷寒、風濕、外傷等軍用藥物，一般從内地采購，也有從西域傳入的藥物。漢代邊塞的市藥活動，是漢代邊塞安全保障的重要組成部分。

關鍵詞：漢簡；市藥；藥彙；古紙

在漢代西北地區出土漢簡中，有數枚簡牘記載了邊塞"市藥"的情況。這些漢簡均爲符傳文書，對市藥的機構、人員和目的地都有明確記載，對於認識漢代醫療狀況具有一定價值。由於藥物出産的地理性特點，異地購藥在漢代應是普遍的現象。傳世文獻對於漢代市藥活動記載并不多見，考察簡牘文獻中"市藥"的記載，以及邊塞藥物存儲使用狀況，對全面認知漢代醫療活動不無裨益。

一、史籍記載的藥物采買

上古神農嘗百草，是對藥物藥性的辨别。周初，"大伯、仲雍辭行采藥，遂奔荆蠻。"[1]太伯、仲雍借采藥之名避讓王位，讓周太王亶父傳位給公季以至姬昌，説明周初已有外出采藥的行爲。戰國秦漢之際，方術大興，派遣方士到海外神山求采

---

[1]《漢書》卷二八《地理志》，中華書局，1962年，第1667頁。

不死之藥,成爲統治者追求長生的要道,史書對此多有記載。

《漢書·效祀志》:"自威、宣、燕昭使人入海求蓬萊、方丈、瀛州。此三神山者,其傳在勃海中,去人不遠。蓋嘗有到者,諸僊人及不死之藥皆在焉。"①

《漢書·效祀志》:"後五年,始皇南至湘山,遂登會稽,并海上,幾遇海中三神山之奇藥。"②"秦始皇初并天下,甘心于神僊之道,遣徐福、韓終之屬多齋童男童女入海求神采藥,因逃不還,天下怨恨。"③

《漢書·效祀志》:"漢興,新垣平、齊人少翁、公孫卿、欒大等,皆以僊人、黄冶、祭祠、事鬼使物、入海求神采藥貴幸,賞賜累千金。"④"天子於是幸緱氏城,拜卿爲中大夫。遂至東萊,宿,留之數日,毋所見,見大人迹云。復遣方士求神人采藥以千數。"⑤

以上爲戰國秦漢時方士尋神山采"神藥""不死之藥"的情況。其中有采藥貴幸者,得千金賞賜。當然,所謂"不死之藥"是不存在的,但是方術之士接受皇帝賞賜,去到外地采藥,從目的上説是一種市藥行爲。方士遠赴外地求采靈藥,也是藥物出産地域性的反映。

二、西北漢簡記載的"市藥"

上個世紀以來,西北地區出土漢簡文書中有邊塞"市藥"活動的記載,可見漢代醫療運行方式。

臨之隧長威爲部市藥,詣官封符,八月戊戌平旦入　　286·11⑥

此簡出自居延甲渠候官(A8),簡文記載甲渠候官萬歲候部臨之隧的隧長威爲候部去市買藥物,到候官開出符傳。簡文記載隧長威到候官的時間爲八月戊戌平旦。該簡説明了萬歲候部需要市買藥物時,有下轄隧長外出市藥,市買藥物需要符傳文書,因此要到候官封符,可見候部市藥的情況。

□□常樂爲官市藥長□　　　　　　　　　　　　73EJT26:126⑦

---

①《漢書》卷二五《郊祀志》,第1204頁。
②《漢書》卷二五《郊祀志》,第1205頁。
③《漢書》卷二五《郊祀志》,第1260頁。
④《漢書》卷二五《郊祀志》,第1260頁。
⑤《漢書》卷二五《郊祀志》,第1237頁。
⑥簡牘整理小組:《居延漢簡(壹)》,中研院歷史語言研究所,2014年。
⑦甘肅簡牘博物館等:《肩水金關漢簡(叁)》,中西書局,2013年。

此簡出自肩水金關(A32),簡文記載了人名"常樂",上部有殘缺筆劃,似爲"長"字殘筆,則"常樂"應是候長或隧長職務。"官",指候官,説明常樂是爲候官去購藥,而"長",從文例看,應是地名,很可能是長安。如是則該簡説明了居延地區市買藥物到長安去的情況。

> 始建國天鳳元年十二月☐
>
> 戍卒市藥右平郡☐   73EJF3:44

此簡出自肩水金關,簡文紀時始建國天鳳元年(14),簡牘下殘,右側記載到右平郡市藥的事項。據簡文語意,很可能是"爲戍卒市藥右平郡",則也是邊塞購買藥物的情況。右平郡,地名,應爲新莽時對酒泉郡的稱謂,《漢書·地理志》:"酒泉郡,莽曰輔平。"酒泉郡居長安之右,曾稱"右平郡"。[1]因此,此簡反映了新莽時戍卒到酒泉市藥的情況。

> 元始六年四月己未朔辛未,張掖居延騎司馬實兼行城司馬事,移過
>
> 所縣道河津
>
> 關,遣令史孫政爲官市藥酒泉郡中,當舍傳舍,從者 /令史陽
>
>   73EJT4H:10+61

此簡出自肩水金關,是居延都尉府開出的傳書,説明令史孫政爲官市藥酒泉郡中。簡文紀時爲元始六年(6),是西漢後期簡牘。簡文記載購藥的地點也是"酒泉郡中",距離相對較近。購藥的人爲令史孫政,具有一定身份,他"爲官市藥",很可能是爲候官購藥。孫政購藥有"當舍傳舍"的資格,可見漢代邊地對"市藥"行爲的重視。

> 建昭二年正月辛酉居延都尉實丞☐☐謂過所縣道津關當舍傳舍
>
> 居延都尉遣屬……
>
> 爲吏民市藥張掖郡中   從者如律令 /屬宗書佐禹   73EJD:40A

該簡也出自肩水金關,是居延都尉府發出的傳書。簡文"民"字原釋作"☐",殘存筆劃爲"〓",可以確認是"民"字殘筆。簡文內容爲居延都尉屬"爲吏民"到張掖郡市藥的情況。簡文紀時建昭二年(前37),是元帝時居延都尉府購藥的記載。居延都尉屬張掖郡太守管轄,則是在本郡市藥的情況。

> 黃龍元年三月癸卯朔壬戌,敦煌大守千秋、長史奉憙謂過所河津關☐
>
> 肥市藥安定郡中,乘用馬二匹,當舍傳舍,從者如律令,十月辛丑☐

---

[1]按:此爲筆者請教於李迎春、肖從禮先生時示知,參見本輯肖從禮先生《肩水金關漢簡所見新莽改酒泉郡爲右平郡考》,特此致謝!

ⅡT0115③:346A①

該簡出自敦煌懸泉置,是敦煌太守府發出的傳書,説明名叫"肥"的人到安定郡中市藥,安定郡到敦煌郡有一定距離,可見市藥地理範圍廣闊。由於簡牘殘缺,不詳是爲何機構市藥,從傳書頒發者來看,爲敦煌郡市藥的可能性要大一些。市藥者享有"乘用馬二匹"、"當舍傳舍"的資格,是官方購藥行爲。

　　　　李立市藥長安　　　　　　　　　　　　　　ⅡT0113①:84②

該簡出自敦煌懸泉置,上下殘缺,很可能也是敦煌頒發的傳書,説明李立到長安市藥的情況。長安爲西漢都城,這次市藥行爲距離較遠。漢代少府屬官有太醫,藥物應當齊備,邊塞到長安市藥應是常態。

　　　　建始五年二月辛未朔壬辰,敦煌玉門司馬意
　　　　□乘用馬二匹,軺車一乘,當舍傳舍□　　　　Ⅱ90DXT0214②:31A
　　　　市藥三輔界中,乘用馬二匹軺車一乘□　　　　Ⅱ90DXT0214②:31B

該簡出自敦煌懸泉置,簡文兩面書寫,字體一致,内容相關。簡文是敦煌玉門司馬發出的傳書,司馬爲部都尉的下屬,則該傳書爲玉門都尉府發出的可能性較大。傳書内容是説明有人到三輔界中市藥。三輔,指京兆尹、左馮翊、右扶風,"三輔界中",所指範圍較廣,市藥地理不限一處。市藥者享有"乘用馬二匹、軺車一乘"的資格,依據正面簡文,還可"當舍傳舍",則該次市藥是官方行爲。

　　從以上漢簡記載的市藥情況來看,漢簡記載的市藥者所持傳書有邊塞候部、候官以及部都尉、郡太守等機構發出,可見市藥活動廣泛。市藥的目的地有酒泉郡、張掖郡、安定郡、長安、三輔界中等地。市藥者需要到官方機構去開出傳書,市藥者享有"乘用馬二匹"、"軺車二乘"、"當舍傳舍"的待遇。從西北出土漢簡來看,居延、肩水、敦煌都有到内地市藥的行爲,市藥是漢代公務出行的重要組成部分。

三、漢簡中的"藥橐"與西北邊塞藥物管理

　　與漢代醫療政策相關的,除了對"市藥"活動的記載外,簡牘文獻中關於"藥橐"的記載也值得關注。藥橐,指盛藥的袋子。《詩·大雅·公劉》:"乃裹餱糧,于橐于囊。"毛傳:"小曰橐,大曰囊。"藥橐專稱,則是盛放藥物的專用袋子。

　　　　☑藥橐三各三枚直五十□☑　　　　　　　　73EJT25:93

---

①張俊民:《簡牘學論稿——聚沙篇》,甘肅教育出版社,2014年,第334頁。
②張俊民:《簡牘學論稿——聚沙篇》,第438頁。

　　該簡出自肩水金關,上部殘缺,簡文明確記載了"藥囊三",應是指藥囊三枚。三枚藥囊價值五十,以漢代物價而論,價格也不便宜。

　　……不肯歸也,莫當隧長于曼所屬,從在張未召

　　二⏌三日,言方君毋它,皆與關嗇夫家室俱發來,度且到

　　……　　　　　　　　　　　　　　　　　　　73EJF3:197A+174A

　　……

　　許有秩坐前,善毋恙,間者起居毋它,甚善,□叩頭因言

　　□□□□□問起居行來,取□弦及蚤矢箭三枚,藥囊二枚,迫

　　　　　　　　　　　　　　　　　　　　　73EJF3:174B+197B

　　該簡出自肩水金關,内容爲書信。簡文殘缺,"許有秩"之"許",原釋爲"誠",簡文爲"",當以釋"許"爲是,爲姓氏。相關辭例如"趙有秩坐前頃不相見良苦臨事"(73EJF3:430)。簡文記載了囑託朋友所取的物品,有弦、蚤矢箭三枚,以及藥囊二枚。藥囊與守禦器具并列,可見是邊塞備用物品。

　　　　　　　□□　　　　□□□　　　　□□□

　　囊一□　　檻一藥囊五　　檳丸一　　　角支一落一

　　一斗檻　　落一　　　　出火遂一具　　眇一　　　73EJD:47

　　該簡出自肩水金關,從簡文記載來看,"檳丸""出火燧"等物品都是邊塞守禦器具,這些守禦器的數量不多,很可能是烽燧器用。簡文記載"藥囊五",數量相對多一些。或許是一個烽燧有戍卒數人,每人有單獨的藥囊。或許是不同的藥物分開存放,因此有多個藥囊的情況。無論如何,藥囊與守禦器具并列記載,反映出藥囊是邊塞守禦器物的組成部分。

　　從上面三簡可以看出,藥囊是漢代邊塞常見物品,在烽燧器物中,藥囊與弦、蚤矢、檳丸、出火燧等守禦器具并列,説明藥囊也是守禦器物的組成部分。前述書信簡中托人取物有藥囊二枚,説明藥囊如果缺少,需要隨時配備。那麼,邊塞出現的諸種"市藥"行爲就能得到現實的理解。

四、漢代包藥用紙與醫藥保存

　　邊塞漢簡記載的藥囊,具體盛納什麼藥物,没有明確記載。不過在敦煌懸泉置出土的漢代古紙上,確有藥名的記載,對於認識漢代藥物保存狀況具有積極意義。甘肅省文物考古研究所《甘肅敦煌懸泉置遺址發掘簡報》説:"敦煌懸泉置出

土寫有文字的殘片 10 件,其中漢紙 9 件,晋紙 1 件,爲文書殘片和藥方。時代據同出簡牘的地層,可分爲 3 個時期。西漢武、昭帝時期 3 件,T0212 第 4 層出土。色白,紙面粗而不平整,有韌性。T0212④:1 正面隸書‘付子’,18×12 厘米。T0212④:2,正面隸書‘薰力’,18×7 厘米。T0212④:3,正面隸書‘細辛’,3×4 厘米,均爲藥名。根據紙的形狀和折疊痕迹,當爲包藥用紙。”①

  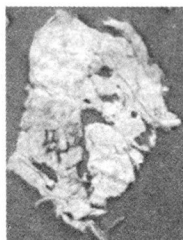

　　　“付子”古紙　　　　　　　　“薰力”古紙　　　　　　　“細辛”古紙

　　發掘簡報指出的西漢武、昭時期的包藥用紙,不僅是認識漢代紙張形成的重要文物,而且對認識漢代醫藥保存狀况多有裨益。這三張寫有藥名的紙張中,面積最大、保存最好的是寫有“付子”的紙張。該紙整體呈長方形,上有明顯的折皺痕迹。從折痕來看,紙張呈兩個中心的折疊狀,兩個中心位於紙張兩側,可見紙張原本是對折在一起的,符合包裝用紙的特性。紙張兩個中心點處破損嚴重,應該就是因包裝物品而磨損。紙張右半的左下側寫有“付子”二字,墨色書寫,隸書寫就,字體優美大方,説明這是規範書寫,并不是隨意題寫的情况。

　　付子,即附子,藥物名,爲多年生草本毛茛科植物烏頭的旁生塊根。《神農本草經》:“附子,味辛,温。主風寒咳逆邪氣,温中,金瘡,破症堅、積聚血瘕,寒濕踒躄,拘攣膝痛不能?步。生山谷。”②附子屢見漢代簡牘,武威醫簡“治傷寒遂(逐)風方”:“付(附)子三分,蜀椒三分,澤舄(瀉)五分,烏喙三分,細辛五分,术五分,凡五物,冶合,方寸匕酒飲,日三飲。”(簡 6-7)③“治雁聲□□□言方:术、方(防)風、細辛、薑、桂、付(附)子、蜀椒、桔梗,凡八物,各二兩,并冶合和,以方寸匕先餔飯米,麻(糜)飲藥耳。”(簡 8-9)可見附子是漢代常用藥物。附子主產於四川、陝西。④則敦煌地區的附子應是從内地市買而來。

　　值得注意的是附子爲根類藥物,如鹽附子,根呈圓錐形,長 4-7 厘米,直徑

①甘肅省文物考古研究所:《甘肅敦煌漢代懸泉置遺址發掘簡報》,《文物》2000 年第 5 期。
②[清]顧觀光輯,楊鵬舉校注:《神家本草經》,學苑出版社,2007 年,第 235 頁。
③甘肅省博物館、武威縣文化館合編:《武威漢代醫簡》,文物出版社,1975 年,第 1 頁。
④南京中醫院大學編著:《中藥大辭典》,上海科學技術出版社,2005 年,第 1671 頁。

3–5厘米。①在簡牘文獻中,附子或以"稞"稱,武威醫簡17–18"治百病膏藥方":"付子廿果(稞)"(簡17)。或以"枚"稱,武威醫簡"治加及久創及馬方":"附子廿枚"(簡87)。或以"分"稱,武威醫簡"治傷寒遂(逐)風方""附子三分"(簡6)。依據附子的形狀,運用紙張來包裹是可能的。

其次,關於熏力的包藥紙,紙張殘損嚴重,上有折痕,也應是包藥之用。紙上寫有"熏力"二字,墨色較淺,書寫順序從左至右,寫法少見,似爲隨意題寫而成。

熏力,即熏陸,亦名乳香,爲橄欖科植物卡氏乳香樹的膠樹脂。《本草綱目》卷三四:"熏陸主風水毒腫,去惡氣伏屍,癮疹癢毒……消癰疽諸毒,托裏護心,活血定痛伸筋,治婦人產難折傷。"②從藥理可以看出,熏陸具有活血、消痛、促進肌肉生長的功效,因此是邊塞重要的備用藥物。尹灣漢墓出土的《武庫永始四年兵車集器簿》除了記載各類兵器物資外,還記錄了"熏八斗"。③熏即熏毒,亦即熏陸。在漢朝設于東南地區的重要武庫存儲八斗熏陸,很明顯是軍用藥物的儲備。④在懸泉置遺址發現熏力的藥包,也反映出邊塞對熏陸藥物的珍藏。

值得關注的是,熏陸不產於中土,而生於熱帶沿海山地,分布于紅海沿岸至利比亞、蘇丹、土耳其等地。那麼,在敦煌懸泉置遺址發現熏陸的藥名就具有更加特殊的意義。敦煌懸泉置是漢代中西交流的一個驛站,簡文記錄了漢代中原使者出使到西域以及西域諸國到中原朝貢商貿的情況。西漢中期在敦煌出現熏陸的藥物,自然也是從西域傳播而來,具有重要認識價值。

再次,關於細辛的包藥紙,紙張過殘,有折痕。紙上寫有"細辛"二字,自上而下書寫,筆劃有殘缺,從字體看,爲隸書寫就,書寫規範。

細辛,藥物名,《神農本草經》:"細辛,味辛,温,主咳逆,頭痛腦動,百節拘攣,風濕痹痛死肌,久服明目,利九竅,輕身長年。"⑤細辛屢見於漢代簡帛醫方,馬王堆帛書《養生方》112簡:"取菌桂二,細辛四,萩一,戊(牡)厲(蠣)一,秦椒二,各善冶。"⑥又《養生方》124–125簡:"一曰:取細辛、乾薑、菌桂、烏喙,凡四物,各冶之。細辛四,乾薑、菌桂、烏喙各二,并之,三指最(撮)以爲後飯,益氣,有(又)令人免(面)澤。"又武威醫簡"治傷寒遂(逐)風方":"付(附)子三分,蜀椒三分、澤烏

①南京中醫院大學編著:《中藥大辭典》,第1671頁。
②[明]李時珍著:《本草綱目》,人民衛生出版社,1975年,第1955頁。
③連雲港市博物館等編:《尹灣漢墓簡牘》,中華書局,1997年,第116頁。
④張顯成:《西漢遺址發掘所見"熏"、"熏力"考釋——兼論"熏陸"一藥的輸入》,《中華醫史雜誌》2001年第4期。
⑤[清]顧觀光輯,楊鵬舉校注:《神家本草經》,第54頁。
⑥湖南省博物館、復旦大學出土文獻與古文字研究中心編纂,裘錫圭主編:《長沙馬王堆漢墓簡帛集成(陸)》,中華書局,2014年,第52頁。

(瀉)五分,烏喙三分,細辛五分,術五分,凡五物,冶合,方寸匕酒飲,日三飲。"居延漢簡:"傷寒四物:烏喙十分,細辛六分,術十分,桂四分。以温湯飲一刀刲,日三夜再,行解,不出汗。"(89·20)敦煌漢簡:"治久咳逆匈痺痿止泄心腹久積傷寒方:人參、茈(紫)宛(菀)、昌蒲、細辛、薑、桂、蜀椒各一分,烏喙十分,皆合和以"。(敦2012)①從以上漢簡文獻記載可以看出,細辛是使用廣泛的一種藥物,特别是在西北地方治療傷寒方面作用重要。

細辛有不同的種類,如北細辛主產於黑龍江、吉林、遼寧,漢城細辛產於遼寧東南部,華細辛主產於山東、安徽、浙江、江西、河南、湖北、陝西、四川。②那麼,敦煌懸泉置記載的細辛,應該是來自中原或東北地區。西北邊塞記載市藥者到安定、長安、三輔市藥,細辛應是重要的需購藥品。

以上三方寫有藥名的紙張,是漢代藥物保存狀態的典型反映。其實在傳世文獻中,也有類似的記載。《漢書·外戚傳》:"後三日,客復持詔記,封如前予武,中有封小綠篋,記曰:'告武以篋中物書予獄中婦人,武自臨飲之。'武發篋中有裹藥二枚,赫蹏書,曰:'告偉能:努力飲此藥,不可復入。女自知之!'"③此爲漢成帝去世後解光奏言當年趙皇后毒害曹宫母子的事例,其中涉及到"赫蹏書",孟康注:"蹏猶地也,染紙素令赤而書之,若今黄紙也。"鄧展注:"赫音兄弟鬩牆之鬩。"應劭注:"赫蹏,薄小紙也。"晋灼注:"今謂薄小物爲鬩蹏。鄧音晋説是也。"沈欽韓注:"《玉篇》:'蹏,赤紙也。'"周壽昌注:"據此,西漢時已有紙可作書矣。赫狀其色赤,蹏狀其式小。孟説未爲非也。"④今以懸泉紙張來看,諸家"赫蹏"解爲紙張,應該是正確的。而且赫蹏書與"裹藥二枚"有關,上寫有字迹,與懸泉置發現的紙張是一致的。關於赫蹏,敦煌馬圈灣漢簡中也有相關記載:"正月十六日因檄檢下赤蹏與吏長仲齋己部掾。"(敦973),"赤蹏",裘錫圭先生已指出就是《漢書·外戚傳》記載的"赫蹏",可見也是漢代紙張的名稱。⑤

綜上,從漢簡"市藥"的記載可以看出,漢代邊塞地區存在到中原內地購買藥物的活動。藥物的購買,是因爲邊塞有官醫負責吏民疾病的治療。邊地"市藥"有相關機構發出傳書,市藥者具有乘傳馬、乘車輛、住宿傳舍的待遇,可見政府對市藥活動的支持。在漢簡文獻中還發現了藥橐的記載,藥橐與邊塞守禦器具并列,

---

①甘肅省文物考古研究所編:《敦煌漢簡》,中華書局,1991年。
②南京中醫院大學編著:《中藥大辭典》,第2085頁。
③《漢書》卷九七《外戚傳》,第3991頁。
④[清]王先謙:《漢書補注》,上海古籍出版社,2012年,第5985頁。
⑤胡平生:《渥窪天馬西北來,漢簡研究新飛躍——讀〈敦煌馬圈灣漢簡集釋〉》,復旦大學出土文獻與古文字研究中心編《出土文獻與古文字研究》第6輯,上海古籍出版社,2015年,第472頁。

説明醫藥是塞防重要的戰備物資。敦煌懸泉置出現的包藥的古紙,是認識漢代藥物保存的重要文物。紙張上記載的藥物,爲邊塞地區醫療活動中治療傷寒、風濕、外傷等的軍用藥物,一般是從内地采購而來,還有從西域傳入的藥物。漢代邊塞的市藥活動,是漢代邊塞安全保障的重要組成部分。

附記: 本文係國家社科基金重大項目"敦煌懸泉漢簡整理與研究"(13&ZD086)、國家社科基金項目"敦煌懸泉置牆壁題記整理與研究"(16BZS011)階段性成果。

作者簡介:馬智全,男,1974年生,甘肅武威人,歷史學博士,蘭州城市學院簡牘研究所副研究員,從事簡牘學研究。

漢代的出入關符與肩水金關

郭偉濤

（清華大學出土文獻研究與保護中心，北京 100084）

內容摘要：漢代出入肩水金關的關符可分爲序號符、家屬符。兩者皆中分，一半放在使用機構，一半放置在肩水金關，并不區別左右。序號符的一半平時存放在候官，使用者需前往候官申領，用畢歸還，供其他人繼續使用。家屬符的一半，可能交給使用者本人，出行時攜帶。通關時，合符出入，通關者所持的原件并不留置金關，而是帶走，下次繼續使用。兩者時效均截止到當年年底。金關漢簡所見，序號符行用於昭帝時期，家屬符行用於宣帝至哀帝時期，很可能兩者存在存廢繼承關係。金關簡僅見肩水、橐他、廣地等三個候官塞的家屬符，未見肩水縣和北部居延都尉轄區的家屬符，這類符適用範圍有限。

關鍵詞：序號符；家屬符；金關簡；肩水金關；封符

秦漢時期的符，作爲一種憑信，廣義而言，包括虎符、竹使符、巡迹符、詣官符、出入關符等。其中后三種散見於西北地區出土的漢簡，數量最多的爲過關用的出入關符。出入關符，與傳、通關致書一起，組成出行的三大證件，單以數量而論的話，出入符遠不及后兩者，但其形制及使用與衆不同，本文主要討論這類符。按照書式及流程的不同，出入關符又可分爲序號符和家屬符。

相比傳、致書等通關證件，出入符因其形制獨特且可與傳世史籍多方面對照,故受到的關注既早且多。早期刊布的居延舊簡及敦煌漢簡,[①]包含部分出入符及其他用途的符,吸引了不少學者的注意力。[②]不過,整體而言,出入關符的資料還比較貧乏,相關討論集中于形制、使用等問題上,且分歧頗多。隨著金關漢簡的刊布,[③]出入關符之一的家屬符資料大增,學者逐漸將重點集中在此。如藤田勝久對家屬符進行分類,并結合"傳"討論了金關的通關制度;袁延勝分析了家屬符揭示的家庭結構;黃艷萍分析了家屬符的內容與使用群體;侯宗輝在討論漢代戍邊吏卒家屬的西向流動及其影響時,涉及家屬符的形制及使用群體;齊繼偉測量了

①本文所涉居延舊簡,均引自簡牘整理小組編《居延漢簡》(壹、貳、叁、肆)(中研院歷史語言研究所,2014、2015、2016、2017 年),圖版兼參考勞榦《居延漢簡·圖版之部》(中研院歷史語言研究所,1957 年)及簡牘整理小組《居延漢簡補編》(中研院歷史語言研究所,1998 年),部分圖版亦核以中研院歷史語言研究所藏漢代簡牘資料庫(http://ndweb.iis.sinica.edu.tw/woodslip_public/System/Main.htm)。本文所引敦煌漢簡的圖版及釋文,據甘肅省文物考古研究所編《敦煌漢簡》,中華書局,1991 年。馬圈灣遺址出土的部分,核以張德芳《敦煌馬圈灣漢簡集釋》(甘肅文化出版社,2013 年),其他另外出注。簡號盡量采用帶有出土地信息的考古編號,不使用新編流水號。此外,本文頗涉及居延新簡,主要據張德芳主編《居延新簡集釋》(一—七),甘肅文化出版社,2016 年。需要說明的是,本文引用居延舊簡時,一般在簡號之後標注出土地,采用學界通行的遺址編號, 如 A32 代表金關遺址,A33 代表地灣遺址,A35 代表大灣遺址,A8 代表破城子遺址等。居延新簡、金關簡及其他簡牘,因簡號本身含有出土地信息,不再注明。

②勞榦:《居延漢簡考釋——考證之部》,1944 年初版,此據作者《居延漢簡·考釋之部》,中研院歷史語言研究所,1986 年,第 3—5 頁;陳直:《居延漢簡綜論》,1962 年寫定,此據作者《居延漢簡研究》,中華書局,2009 年,第 45—47 頁;陳槃:《漢晉遺簡識小七種》,1975 年初刊,此據重印本,上海古籍出版社,2009 年,第 42—43、81 頁;傅振倫:《西漢始元七年出入六寸符》,中華書局編輯部編《文史》第 10 輯,中華書局,1980 年,第 174 頁;何智霖:《符傳述略——簡牘制度舉隅》,《簡牘學報》第 7 期,1980 年,第 283—292 頁;[日]大庭脩:《秦漢法制史研究》,1982 年版,此據林劍鳴等中譯,上海人民出版社,1991 年,第 496—499 頁;薛英群:《漢代符信考述》上,《西北史地》1983 年第 3 期,第 72—82 頁;薛英群:《漢代符信考述》下,《西北史地》1983 年第 4 期,第 69—80 頁;李均明:《漢簡所見出入符、傳與出入名籍》,《文史》第 19 輯,中華書局,1983 年,第 27—29 頁;薛英群:《漢代的符與傳》,《中國史研究》1983 年第 4 期,第 159—160 頁;徐樂堯:《漢簡所見信符辨析》,《敦煌學輯刊》1984 年第 2 期, 第 145—154 頁;程喜霖:《唐代過所研究》,中華書局,2000 年,第 7—11 頁;[日]大庭脩:《漢簡研究》,1992 年初刊,此據徐世虹中譯,廣西師範大學出版社,2001 年,第 134—145 頁;汪桂海:《漢符餘論》,甘肅省文物考古研究所、西北師范大學文學院歷史系編《簡牘學研究》第 3 輯,甘肅人民出版社,2002 年,第 295—300 頁;朱翠翠:《秦漢符信制度研究》,上海師範大學碩士學位論文,2009 年;楊建:《西漢初期津關制度研究:附〈津關令〉簡釋》,上海古籍出版社,2010 年,第 89—91 頁;[日]冨谷至:《文書行政的漢帝國》,2010 年版,此據劉恒武、孔李波中譯,江蘇人民出版社,2013 年,第 253—257 頁;[日]鷹取祐司:《秦漢官文書的基礎的研究》,汲古書院,2015 年,第 56—64 頁。

③本文所據金關簡,除另有說明,全部引自甘肅簡牘保護研究中心(甘肅簡牘博物館)、甘肅省文物考古研究所、甘肅省博物館、中國文化遺產研究院古文獻研究室、中國社會科學院簡帛研究中心編《肩水金關漢簡》(壹、貳、叁、肆、伍),中西書局,2011、2012、2013、2015、2016 年。

家屬符的長寬和刻齒位置,討論了家屬符記載的内容。①不過,這些研究未能利用全部家屬符,分類亦未盡如人意。此外,亦有學者結合新增的出入符,繼續討論符的形制等問題。②還有學者結合新出晋代符信,重新審視漢代的出入符與封符制度。③

綜觀此前研究,共識少分歧多,尤其在刻齒、分類及使用流程等方面難以形成共同認識。此外,目前所見過關符均屬金關遺物,而金關轄於肩水塞,後者與橐他、廣地等塞組成肩水都尉的防區,再往北則是卅井、珍北、甲渠等塞組成的居延都尉防區,這些機構,外加諸民政、屯墾機構,共同組成了漢代弱水中下游流域的行政體系。因此,就符的使用而言,必須充分考慮到此地區的行政建制,而目前的研究較少注意及此。本文擬在對出入符進行合理分類的基礎上,結合弱水中下游流域的行政建制,綜合討論符的刻齒、申請、通關等問題,另外通過對"封符"探考,揭示符、傳稱呼的流變。

一、書式與分類

一般而言,出入符分爲序號符和家屬符。本節主要依據書式,梳理兩類符的异同,附帶考察兩枚兼具序號符性質的出入符,爲後續討論奠定基礎。

所謂序號符,即出入符本身編有"第×"的序號。綜合已刊漢簡,較爲常見的序號出入符共十二枚,分別是始元七年(前 80)閏月甲辰、元鳳二年(前 79)二月癸卯兩次所製作。暫舉五枚如下:

1.1、始元七年閏月甲辰居延與金關爲出入六寸符券齒百從第一至千左居官右移金關符合以從事　　　　　　　　　　·第八 ◎　　65.7/A33

---

①杜鵬姣:《漢代通關文書研究》,蘭州大學碩士學位論文,2014 年,第 19—21 頁;[日]藤田勝久:《肩水金關與漢代交通——傳與符之用途》,日文版刊於《愛媛大学法文学部論集》人文學科編 34 號,2014 年,此據中共金塔縣委、金塔縣人民政府、酒泉市文物管理局、甘肅簡牘博物館、甘肅敦煌學學會編《金塔居延遺址與絲綢之路歷史文化研究》,甘肅教育出版社,2014 年,第 606—614 頁;袁延勝:《肩水金關漢簡家屬符探析》,張德芳主編《甘肅省第三屆簡牘學國際學術研討會論文集》,上海辭書出版社,2017 年,第 201—214 頁;黃艷萍:《漢代邊境的家屬出入符研究——以西北漢簡爲例》,《理論月刊》2015 年第 1 期,第 74—78 頁;侯宗輝:《漢代戍邊吏卒"家屬"人口的西向流動及影響》,《聊城大學學報(社會科學版)》2016 年第 5 期,第 60—61 頁;齊繼偉:《西北漢簡所見吏及家屬出入符比對研究》,《新疆大學學報(哲學人文社會科學版)》,待刊。

②[日]伊藤瞳:《漢代符の形態と機能》,《史泉》第 116 號,2012 年,第 1—17 頁。

③樂游、譚若麗:《敦煌一棵樹烽燧西晋符信補釋——兼説漢簡中"符"的形態演變》,《中國國家博物館館刊》2016 年第 5 期,第 62—71 頁。

1.2、始元七年閏月甲辰①居延與金關爲出入六寸券齒百從第一至
千左居官右移金關符合以從事　　　　　　　　·第十◎　　274.10/A33

1.3、七年閏月甲辰②居延與金關爲出入六寸符券齒百從第一至
□居官右移金關符合以從事　　　　　　　　·第十九◎　　274.11/A33

1.4、元鳳二年二月癸卯居延與金關爲出入六寸符券齒百從第一至
千左居◎官右移金關符合以從事　　　齒八百九十三　　　73EJF1:31

1.5、元鳳二年二月癸卯居延與金關爲出入六寸符券齒百◎
從第一至千左居官右移金關符合以從事第九百五十九

73EJT26:16

簡1.2、1.3年號殘去，均存“七年閏月甲辰”字樣，金關活動至新莽地皇年間，③查
曆日，自昭帝至新莽滅亡，唯昭帝始元紀年有七年，故該簡亦當爲始元七年閏月
甲辰製作。④該日製作的序號符，還包括65.9/A33、65.10/A33、73EJT9:10、
86EDHT:30+31等簡。1.4、1.5兩簡及73EJT22:84、73EJT21:160、73EJT10:334
等，是元鳳二年二月癸卯所製作。⑤這十二枚序號符中，僅1.4記“齒八百九十
三”，六枚記“第×”的編號，其他殘損不可考。另外，序號符記載了製符的日期、製
作機構、使用方法、編號，要求“符合以從事”，沒有記錄特定使用者的信息。這也
是本文區分序號符和家屬符的重要依據。據上述特徵，下述兩簡亦爲序號符：

1.6、橐佗候官與肩水金關爲吏妻子葆庸出入符齒十從一至百左居
官右移金關符合以從事　　　　　　　◎　☑　　73EJT22:99

1.7、橐他候官與肩水金關爲吏妻子葆庸出入符齒十從第一至百左
居官右移金關葆合以從事　　　　　　第卅一　◎　　73EJT24:19

末簡“葆合以從事”，與理不通，當爲“符合以從事”的訛寫。這兩枚符與前舉五枚

---

①簡1.2上端墨迹殘泐，“閏月甲辰”四字爲邢義田所釋出，并補充説早年曬藍本于閏月之前還釋出
“始元十年”四字（其著《中研院史語所藏居延漢簡整理工作簡報（1988—1993）》，原刊［日］大庭脩《漢簡
研究の現狀と展望：漢簡研究國際シンポジウム’92報告書》，關西大學東西學術研究所，1993年，此據作
者《地不愛寶：漢代的簡牘》，中華書局，2011年，第461—462頁），實際上簡牘出土早期墨色字迹尚明，更
易釋讀，故此説可從。不過“十年”當爲“七年”之誤釋，徑改。
②簡1.3上端殘損，邢義田釋爲“□年□月”（其著《中研院史語所藏居延漢簡整理工作簡報（1988—
1993）》，《地不愛寶：漢代的簡牘》，第461—462頁），細察圖版，“閏月甲辰”四字輪廓尚存，且“閏月”之前
“年”字甚明，“七”字僅餘一横，徑改（圖版見簡牘整理小組《居延漢簡補編》，第92頁）。
③關於金關活動的持續時間，詳拙文《漢代肩水金關關吏編年及相關問題》，李學勤主編《出土文獻》
第10輯，2017年，第231—236頁。
④昭帝在始元七年八月改元爲元鳳（《漢書》卷七《昭帝紀》，中華書局，1965年，第226頁），查曆日
表，元鳳元年閏三月，但當月無甲辰（朱桂昌編著：《太初日曆表》，中華書局，2013年，第52頁）。不知是簡
牘記載錯誤，還是曆法推算有誤。
⑤73EJT10:334上下皆殘，紀年僅存“癸卯”，很可能亦是元鳳二年二月癸卯。

相比，形制基本相同，有刻齒有鑽孔，且均有編號。雖然限定了"吏妻子葆庸"的使用群體，實際上亦未指明具體的使用者。值得注意的是，前舉五枚序號符皆爲"券齒百從第一至千"，而這兩枚符皆爲"券齒十從第一至百"，數字同比例縮小，刻齒形狀亦小。①綜合判斷，雖存在差异，這兩枚亦可視爲序號出入符。此外，73EJT30：76、11.8/A33、11.26/A33、221.17/A33 等四枚殘簡，據形制及簡文，亦爲序號符。

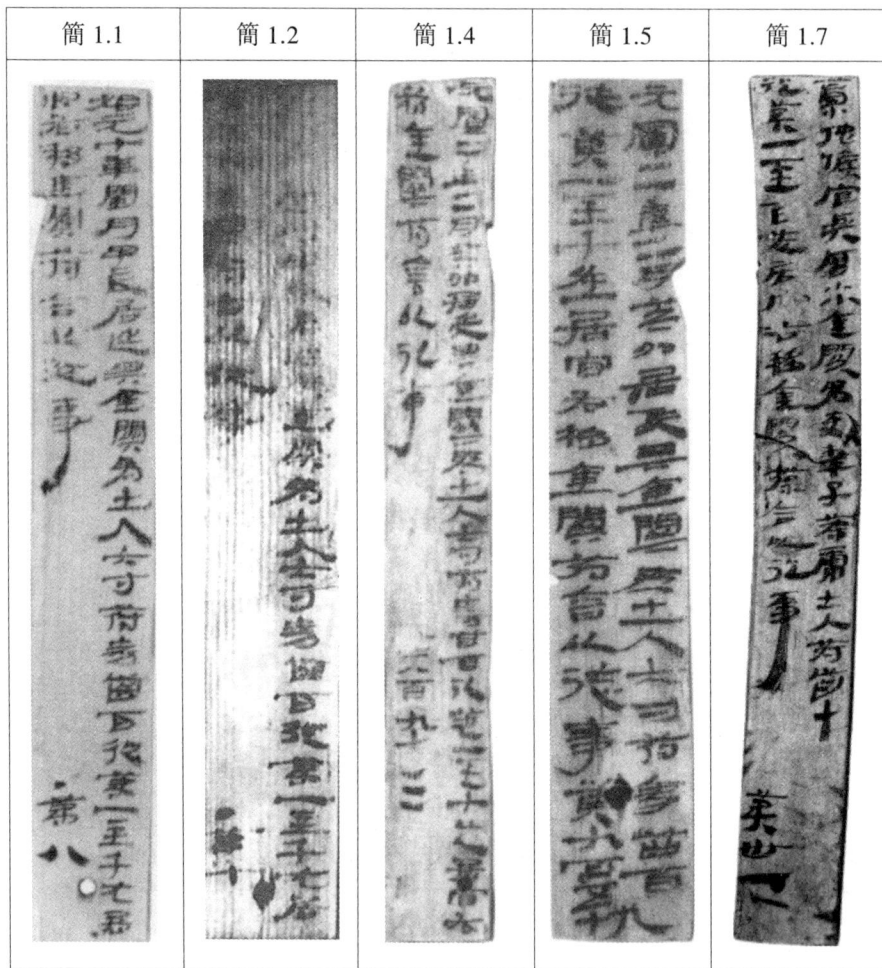

簡1.1	簡1.2	簡1.4	簡1.5	簡1.7

---

①據學者研究，秦漢符券類簡牘的刻齒，不同形狀代表著不同的數目。秦簡刻齒，主要見於里耶簡及嶽麓簡，參張春龍、[日]大川俊龍、[日]籾山明《里耶秦簡刻齒簡研究——兼論嶽麓秦簡〈數〉中的未解讀簡牘》，原刊《大阪產業大學論叢（人文·社會科學編）》第18號，2013年，此據中譯，《文物》2015年第3期，第53—96頁。漢簡的刻齒分析，可參[日]籾山明《刻齒簡牘初探—漢簡形態論のために》，原刊《木簡研究》第17號，1995年，中譯刊於中國社會科學院簡帛研究中心編《簡帛研究譯叢》第2輯，湖南人民出版社，1998年，此據增補稿，其著《秦漢出土文字史料の研究》，汲古書院，2015年，第17—61頁；張俊民：《懸泉漢簡刻齒文書概説》，其著《敦煌懸泉置出土文書研究》，甘肅教育出版社，2015年，第384—409頁。

　　綜上,目前已經刊布的漢簡中,僅發現 18 枚序號出入符。①其書式一般爲:某機構與金關爲出入六寸符(唯 73EJT9:10 爲"金關與×"),券齒百/十,從第一至千/百,左居官右移金關,符合以從事,編號第×。而且,除去六枚殘損無法判斷外,其餘 12 枚底部皆有鑽孔。這樣做,一方面固然方便了使用者穿繩攜帶,但最主要的作用恐怕還是可以按照編號次序,用繩子將數百甚至上千枚序號符像銅錢一樣串起來,既便於保存、借出,亦便於使用後歸回原位。當然,或許可能使用多根繩子,按照次序每根串一定數量。居延、橐他及其他製作機構,與金關共享這樣的便利。

　　所謂家屬符,主要源於這類符的自稱及其使用者的身份多爲符主親屬、葆使。目前所見的家屬符,可辨識者共 40 多枚,另有數枚削衣和殘簡,據其書式似亦爲家屬符。這些家屬符的書式,大致可分爲五種類型。①爲節省筆墨,下面暫舉五枚有代表性的家屬符,詳見附表。如下:

1.8、
橐他南部候史虞憲
建平四年正月家屬出入盡十二月符

母昭武平都里虞儉年五十
妻大女醜年廿五　大車一兩
子小女孫子年七歲　用牛二頭
子小男馮子年四歲　用馬一匹
73EJT37:758

1.9、
永光四年正月己酉
橐佗吞胡隧長張彭祖符

妻大女昭武萬歲里張春年卅二
子大男輔年十九歲
子小男廣宗年十二歲
子小女女足年九歲
輔妻南來年十五歲　皆黑色　29.2/A32

1.10、
橐他通望隧長成襄
建平三年正③月家屬符

妻大女觻得當富里成虞年廿六
子小女侯年一歲　　車二兩
弟婦孟君年十五　　用牛二頭
弟婦君始年廿四　　馬一匹
小女護惲年二歲
弟婦君給年廿五　　　73EJT3:89

----

　　①此外,A33 出土一枚疑似序號符:從第一始大守從五始使者符合乃☐(332.12/A33)。該簡無論形制還是内容均非出入符,應爲文書。這點已爲徐樂堯所指出,參其著《漢簡所見信符辨析》,第 149 頁。
　　②此處分類,只爲下文叙述方便,實際上,從功能和使用角度看不出各類的不同。
　　③原釋爲"五",據李燁、張顯成意見改釋,參《〈肩水金關漢簡(壹)〉校勘記》,《古籍整理研究學刊》2015 年第 4 期,第 66 頁。

1.11、槖他置佐昭武便處里審長　　妻大女至年卅五　　　牛車一兩
　　　　建平二年家屬符　　　　　子小女侯年四　　　　用牛四頭
　　　　　　　　　　　　　　　子小男小奴年一歲　73EJT37：175

1.12、

廣地 ◎　　博聖隧長孫道得妻居延平里　　子男□□年四歲
　　　　孫可枲年廿七歲長七尺黑色　　子小男璜□年二歲
　　　　　　　　　　　　　　　　　　73EJT29：43+33

1.8 上端記虞憲的具體信息及使用時效，下端記家屬信息。與此類似者，還有
73EJT37：1059、73EJT37：176、73EJT37：142、73EJT37：177+687、73EJT37：762、73E
JT37：1528+280+1457、73EJT37：1562 等七枚。暫稱Ⅰ型。這八枚簡皆自名家屬符，
均注明"出入盡十二月"，也就是一整年。1.9 上端記張彭祖信息及具體製作日期

簡 1.8	簡 1.10	簡 1.11	簡 1.12

"永光四年（前40）正月己酉"，①具體到某日，與此類似者還有73EJT37：656+1376、73EJT9：87、73EJT31：40、73EJT30：62、73EJT7：128、73EJT6：40、29.1/A32、73EJT28：9、73EJT9：275等九枚。暫稱Ⅱ型。這十枚中，僅73EJT28：9自名家屬符，其餘皆爲"××符"，但從所記人員與符主的關係判斷，亦當爲家屬無疑。1.9及73EJT37：656+1376、73EJT9：87、73EJT30：62、29.1/A32等少數簡牘注明膚色爲黑色。1.10上端記成褭信息及日期"建平三年（前4）正月"，具體到月份，未記時效。比對Ⅱ型，該簡所謂"正月"，似應指正月某日製作，而非僅僅行用於正月。與此類似者，還有73EJT37：1007、73EJT37：754、73EJT37：756、73EJT37：1058、73EJT37：625等五枚。暫稱Ⅲ型。這六枚，無一例外均自名家屬符。值得注意的是1.10記載的家庭成員，按照從右至左的書寫習慣，該簡依次記載了符主妻子成虞、"子小女侯年一歲"、弟婦孟君、弟婦君始、"小女護惲年二歲"、弟婦君給。通觀家屬符實例，身份相同者均按照年齡大小依次記載（如1.8、1.9），因此，護惲當爲君始之女，也就是符主成褭的姪女。1.11上端記審長信息及年份，"建平二年（前5）"應該就是有效期，未記製作日期。與此類似者，還有73EJT6：42、73EJT37：755、73EJT37：1112等三枚。暫稱Ⅳ型。這四枚，均自名家屬符。1.12上端大書"廣地"，當即廣地塞之意，下端記博望隧長及家屬信息，未見具體時間，但記載了使用者的年齡。與此類似者，還有73EJT6：41、73EJT37：757、73EJT24：296、73EJT29：43+33、73EJT37：1057、73EJT5：78等六枚。暫稱Ⅴ型。這七枚中，前六枚機構均爲廣地塞，唯73EJT5：78爲橐他塞，除73EJT6：41外，其餘六枚家屬符都在上端鑽孔，位置在廣地/橐他與下端家屬信息之間。這一點，與其他家屬符不同，反倒類似於序號出入符。

　　另外，尚有3.7、3.8兩簡（詳下），書式與衆不同，亦爲家屬符。73EJT21：117"駟北亭長成歐與金關爲家室出入符"，下端鑽孔，書式與一般家屬符不同，惜右側殘損，無法進一步判斷其形制。73EJT5：16、73EJT37：538、73EJT37：846、73EJT37：855、73EJT23：763、73EJT3：3、73EJT6：75、73EJT11：24、73EJT37：154、73EJT37：265、73EJF1：105、73EJF2：39等，據書式及簡文判斷，亦屬家屬符，惜殘損嚴重。73EJT21：136"橐佗野馬隧吏妻子與金關門爲出入符"，語意未完，但從圖版無法判斷其殘損情況，錄此待考。

　　綜觀目前所見的家屬符，符主一般爲橐他、廣地、肩水三塞的吏員，符主的家

<hr />

①匿名審稿人提出，這個日期是否爲"製作日期"，有無可能是發放日期。這個看法值得充分重視。筆者考慮再三，製作家屬符時，應該不僅僅製作板材，可能同時寫上內容（包括日期），然後交付給使用者，不太可能製作板材後先行擱置起來，相關責任人領取時再填上內容吧。基於這一點，本文將日期視爲製作日期。當然，這也祇是推測，還有待驗證。

屬,也就是這類符的使用者,常見的有母親、妻子、子女、子女家屬,還有兄弟姐妹及其家庭人員,其他如葆私使、奴等亦記錄在內。①這與河西地區家屬隨軍的現象相吻合。此外,少數家屬符亦記載車馬信息(附表)。

二、左符、右符與刻齒

符券簡牘上的刻齒,除了起到標識具體數目的功能外,主要用於合符,即兩片合在一起時,刻齒能够完全對應上。前舉序號符,無一例外基本上均要求"左居官右移金關符合以從事",左、右各處一地,其目的就在於合符。不過,左、右該如何識別呢?

此前,大庭脩、伊藤瞳主要依據的是刻齒位置,②但實際上前舉 18 枚序號符,除去六枚殘損無法判斷外,五枚左側刻齒,七枚右齒,在排除通行者所持序號符留在金關的可能後(詳下),若嚴格按照"左居官右移金關"的要求執行,則應該全部是右齒或左齒,不該兩者皆有。從這點看,依據刻齒位置判斷左右的觀點即難以成立。此外,敦煌地區出土一枚平望候官塞青堆隧的驚候符,值得注意,如下:

2.1、■平望青堆隧驚候符左券齒百　　◎　　　　　　81D38:39

該簡自名爲驚候符,應爲警戒候望之用,并非用於通關。下端鑽孔且繫繩,平時攜帶較爲方便。符文注明"左券",却右側刻齒。徐樂堯介紹,該簡刻槽內有"百"字的左半部,并進而認爲左右之制可從書寫文字判斷。③此外,何雙全還披露過敦煌地區出土的"不警符",刻齒內亦書"百"字,④但未説明刻齒內是"百"字的左邊還是右邊。目前所見,刻齒內寫字者也僅此二枚,而已經刊布的序號符及家屬符皆未見刻齒內有書寫痕迹,難以藉此兩枚遽定左右之制。而且,部分符并無刻齒,如下:

2.2、第廿三候長迹符左　　　　　　　　　　　　　EPT44:21

2.3、第廿三候長迹符右　　　　　　　　　　　　　EPT44:22

兩枚日迹符雖標注左、右,却均無刻齒,顯見左符、右符不以刻齒來區分。

另外,冨谷至據簡 2.1 注明左券却右側刻齒的例子,認爲左右符是一種抽象意義而非物理意義,刻齒位置不足爲據。⑤這個觀點説對了一半,刻齒位置確實不

---

①家屬符及其他通關簡中的葆,據學者研究,包括兩類:一類是吏民的母妻子孫兄弟及岳父、女婿等;一類是具有僱傭關係的葆私使。從葆養的角度考慮,兩者具有一定的共同性,故皆可稱爲"葆"。參凌文超《西北漢簡中所見的"庸"與"葆"》,待刊。

②[日]大庭脩:《漢簡研究》,第 141 頁;[日]伊藤瞳:《漢代符の形態と機能》,第 8 頁。

③徐樂堯:《漢簡所見信符辨析》,第 148 頁。

④何雙全:《漢簡"刻齒"的再認識》,《國際簡牘學會會刊》第 5 號,2008 年,第 23、26 頁。

⑤[日]冨谷至:《文書行政的漢帝國》,第 255 頁。

簡 2.1	簡 2.2	簡 2.3

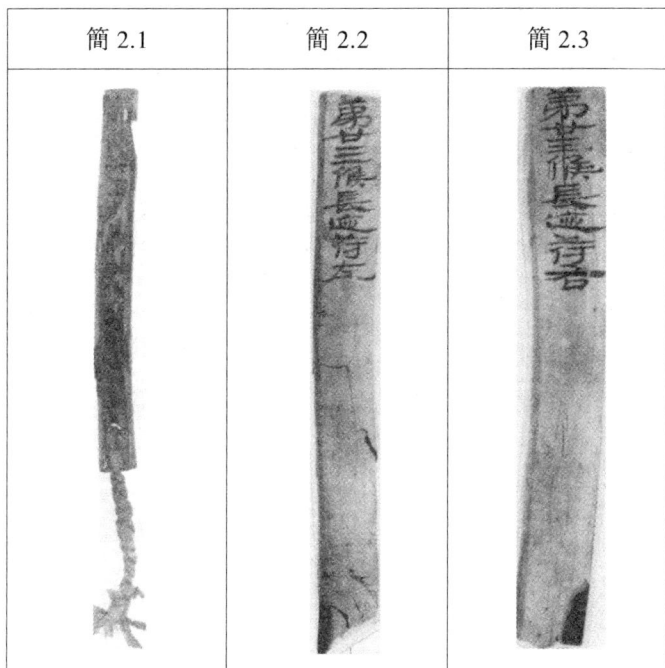

足以判定左右符，但所謂"抽象意義"等於是説無法判定左右。實際上，若要嚴格判定左符、右符，筆者以爲可能需要從符的製作談起。結合里耶秦簡及懸泉漢簡的例子，符的製作應該是在簡牘的正背兩面皆寫上相同的文字，在簡牘的某側刻齒，再采"中剖"的方式，從側面中間剖開，一分爲二，這樣兩片符凹凸正好相合。[①]藤田勝久認爲所謂左右，端視切入口而言，[②]籾山明進一步認爲應該是刻齒正對面前進行切割，也就是從刻齒一側剖分，這樣以區分左右。[③]嚴格説來，如果真要區分左右，這倒不失爲一個可行的辦法。照此推算，則"居官"者當右側刻齒，也就是

[①]胡平生考察居延及敦煌漢簡中的出入類券書，認爲當采取中剖的形式（作者：《木簡出入取予券書制度考》，原載《文史》第 36 輯，中華書局，1992 年，收入《胡平生簡牘文物論稿》，中西書局，2012 年，第 52—64 頁）。此後，胡平生據湖南新出簡牘系統考察了此類文書，認爲存在左右對剖、正背中剖，推測還存在上下對剖的方式（其著《木簡券書破別形式述略》，原刊《簡牘學研究》第 2 輯，1997 年，此據《胡平生簡牘文物論稿》，第 65—72 頁）。籾山明考察符的製作，亦認可中剖的觀點（其著《刻齒簡牘初探—漢簡形態論のために》，第 25 頁）。另外，張俊民系統考察懸泉簡中的剖分情況，亦以中剖爲主，但是這一情況必須通過觀察簡牘實物才可發現，僅憑圖版無法做到（其著《懸泉漢簡刻齒文書概説》，第 385—387 頁）。秦漢簡牘中所謂的"三辨券"，亦采用中剖的方式，見張春龍、［日］大川俊龍、［日］籾山明：《里耶秦簡刻齒簡研究》，第 56—61 頁；游逸飛：《又一種三辨券？——跋邢義田〈一種前所未見的別券〉》，見中共金塔縣委等編《金塔居延遺址與絲綢之路歷史文化研究》，第 236—238 頁；張馳：《里耶秦簡（壹）文書學研究》，武漢大學碩士學位論文，2016 年，第 205—208 頁。

[②]［日］藤田勝久：《肩水金關與漢代交通——傳與符之用途》，《金塔居延遺址與絲綢之路歷史文化研究》，第 604 頁。

[③]［日］籾山明：《刻齒簡牘初探—漢簡形態論のために》，第 22 頁。

"左符",移送金關者當左側刻齒,即"右符",恰與"左居官右移金關"的"左右"相反。

　　然而,考慮到前舉 18 枚序號符中,左齒、右齒幾乎各占一半并未整齊劃一的現象,恐怕實際過程中并未嚴格區別左右。而且,家屬符雖然并未注明"左居官右移金關"的字樣,但其也采取合符的方式以發揮功用(詳下)。若邊境地區嚴格執行左右的原則,那麼金關所發現的家屬符也應該都是左側刻齒。但實際上,可考者 29 枚,10 例左齒,19 例右齒(附表),可見家屬符亦未嚴格區分左右,此其一。其二,包括家屬符在內的出入符,效力的發揮,重在合符,只要兩片符的凹凸及刻齒對應得上即可。若非偽造,則不僅刻齒合得上,刻齒內若有文字,亦將合得上。無論出入者攜帶的左齒還是右齒,在合符通關上,意義都是相同的。其三,在符的製作過程中,未必會統一在刻齒一側切割,即使統一在刻齒一側切割,但動輒製作成"百"上"千"(編號)的符,一枚枚根據刻齒位置分別左右,恐怕也容易出現錯誤。畢竟此類符左右兩半十分相像,不似動物形狀的虎符那樣很容易就可判斷左右。因此,所謂"左居官右移金關"祇是說一半放在製作機構,一半放在金關,實際行用中并不區別左右。家屬符亦是如此。

三、使用流程與出入名籍

　　此前,亦有學者涉及序號符、家屬符的使用流程,但尚有未盡之處。本節結合該地區的屯戍組織體系,重點圍繞金關通關討論符的製作、使用等流程。

　　(一)序號符

　　據前舉序號符,"居延與金關""橐他候官與金關"顯示,出入符當由"居延"、橐他候官製作;"左居官右移金關"表示符分兩半,左半"居官",右半放在金關,因此使用時當前往"官"或橐他候官申請。值得注意的是"居延與金關"製作的 12 枚序號符,居延所指何地?大庭脩認爲是居延縣,但是居延縣畢竟屬於民政建制,與邊塞不同,而目前所見的序號符及家屬符幾乎全爲邊塞軍政機構所製作,故居延縣的可能性不是很大。[1]冨谷至認爲是肩水候官,[2]此説不可憑據(詳下)。汪桂海認爲是居延都尉府製作了出入符,分別放在居延都尉轄下的各候官。[3]這個可能性也存在,畢竟居延都尉府統轄各候官,理論上都尉府可與金關製作出入符。除此外,筆者以爲,考慮到簡文中出現"居延候官"的説法,很可能早期弱水中下游

────────

① [日]大庭脩:《漢簡研究》,第 139 頁。
② [日]冨谷至:《文書行政的漢帝國》,第 255 頁。
③ 汪桂海:《漢符餘論》,《簡牘學研究》第 3 輯,第 298 頁。

流域僅有居延候官的建制,尚未分化出甲渠、殄北、卅井等候官,①或許"居延與金關"的"居延"是指居延候官。而且,前舉1.6、1.7橐他候官序號符僅編號到100,而居延序號符編號到1000,顯見人員多於一個候官塞,這一點似乎也從側面佐證上述推測。

如前所述,目前可考的序號符,僅見始元七年閏月和元鳳二年二月兩個紀年。始元七年,即元鳳元年,當年閏三月。②據此可知,序號符應該年初製作,且只能行用到當年年底,每年均需重新製作。

考慮到序號符一般均"居官",因此出行者應當前往候官申請。因序號符本身未限定具體的使用者,很可能候官在發放序號符的同時,亦另簡記錄出行者的信息,出行者攜帶序號符和名籍簡。如漢初《二年律令·盜律》規定:

3.1、盜出財物於邊關徼,及吏部主智而出者,皆與盜同法;弗智,罰金四兩。使者所以出,必有符致,毋符致,吏智而出之,亦與盜同法(74-75)

"致"即記載出行者及物品明細的清單,③"使者所以出,必有符致",顯示當持有通關證件及記載身份信息的名籍簡。早前,已有學者指出,過關時留下名籍簡,關吏在其上登記序號符編號。④筆者深表贊同。此外,下簡值得注意:

3.2、☐凡十四人皆客子 ☐

　　☐符七 ☐　　　　　　　　　　　　　　　　73EJT9:32

該簡爲削衣,殘存文字甚少。據簡文判斷,似十四名客子集體通關,序號符編號爲七。該簡屬結計簡,記載具體通關人員信息的相關簡牘已不存。

名籍簡留在金關,但序號符原件應由出行者攜去,最後歸還原機構。如若不然的話,其他人即無法繼續使用。據後世的唐律:

諸用符節事訖應輸納而稽留,一日笞五十,二日加一等,十日徒一年。

---

①居延可能爲早期的居延候官,材料顯示甲渠候官最早出現於元鳳二年二月(EPT52:110),此前出現的多爲居延,推測元鳳二年前弱水下游地區的屯戍開始不久,僅設有居延候官,後期才分出甲渠、殄北、卅井等候官。

②朱桂昌編著:《太初日曆表》,第52頁。

③詳拙文《漢代的通關文書與肩水金關》,劉進寶主編《絲路文明》第2輯,上海古籍出版社,2017年,第22—27頁。

④李均明:《漢簡所見出入符、傳與出入名籍》,《文史》第19輯,第34頁。該文引《漢書·竇嬰傳》及《漢書·元帝紀》應劭注"籍者,爲二尺竹牒,記其年紀名字物色,縣之宮門,案省相應,乃得入也"作爲依據,實際上,關津通關與出入宮殿恐怕差異頗大。對皇宮而言,如前所引廖伯源的研究,存在門籍制度,可提前將部分固定出入人員的名籍預先留在宮門,而出入關津者都是隨機的人群,無法做到這一點,只能是出行者持有證件和名籍通過。

對這一點，《律疏》引《公式令》曰：

> ……其符以銅爲之，左符進内，右符在外。應執符人，有事行勘，皆
> 奏出左符，以合右符。所在承用事訖，使人將左符還。其使若向他處，五
> 日内無使次者，所在差專使送門下省輸納。①

在唐代，這種并不指定具體使用者的符，使用後亦須歸還。稽留不歸者，還要受到一定的懲罰。逆推漢代，是否懲罰尚不可知，"還符"應是没有疑問的。下簡似涉及歸還之事：

3.3、☐十二人符何未還符吏☐☐　　　　　　　　　　　EPT7：6A

☐未爲吏陶食掾何不遣☐　　　　　　　　　　　EPT7：6B

該簡上下皆殘，似为文书。據簡文，涉及未還符之事。因該簡出土自甲渠候官遺址，故不太可能是家屬符，若涉及出行，應爲序號符。當然，無法排除其他種類符的可能性，録此備考。

另外，前舉 1.1、1.2、1.3 及 65.9/A33、65.10/A33、86EDHT：30+31 等六枚序號符皆出自肩水候官遺址。冨谷至認爲，"左居官右移金關"指符分别放在肩水候官、金關，肩水都尉或肩水候官的人員出行到居延地區，需要攜帶出入符，以便於經過金關時與留在那裏的出入符核對。②若照此説法，則出差者有没有到達居延地區，實際上金關官吏無從知曉，因此"居延與金關爲出入符"也就失去了意義，没必要特别强調居延。此外，前舉六枚序號符同一天製作的序號符 73EJT9：10 却出土自金關。筆者推測，這六枚序號符原本也放置在金關，屬於合符通關的"一半"，后來由金關呈報至肩水候官，故在 A33 遺址出土。

（二）家屬符

與序號符由候官製作不同，一般而言，家屬符應由部製作，然後提交候官審核，再由後者移送金關。如下：

3.4、建平元年正月甲午朔戊戌，北部候長宣敢言之：謹移部吏家屬

符，謁移肩水金關，出入如律令。敢言之。　　　　　　　73EJT37：152

該簡顯示，建平元年（前6）正月五日（戊戌）北部候長宣呈報部吏家屬符。該簡出土自 A32 遺址，此時肩水候亦駐該地，"北部"當爲肩水候官塞所轄的北部塞，呈文對象亦當爲肩水候。"謁移"表示請求肩水候將家屬符移至金關。據該簡推測，肩水塞其他部的家屬符也應由部製作，然後上呈候官，由候官審核後再移送金

①劉俊文：《唐律疏議箋解》，中華書局，1996年，第833頁；[日]仁井田陞：《唐令拾遺》，1933年初版，此據栗勁等編譯，長春出版社，1989年，第514—515頁。

②[日]冨谷至：《文書行政的漢帝國》，第253—256頁。

關。下述兩簡可能就是由橐他塞某部上呈給橐他候官的：

3.5、　　　　　　　　　　　妻大女昭武萬歲里孫弟卿年廿一
永光四年正月己酉　　　　　子小女王女年三歲
橐佗延壽隊長孫晦符　　　　弟小女耳年九歲　　　　皆黑色

29.1/A32

1.9、　　　　　　　　　　　妻大女昭武萬歲里張春年卌二
永光四年正月己酉　　　　　子大男輔年十九歲
橐佗吞胡隧長張彭祖符　　　子小男廣宗年十二歲
　　　　　　　　　　　　　子小女女足年九歲
　　　　　　　　　　　　　輔妻南來年十五歲　　皆黑色　29.2/A32

兩簡同一天製作，筆迹書風極爲相似，當出自同一人之手，很可能由橐他塞某部上報橐他候官，再由候官移送金關，故該簡在 A32 遺址出土。此外，廣地塞似亦如此流程，如下：

3.6、符如牒，書到，出入如律令。　　　　　　　73EJT37:88A
　　　張掖廣地候印……　　　　　　　　　　　　73EJT37:88B

該簡墨迹殘泐嚴重，據簡文及出土地判斷，廣地候似向金關移送某種符，據“書到出入如律令”判斷，當爲某種出入符。而 A32 遺址不見廣地塞的序號符，很可能該簡所移送者爲家屬符。藤田勝久曾推測家屬符由金關製作後發放給吏家屬，①據簡 3.4，這個説法恐怕難以成立。

　　細察附表不難發現，絕大多數均爲部吏的家屬符，唯 73EJT6:40 肩水候、1.11 橐他置佐屬於候官人員的家屬符。②比照諸部家屬符製作流程可知，73EJT6:40 肩水候家屬符應由候官製作，1.11 橐他置佐的家屬符當由設於橐他候官的“置”來製作，然後上呈橐他候官，再由後者移送至金關。

　　據附表，家屬符多數在正月製作。文書簡 3.4 亦在正月呈報，恰與此相應，正可使用一年。當然，亦不乏其他月份製作的情況。一般而言，家屬符使用到當年年底，如 1.8 及 73EJT37:1059、73EJT37:176、73EJT37:142、73EJT37:177+687、73EJT37:762、73EJT37:1528+280+1457、73EJT37:1562 等八枚 I 型家屬符皆明確記

①［日］藤田勝久：《肩水金關與漢代交通——傳與符之用途》，《金塔居延遺址與絲綢之路歷史文化研究》，第 608—609 頁。

②關於肩水、橐他、廣地等候官置，參拙文《漢代弱水中下游流域的“置”》，《中國文化研究所學報》，待刊。

載"(出入)盡十二月"。此外,考慮到家屬符記載人員均注明年齡,故亦須每年重新製作。下述兩簡,當即例證:

3.7、　　　　　　　　　　　　妻大女陽年廿一　　　牛車一兩
橐他曲河亭長昭武宜春里□永　子小女頃閭年一歲　　用牛二頭
　　　　　　　　　　　　　　　　　　　　　　　73EJT37:178

3.8、橐他曲河亭長昭武宜春里　妻大女陽年廿三　　　車牛一兩
　　　□永家屬符　　　　　　子小女頃閭年三歲　　用牛二
　　　　　　　　　　　　　　　　　　　　　　　73EJT37:761

兩簡皆爲橐他塞曲河亭長□永的家屬符,所記妻女及車牛亦同,唯妻女年齡增加兩歲,可見當是兩次分別製作的。惜兩簡尚間隔一年,未見此年家屬符。此外,亦有使用一次者,如下述兩簡:

3.9、　　　　　　　亭長閭得葆昭武破胡里公乘王延年年廿八
歲長七尺五寸
　　　五鳳四年六月戊申　葆䮯得承明里大夫王賢年十五歲長七尺
皆黑色
　　　橐他故駁亭長符　　葆昭武破胡里大女秋年十八歲
　　　　　　　　　　　　　　入出止　　73EJT37:1376+656

3.10、五鳳四年八月庚戌　亭長利主妻䮯得定國里司馬服年卅二歲
　　　橐他石南亭長符　　子小女自爲年六歲　　皆黑色
　　　　　　　　　　　　　　　　　入出止73EJT9:87

兩枚家屬符下端皆注明"入出止",顯見只能使用一次。不過,此類家屬符非常少,僅此兩枚。

　　　因爲家屬符的使用者是戍吏親屬及私使,并無戍守的任務,没有義務向候官或部報告出行事項,故推測家屬符一半放置金關,另一半由符主家屬持有。符主家屬外出時即攜帶此符,過關時合符。下述兩簡當爲强證:

3.11、後起隧長逢尊妻居延廣地里逢廉年卅五
廣地　子小女君曼年十一歲　　　　大車一兩
　　　葆聟居延龍起里王都年廿二　　用馬二匹
　　　　　　　　　　　　　　　　用牛二　　　73EJT6:41A
　　　　　　　……　　　　　　　　　　　　73EJT6:41B

3.12、　　　　毋患隧長安世葆居延中宿里公乘徐孺
　　　廣地 ◎
　　　年七十歲長七尺一寸黑色　　　73EJT37:1057A

金關符　　　　　　　　73EJT37：1057B

兩簡皆有文字，與前述 2.1 相似，其功用恐亦在合符，檢驗真僞。其他多數家屬符側面皆未發現文字，可能已經省減了。因爲家屬符均采取中剖的形式，因此若非僞造，兩半貼在一起當可吻合。合符後放行，家屬應將符攜走，供以後繼續使用。

簡 3.5	簡 1.9	簡 3.11A	簡 3.11B	簡 3.12A	簡 3.12B

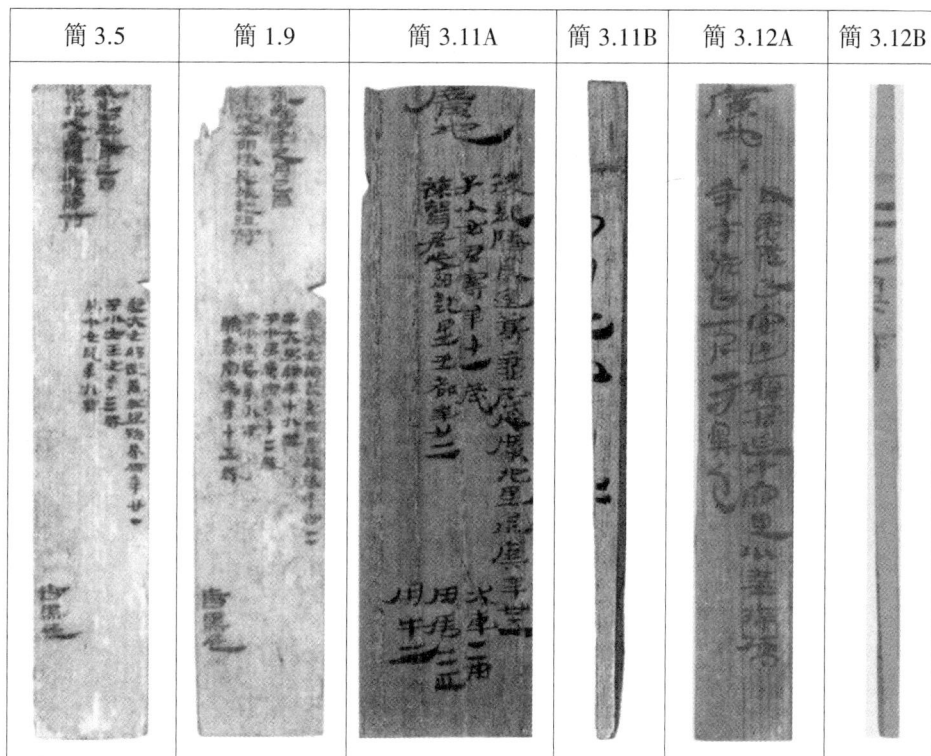

持家屬符通關時，金關不僅負有核查通關的責任，亦須將通關人員的信息記載下來。如下述兩簡：

3.13、

　　妻屋蘭宜春里大女吾阿年卅　車二兩　十一月己酉□出□□
彙他隧長吾惠葆
　　　阿父昭武萬歲里大男胡良年六十九　　牛二頭

　　　　　　　　　　　　　　　73EJT37：1463+402

3.14、

　　　　子男累山里焦詡年廿六
□□守令史焦賢　　　　　　　　　　正月廿一日北出
　　軺車一乘馬二匹　　　　　　73EJT24：411+150

3.13 通關者爲橐他塞某隧隧長的妻子及岳父,3.14 爲某機構守令史焦賢的兒子,身份與家屬符符主及家庭成員相符。3.13 記載車、馬,3.14 記載輻車及馬,亦與常見家屬符吻合。引人注目的是兩簡皆一筆下來,不存在二次書寫的痕迹。推測當是過關時關吏所書,不僅登記家屬符使用者的信息,亦記錄過關時間及放行者,故一筆下來。此外,下簡似亦如此:

　　3.15、

通道亭長虞憲　母昭武平都里虞儉年五十　　　　十一月壬寅候史□□入
　　　　　　　　　　　　　　　　　　　　　十二月丁巳北嗇夫豐出

　　　　　　　　　　　　　　　　　　　　　　73EJT37:1514

該簡記錄了橐他塞通道亭長虞憲母親虞俠的出入情况,①出、入的信息均有。推測虞俠入關時由關吏記錄個人信息及入關時間, 返回時在同一枚簡上記錄了出關時間。據此很可能存在兩種筆迹,惜該簡彎曲殘斷,無法細緻比對。

　　家屬符記載家庭人員衆多,力求齊備,其作用在於擴大使用者群體,實際上未必每次通關均全體出動, 很可能符主家庭内需要出行者才攜符過關,因此 3.13、3.14、3.15 三簡所記過關人員甚少。

　　金關可能單獨保存出入者名籍簡,如下枚楬所示:

　　3.16、鴻嘉五年吏妻子
　　　　■ 及葆出入關
　　　　　名籍　　　　　　　　　　　　　　　　　73EJT21:35A
　　　　鴻嘉五年五月
　　　　■ 吏妻子出入關
　　　　　及葆名籍　　　　　　　　　　　　　　　73EJT21:35B

這類楬所標識懸掛的是吏妻子及所葆,雖然通關致書的使用群體亦包含“葆”,但吏妻子這個群體主要使用的通關證件應該就是家屬符,因此家屬符通關的出入名籍可能單獨記錄放置在一起。而且,簡文顯示以月爲單位。

　　令人費解的是下枚楬:

　　3.17、■◎吏家屬符別
　　　　　　　☑　　　　　　　　　　　　　　　　73EJC:310A
　　　　　　　☑

---

　　①關於通道亭的隸屬及虞憲的任職情况,詳拙文《漢代張掖郡橐他塞部隧設置考》,《敦煌研究》,待刊。

■◎橐他吏家屬符真副　　　　　　　　　　　73EJC：310B

該簡左殘，上端塗墨且有鑽孔，當爲楬，起到標識文書或事物的作用。據學者研究，"符別"就是符分爲兩各持一半的意思，"橐他吏家屬符真副"中的"真"指存放在金關的原件，"副"或指副本。①"符別"之説恰好與金關存有橐他塞家屬符一半的推論相吻合，但副本之"副"不好理解。如前所述，不論是序號符還是家屬符，金關作爲關卡，存有"半符"用以合符，似無必要製作副本。另外，若製作副本，是否需要依原件位置及形狀刻齒呢？如果刻齒，則未必能與原件相吻合，如果不刻齒，目前所見完整的家屬符似皆存刻齒。而且，如前所述符的效力的發揮，重在"合符"，也就是原先剖開的兩半可以合在一起，另行製作的副本恐怕不可能做到這一點。考慮到該簡爲采集簡，不知是否存在位置移動的可能，或許其原本不是金關、甚至不是 A32 遺址的遺物。

　　附帶指出，前舉兩枚橐他候官序號符，1.6 右齒，1.7 左齒，籾山明認爲前者爲留在金關用以合符的右符，後者爲吏民通關時攜帶的左符，通關時留在金關。②這一看法，不僅違背其所指出的符的製作原則，而且，據前所述，吏民攜帶的出入符，通關時僅僅合符，原件攜走，并不留置金關，最後應該上交發放機構，供其他人繼續使用。

四、"封符"考

　　行文至此，筆者對"封符"的具體含義，嘗試提出一點粗淺看法。
　　甲渠候官遺址（A8）出土多枚"封符"簡牘，如下：
　　　　4.1、第三十泰隧長召戎詣官封符載吏卒食　十月戊申下鋪入

　　　　　　　　　　　　　　　　　　　　　　　　EPT65：293
　　　　4.2、臨之隧長威爲部市藥詣官封符八月戊戌平旦入　　286.11/A8
　　　　4.3、吞北隧長楊田持封符☐　　　　　　　　　　　EPT59：608
　　　　4.4、☐詣官封符　爲社市買☐　　　　　　　　　　63.34/A8
　　　　4.5、☐封符爲辛載六月☐　　　　　　　　　　　　156.37/A8
　　　　4.6、☐封符爲辛載六月☐　　　　　　　　　　　　156.37/A8
　　　　4.7、☐詣官封符　　　　　　　　　　　　　　　　482.16/A8

---

①鄔文玲指出，居延漢簡中許多"真"字誤釋爲"算"。參其著《簡牘中的"真"字與"算"字》，武漢大學簡帛研究中心主辦《簡帛》第 15 輯，上海古籍出版社，2017 年，第 151—169 頁。
②［日］籾山明：《刻齒簡牘初探——漢簡形態論のために》，第 60 頁。

4.8、▱隧長殷詣官封符載壄七月丁丑行▱ EPT68:217

4.9、▱第十七守候長詡敢言之□□□▱ EPT11:9A

　　　　▱□隆遒癸亥詣官封符爲社▱ EPT11:9B

4.10、▱六日乙卯封符載吏卒七月食▱ EPT27:63

4.11、▱七月丙子封符載壄盡□▱ 283.43/A8

4.12、▱　封符二十六日爲吏取食▱ EPT40:194

4.13、鄣卒蘇寄 九月三日封符休居家十日往來二日會月十五日

　　　　　　　　　　　　　　　　　　　EPT17:6

4.14、▱十一日封符更休居家十日往來▱ EPC:61

前兩枚屬於所謂的詣官簡,記載詣官者姓名、事項和詣官時間等。[①]據書式判斷,4.3—4.7 可能亦屬詣官簡。這七枚詣官的目的,都是"封符"。4.8—4.14 或爲文書,亦均涉及"封符"。不難看出,除 4.3、4.7 外,其餘 12 枚簡"封符"所涉事項皆需離開原執勤單位外出,部分可能還會經過懸索關、金關。從這個角度看,所封者應爲某種通行證件。冨谷至亦持此看法。[②]不過,"封符"的"符",到底是哪一種證件呢?

　　徐樂堯、伊藤瞳、侯旭東認爲,此類"封符"就是向候官申請序號出入符。[③]不過,目前所見序號符僅出現於昭帝年間,很可能後期不再行用,而 4.1、4.13 兩簡用字"秦""三"顯示爲新莽始建國至東漢初建武年間,[④]故不可能是指序號符。最近,樂游、譚若麗等據敦煌新近出土的西晉元康三年(293)符信,[⑤]認爲"封符"是封印帶有凹槽的封檢,[⑥]并舉如下兩簡作爲例子:

4.15、▱第六平旦迹符 EPT49:69

4.16、餅庭月廿三日隧長日

　　迹符以夜半起行詣官　　　　□ EPT65:159

　　①所謂詣官簿,目前均發現在甲渠候官遺址(A8),記載了詣官者的身份姓名、事項和詣官時間,最先注意到此類簡牘并歸類整理研究者爲永田英正《居延漢簡研究》第六章《試論漢代邊郡的候官》,1989 年初版,此據張學鋒中譯,廣西師範大學出版社,2007 年,第 371—395 頁)。

　　②[日]冨谷至編:《漢簡語彙考證》,岩波書店,2015 年,第 413—415 頁。

　　③徐樂堯:《漢簡所見信符辨析》,第 145—146 頁;[日]伊藤瞳:《漢代符の形態と機能》,第 11 頁;侯旭東:《西北漢簡所見"傳信"與"傳"——兼論漢代君臣日常政務的分工與詔書、律令的作用》,《文史》2008年第 3 輯,中華書局,第 22 頁。

　　④以"秦"代替"七",約行用於新莽始建國三年至東漢建武八年。參焦天然《新莽簡判斷標準補説——以居延新簡爲例》,《中國國家博物館館刊》2016 年第 11 期,第 103—104 頁。

　　⑤相關介紹及圖版,參楊俊《敦煌一棵樹漢代烽燧遺址出土的簡牘》,《敦煌研究》2010 年第 4 期,第88—92 頁;李岩云《敦煌西湖一棵樹烽燧遺址新獲簡牘之考釋》,《敦煌研究》2012 年第 5 期,第 119—124頁。

　　⑥樂游、譚若麗:《敦煌一棵樹烽燧西晉符信補釋——兼説漢簡中"符"的形態演變》,《中國國家博物館館刊》2016 年第 5 期,第 67—70 頁。

兩簡因有封泥槽,需要加蓋封印,故兩位學者認爲"封符"即指此類。實際上,這兩枚簡皆與日迹有關,而多數情形下戍卒日迹在執勤防區附近,[1]且日迹屬於經常性的行爲,若每次皆須封符,則太過繁瑣。而且,目前所見詣官封符簡,儘管封符的理由多樣,却均與日迹無涉。因此,所謂"封符"應該不是指此類日迹符。但封印有匣封檢的看法,却十分敏鋭。

如前所述,詣官封符簡大多數與出行有關,若所指爲通行證件的話,理論上只存在四種可能:序號符、家屬符、傳、致。據前已排除序號符,因家屬符使用群體主要是戍吏,故亦可排除,考慮到致主要采取通知書的形式,形制上與"符"無涉,[2]似亦可排除。因此,筆者傾向於封符是指作爲通行證的傳。通檢甲渠候官遺址(A8)出土簡牘,下述兩簡或即與封符有關:

4.17、元始元年九月丙辰朔乙丑,甲渠守候政移過所:遣萬歲隧長

王遷爲隧載,門亭塢辟市里毋苛留止,如律令。　　/掾☐　　EPT50:171

4.18、

過所☐　建武八年十月庚子,甲渠守候良遣臨木候長刑博　EPF22:698A

便休十五日,門亭毋河留,如律令。　　　　　　EPF22:698B

4.17 簡文寫在封泥槽内,4.18 上端亦有封泥槽。4.17 萬歲隧長王遷"載"恰與前舉詣官簡 4.8、4.11 對應,4.18 臨木候長便休與前舉 4.13、4.14 對應。從這角度而言,兩簡當是"封符"之符。鷹取祐司亦持此看法。[3]不過,據内容及形制,尤其 4.18 上端"過所"二字判斷,兩簡毫無疑問屬通常意義上的傳。若此不誤,則某種意義上,"封符"就是指取得此類傳。

當然,一般而言,符與傳是兩類不同的物件,但有時也存在混用現象。如下:

4.19、☐符,爲家私市居延☐☐　　　　　　　　73EJH2:109

該簡上下殘斷。據簡文"符爲家私市居延",似當申請通行證,前往居延做生意。又,常見的傳如下:

4.20、本始六年正月甲子朔己丑,南鄉佐歲敢告尉史:南里陳叔自

言☐傳,爲家私市張掖居延。謹案:毋官獄徵事,當爲傳。謁言移過所縣

邑,勿何留,敢告尉史。　　　　　　　　　　73EJT26:42+25

---

① 汪桂海:《簡牘所見漢代邊塞徼巡制度》,原刊《中國邊疆史地研究》2006 年第 3 期,此據修訂稿,收入作者《秦漢簡牘探研》,文津出版社,2009 年,第 153—154 頁;張俊民:《漢代邊境防禦制度初探——以出土漢簡日迹簡爲中心的考察》,原刊《簡帛研究二〇〇四》,2006 年,此據其著《簡牘學論稿——聚沙篇》,甘肅教育出版社,2014 年,第 315 頁。

② 詳見筆者《漢代的通關致書與肩水金關》,第 28—39 頁。

③ [日]鷹取祐司:《秦漢官文書の基礎的研究》,第 58—59 頁。

兩簡比對,則前簡 4.19"符爲家私市居延",完整當爲"自言取符,爲家私市居延"。若此不誤,則存在"取符"代指"取傳"的現象。4.17、4.18 兩枚傳信與封符對應,其原因或亦在此。

另,平帝末年,爲尊崇安漢公王莽,太皇太后給予其殊榮:

> 在中府外第,虎賁爲門衛,當出入者傳籍。自四輔、三公有事府第,皆用傳。①

所謂"用傳"肯定不是指公傳、私傳之類的傳信,據前"當出入者傳籍"應指某種符,持符出入,實行的是類似於皇宮的門籍制度。②孟康即認爲"傳,符也"。③此外,《古今注》記載:

> 凡傳皆以木爲之,長尺五寸,書符信於上。又以一版封之,皆封以御史印章,所以爲信也。如今之過所也。④

所述雖然爲御史大夫簽發的公傳,但其"書符信於上"顯示,所謂的傳,就是指具有某種符信功能的證件。此外,東漢以後,史籍所見,符多與傳混稱。如下:

> 明年,復出玉門擊西域,詔耿秉及騎都尉劉張皆去符傳以屬(竇)固。⑤

> (陳蕃)服闋,刺史周景辟別駕從事,以諫爭不合,投傳而去。⑥

> (劉)廙兄望之,有名於世,荆州牧劉表辟爲從事。而其友二人,皆以讒毀,爲表所誅。望之又以正諫不合,投傳告歸。⑦

> 魏末,本郡察孝廉,辟司隸都官從事,京邑肅然。(劉)毅將彈河南尹,司隸不許,曰:"攫獸之犬,鼷鼠蹈其背。"毅曰:"旣能攫獸,又能殺鼠,何損於犬!"投傳而去。⑧

明帝永平十七年(74),竇固出征西域,詔書命令"皆去符傳"。此處之"傳",不可能是通行證,因其與"符"聯稱,很可能是同義重複,符傳所指都是某種節信。陳蕃、劉廙、劉毅三人,皆因與長官不睦而"投傳"離去。此處之"傳",有學者認爲與通行

①《漢書》卷九九上《王莽傳上》,第 4075 頁。
②廖伯源:《西漢皇宮宿衛警備雜考》,原載《東吳文史學報》第 5 號,1986 年,此據其著《歷史與制度——漢代政治制度試釋》,台灣商務印書館股份有限公司,1998 年,第 16—28 頁;張雲華《漢代皇宮宿衛運作制度》,《南都學壇》2006 年第 3 期,第 9—10 頁。
③《漢書》卷九九上《王莽傳上》,第 4076 頁。
④[晉]崔豹撰,牟華林校箋:《〈古今注〉校箋》,綫裝書局,2014 年,第 217 頁。
⑤《後漢書》卷二三《竇固傳》,中華書局,1965 年,第 810 頁。
⑥《後漢書》卷六六《陳蕃傳》,第 2159 頁。
⑦《三國志》卷二一《魏書·劉廙傳》,中華書局,1982 年,第 613 頁。
⑧《晉書》卷四五《劉毅傳》,中華書局,1974 年,第 1271 頁。

證性質不同。①這一看法應該是正確的。揣摩文意,"投傳"即爲離任,相當於辭職,故推測"傳"當指某種做官的符信,"投傳"即放弃此符信。

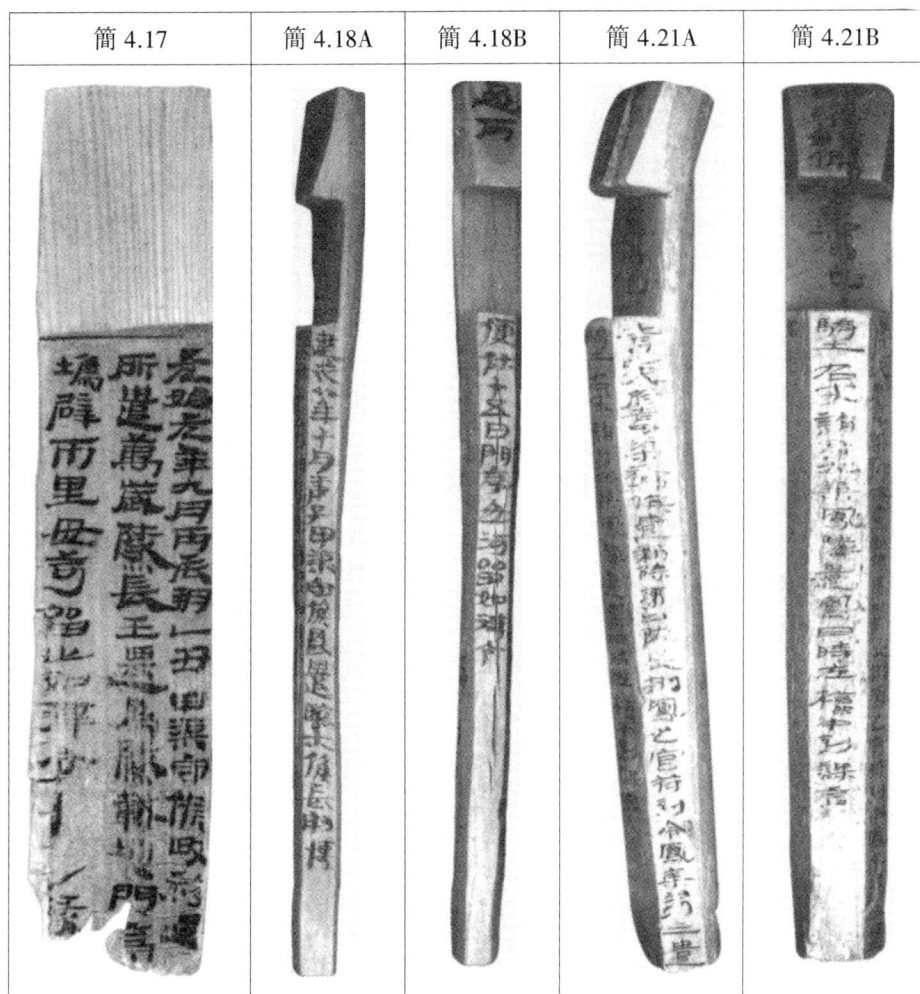

簡 4.17	簡 4.18A	簡 4.18B	簡 4.21A	簡 4.21B

據上,東漢以後,符、傳已經混稱合體了。據學者統計研究,甲渠候官遺址早期的簡牘多數出土自塢東灰堆,而塢内出土簡牘紀年較晚,"封符"類簡牘多出土自塢内,應該不早於西漢哀、平時期。②若此不誤,則正好銜接上史籍所載符傳混稱的時間。"封符"之"符",就是最初混稱的表現之一。

①楊鴻年:《漢魏制度叢考》,武漢大學出版社,2005年,第288—289頁。
②[日]青木俊介:《候官における簿籍の保存と廢弃——A8遺址文書庫・事務區画出土簡牘の狀況を手がかりに》,[日]籾山明、[日]佐藤信編《文献と遺物の境界——中國出土簡牘史料の生態研究》,東京外国語大学アジア・アフリカ言語文化研究所,2011年,第144—145頁;樂游、譚若麗:《敦煌一棵樹烽燧西晋符信補釋——兼説漢簡中"符"的形態演變》,第70頁。

那麼爲何産生此種混同現象呢？其原因或在於形制。傳的形制,早期可能是平檢搭配 U 型槽,西漢後期則爲帶封泥匣的封檢,①如前舉 4.17、4.18 兩傳。而某些符亦采封泥匣形制,如下:

4.21、十一月己未府告甲渠鄣候遣新除第四隊長刑鳳之官符到令

鳳乘第三遣　　　　　　　　　　　　　　　　　EPF22：475A

甲渠鄣候　己未下餔遣　騎士召戎詣殄北乘鳳隧遣鳳日時在檢中到課言

　　　　　　　　　　　　　　　　　　　　　　EPF22：475B

據簡文“符到”,該封檢有兩種可能:(1)都尉府發放的任官符,(2)祇起到封緘“任官符”的作用,換言之,另有“任官符”,祇是未看到而已。第二個可能性無法絶對排除。不過,漢簡所見封檢,絶大多數文字均極少,僅記收件者、傳遞方式,收件者簽收後可能補記發件者印文及接收時間等。而該封檢及與之類似的 EPF22：473、EPF22：474、EPF22：476 等,記録信息豐富,絶非一般封檢可比。故筆者以爲,4.21本身就是簡文中提到的“任官符”,②與簡文“日時在檢中”相吻合。任官符由居延都尉府發放,事主攜帶從都尉府出發前往候官,或許亦可起到通行證的作用,路上遇到盤查,亦可順利通行。最關鍵的是,其形制與前舉 4.17、4.18 兩傳相似。或許正因爲這一點,符、傳逐漸混稱。

綜上,所謂“封符”的“符”,出現於西漢晚期,形制爲有匣封檢,而同時期作爲通行證的傳,亦改用此形制,兩者可能异名同實。當然,這一説法不少出於推測,還有待更多材料的證明。

五、餘論

這裏暫對本文觀點做一小結。出入符基本可分爲序號符、家屬符兩類,基本吻合“長六寸,分而相合”的漢制。③左符、右符的判别不以刻齒方位爲準,從出入

①[日]青木俊介：《封檢の形態發展》,收入[日]籾山明、[日]佐藤信編《文献と遺物の境界Ⅱ——中國出土簡牘史料の生態研究》,東京外国語大学アジア・アフリカ言語文化研究所,2014 年,第 238—239 頁。
②居延簡中有關於丢失此類府符的記載,如下:

建武黍年六月庚午,領甲渠候職門下督盗賊 敢言之:新除第廿一　　　EPF22:169
隧長常業代休隧長薛隆,迺丁卯餔時到官,不持府符●謹驗問,隆　　EPF22:170
辭:今月四日食時受府符詣候官,行到遮虜河,水盛,浴渡,失亡符水中。案:隆丙寅
　　　　　　　　　　　　　　　　　　　　　　　　　EPF22:171
受符,丁卯到官。敢言之。　　　　　　　　　　　　EPF22:172

該簡顯示,第廿一隧長薛隆原先攜帶居延都尉府發放的任官符前往甲渠候官報到,途中渡河不謹遺失府符,因此甲渠候官向都尉府匯報驗問詳情及到達日期。這個匯報,正好對應於上舉 4.21 中的“到課言”。
③[漢]許慎撰、徐鉉校定：《説文解字》,中華書局,1963 年,第 96 頁。

符采用中剖的方式製作看來,嚴格意義上的左右應該是據切口而言。但實際上,出入符功用的發揮,關鍵在於合符,因此左右之分并無特別大的意義。序號符雖然要求"左居官右移金關",實際上可能并未嚴格區分左右。

無論是序號符還是家屬符,其時效均到當年年底爲止。通常在年初製作,少數在年中。序號符製作後,一半放在金關,一半存放在候官。使用者需前往候官申請。因序號符本身并不包含使用者的信息,故很可能候官另簡開具使用者的個人信息,通關時僅留下名籍簡,攜走序號符,事後歸還候官,由其他人繼續使用。家屬符則由諸部和其他機構製作,呈請候官核實批准後將半符移交金關,通關時只需持符即可,不須開具名籍簡。通關時亦不留下家屬符,由金關登記通行者名籍。

通觀序號符、家屬符的開具機構不難發現,序號符的使用範圍較爲廣泛,不僅橐他候官塞可以使用,北部居延地區亦可使用,而家屬符一般用於橐他、廣地、肩水等肩水都尉統轄的三個候官塞,并未見到民政機構,如肩水縣、居延縣,或北部居延都尉統轄的候官塞的吏家屬符。或許,因金關統轄于肩水都尉,故肩水都尉轄區内的邊塞吏家屬可使用此類符,而其他機構不可使用。若此不誤,則居延都尉統轄的卅井、甲渠、珍北等候官塞的吏家屬,或可使用此類符通過卅井塞懸索關。

序號符未限定使用者,推測邊塞吏卒及戍吏家屬應該均可使用,家屬符,顧名思義僅供吏員家屬使用。序號符目前僅見行用於昭帝始元、元鳳年間,而家屬符橫跨宣帝五鳳四年至哀帝建平四年(詳附表),很可能在弱水中下游地區,早期吏員家屬亦使用序號符,但每次使用皆須前往候官申領,不太方便,故改爲家屬符的方式。序號符廢弃後,或者説大部分時間内,候官塞吏卒多以傳或致書的方式通關。

此外,另有兩枚出入符介於序號符、家屬符之間,既包含前者的編號,又像家屬符一樣指定了具體人員。如下:

5.1、地節二年五月壬申張掖大守客大原中都里邯鄲𠵸占至居延
　　與金關爲出入符符齒第一　　　　小奴富主
　　……　　　　　　　　　　　　　　　　　73EJT28:12
　　5.2、肩水廣地候長李勝之與金關　從者綏彌縣常利里勝延年
　　爲出入符牛車二兩符第百　　　從者綏彌縣敬老里苗彊
　　　　　　　　　　　　　　　　　　　　　73EJT26:27

兩簡均既有序號符的編號,又記載了具體的使用者,但未記年齡,這點與家屬符不同。5.2"肩水廣地候長",實際是指肩水都尉轄下的廣地候官塞某部候長,該符很可能是廣地候官所製作。5.1符主爲張掖太守的客,製作單位可能是太守府。目前所見序號符,多數爲居延及橐他候官製作,家屬符多數爲橐他、廣地、肩水等候

官塞製作使用,製作機構基本上都是候官一級(附表),該符比較特別。兩枚符均左殘,考慮到出入符的常見形制,原來可能在左側刻齒。兩符亦無"左居官右移金關"的文字,或許已殘掉。另,兩枚符皆未記載使用者的年齡,其時效不詳。

值得注意的是,簡5.1紀年宣帝地節二年(前68),在序號符、家屬符之間,很可能這兩枚出入符處於由序號符發展到家屬符的過渡期,因此書式兼具二者特點。是否如此,還有待更多資料的出土。

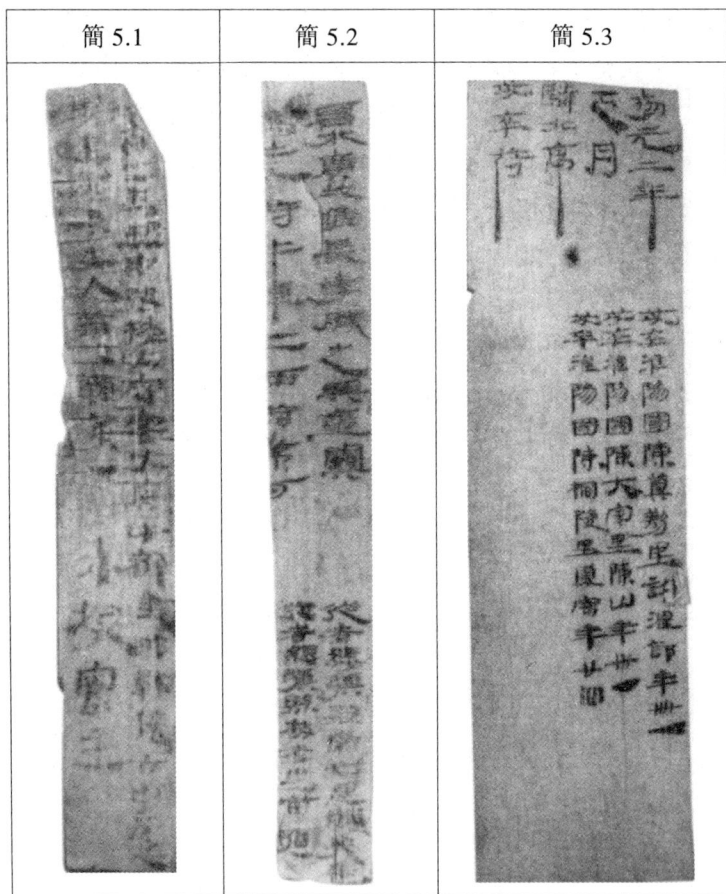

簡5.1	簡5.2	簡5.3

另,還有一枚驛北亭戍卒符,亦用於通關。如下:

　　5.3、初元二年　　戍卒淮陽國陳莫　里許湛舒年卅一
　　　　正月　◎　　戍卒淮陽國陳大宰里陳山年卅一
　　　　驛北亭　　　戍卒淮陽國陳桐陵里夏寄年廿四
　　　　戍卒符　　　　　　　　　　73EJT27:48

該簡上端鑽孔,左側刻齒,尺寸亦與家屬符相類,雖僅名爲戍卒符,其作用與出入

符無異。該符製作時間爲初元二年(前47)正月,亦記載亭卒年齡,與家屬符相似,時效亦當爲一年。值得注意的是,三名戍卒均來自淮陽國陳縣。騂北亭就位於A32遺址,金關關門稍南的塢院內。[①]其主要工作就是傳遞郵書,與北部的莫當、南部的沙頭組成固定的傳遞路綫,因此必然多次頻繁出入金關,製作此符的目的當即在此。騂北亭人員不多,無須製作編號"成百上千"的序號符,類似家屬符的出入符更爲合適。戍卒出行時當即持此符,合符通關,較爲便利。這一點,與漢初《二年律令·津關令》的精神相一致,如下:

5.4、一:御史言,越塞闌關,論未有令·請闌出入塞之津關,黥爲城旦春;越塞,斬左止爲城旦;吏卒主者弗得,贖耐;令(488)、丞、令史罰金四兩。智其請而出入之,及假予人符傳,令以闌出入者,與同罪。非其所□爲□而擅爲傳出入津關,以□(489)傳令闌令論,及所爲傳者。縣邑傳塞,及備塞都尉、關吏、官屬、軍吏卒乘塞者,禁(?)其□弩、馬、牛出,田、波、苑(?)、牧,繕治(490)塞,郵、門亭行書者得以符出入。制曰:可。(491)[②]:

末簡"郵、門、亭行書者,得以符出入",其用意就在於傳遞郵書屬於經常性的行爲,持符通過最爲方便。

家屬符諸項信息表[③]

符主	紀年	家屬	車馬	候官塞	刻齒	簡號	類型
通道亭長	永始四年	妻、兒子、女兒		橐他	左齒	73EJT37:1059	I
通[④]望隧長*	建平四年	弟、弟妻、女兒	牛、車	橐他		73EJT37:176	
*	建平四年		馬			73EJT37:142	
*	建平四年	妻子、兒子、葆(弟)	車、牛		左齒	73EJT37:177+687	
南部候史	建平四年	母親、妻子、女兒、兒子	大車、牛、馬	橐他	右齒	73EJT37:758	
石南亭長	建平四年	妻子、兒子	大車、牛、馬	橐他	右齒	73EJT37:762	型

---

①侯旭東:《西漢張掖郡肩水候官騂北亭位置考》,《湖南大學學報(社會科學版)》2016年第4期,第32—37頁,插頁及封三。

②彭浩、陳偉、[日]工藤元男主編:《二年律令與奏讞書:張家山二四七號漢墓出土法律文獻釋讀》,上海古籍出版社,2007年,第305頁,紅外綫圖版見51—52頁。

③簡牘殘缺不全者,在符主一欄後綴符號"*",以示區別。

④"通"字原未釋,據圖版,徑補。

續表

符主	紀年	家屬	車馬	候官塞	刻齒	簡號	類型
中部候長*	建平四年	妻子、女兒、弟、小奴	牛車、牛、軺車、馬	橐他		73EJT37：1528+280+1457	Ⅱ型
*	建平四年					73EJT37：1562	
故駮亭長	五鳳四年六月戊申	葆		橐他	左齒	73EJT37：656＋1376	
石南亭長	五鳳四年八月庚戌	妻子、女兒		橐他	左齒	73EJT9：87	
駮①馬亭長*	初元四年正月庚申	兒子、妻子、女兒、兒子			右齒	73EJT31：40	
珍虜隧長	初元四年正月癸酉	妻子、女兒、兒子、弟、弟妻		橐他	左齒	73EJT30：62	
*	永光二年正月庚午	兒子、女兒		橐他		73EJT7：128	
肩水候*	永光四年正月壬辰	大女(妻？)		肩水	右齒	73EJT6：40②	
延壽隧長	永光四年正月己酉	妻子、女兒、妹妹		橐他	右齒	29.1/A32	
吞胡隧長	永光四年正月己酉	妻子、兒子、女兒、兒媳		橐他	右齒	29.2/A32	
上利隧長*	建始四年正月己丑	兒子、女兒		廣地		73EJT28：9	
聖宜亭長*	永光二年	妻子、妹妹		橐他	右齒	73EJT9：275	
駮南亭長	陽朔三年正月	妻子、兒子		橐他	右齒	73EJT37：1007	Ⅲ型

①"駮"原釋作"馳"，細察圖版，右半爲"交"非"也"，徑改。
②該簡所釋"除"字，據圖版，當爲"候"，徑改。

續表

符主	紀年	家屬	車馬	候官塞	刻齒	簡號	類型
沙上隧長	建平元年正月	妻子		橐他	右齒	73EJT37:754	III型
收降隧長*	建平二年正月	妻子、兒子、女兒	車	橐他	右齒	73EJT37:756	
通望隧長	建平三年正月	妻子、女兒、弟妻、姪女	車、牛、馬	橐他	右齒	73EJT3:89	
橐他候史	建平四年正月	母、弟、妹、妻子	車、牛、馬	橐他	右齒	73EJT37:1058	
*	建平四年正月				左齒	73EJT37:625	
勇士隧長	建平元年	兄妻、侄子	車	橐他	左齒	73EJT6:42	IV型
橐他置佐	建平二年	妻子、女兒、兒子	車、牛	橐他	左齒	73EJT37:175	
*	建平二年	兒子、女兒、兒媳、外孫女、孫子、孫女			右齒	73EJT37:755	
*	建平四年					73EJT37:1112	
後起隧長		妻子、女兒、葆	大車、馬、牛	廣地	左齒	73EJT6:41	V型
累下隧長		女兒、兒子		廣地	右齒	73EJT37:757	
望遠隧長		女兒		廣地①	右齒	73EJT24:296	
博望隧長		妻子、兒子		廣地	右齒	73EJT29:43+33	
廣地士吏		葆		廣地	右齒	73EJT37:759	
毋患隧長		葆		廣地	左齒	73EJT37:1057	
莫當隧長		妻子		橐他	右齒	73EJT5:78	

①"廣地"原釋作"四年",據圖版,徑改。

續表

符主	紀年	家屬	車馬	候官塞	刻齒	簡號	類型
曲河亭長		妻子、女兒	車、牛	橐他	右齒	73EJT37:761	不
曲河亭長*		妻子、女兒	車、牛	橐他		73EJT37:178	
累山亭長*		妻子、兒子		橐他		73EJT5:16	
斬首隧長*		女兒、兒子		橐他		73EJT37:538	
野馬隧長*		葆(妻)、女兒、兒子		橐他		73EJT37:846	
橐他候史*		妻子、兒子		橐他		73EJT37:855	詳
*		兒子、女兒				73EJT6:75	
*		妻子、兒子				73EJT11:24	
累山亭長*		妻子①、兒子	大車	橐他		73EJT23:763	
*		女兒、兒子	牛車			73EJT37:154	
*		妻子、弟				73EJT37:265	
*		妻子、兒子				73EJF1:105	
*		妻子、兒子				73EJF2:39	

2017 年 1—2 月初稿

2017 年 4 月修訂

2017 年 5 月定稿

---

①簡文原釋作"累山亭長楊親堯居延肩水里召眇年冊",細察圖版,"堯"當爲"妻"的誤釋,徑改。

附記：本文係中國博士後科學基金第 63 批面上資助 2018M631431 的成果。本文的寫作及修改，得到侯旭東、李均明、汪桂海、鄔文玲、劉樂賢、姚磊等諸位師友的指導與幫助。投稿後，匿名審查人提出頗多中肯意見，本文業已吸收。謹此一并致謝！另外，本文完成後，得見武漢大學簡帛網 2017 年 5 月 25 日所刊鷹取祐司《肩水金関遺址出土の通行証》一文（http://www.bsm.org.cn/show_article.php?id=2813），該文原刊鷹取祐司主編《古代中世東アジアの関所と交通制度》（東京：汲古書院，2017 年 2 月），與本文所論不同，請讀者參看。

作者簡介：郭偉濤，男，1985 年生，歷史學博士，清華大學出土文獻研究與保護中心博士後，主要從事秦漢史、出土文獻研究。

居延漢簡所見燧名命意證解(之二)

何茂活

(河西學院文學院,張掖 734000)

內容摘要:居延地區漢代簡牘所見候燧名中存留有鮮明的時代及地域特點,同時也真實地反映了當時的語言文字使用情況。對這些候燧名稱進行命意及語言文字方面的考釋,可以爲河西走廊漢代歷史地理研究及漢語史研究提供獨特的視角。本文主要選取見於《居延漢簡甲乙編》和《肩水金關漢簡》第壹至叁卷的部分燧名,予以分類證解,對少數較爲費解的燧名作了形義方面的推闡。其中還對漢元帝年號"竟寧"的命意作了考辨,認爲"竟寧"不是永葆安寧而是使邊竟(境)安寧之意。

關鍵詞:居延漢簡;肩水金關漢簡;燧名

河西走廊居延地區出土漢簡中有大量候燧名稱,我們曾作專文對"×適""×胡""×虜"和"×寇"四類計四十多個燧名作了命意及文字形義方面的考釋。①現續作此文,對"×竟""×姦""×害""×之""×北"和"×遠"等六類計二十多個燧名試作解疏。所解燧名仍以見於《居延漢簡甲乙編》和《肩水金關漢簡》(第壹至叁卷)者爲主,兼參《額濟納漢簡》,援引書證仍以《漢書》爲主,間或證之以其他典籍。

一、"×竟"類

竟,爲"境"的本字。《説文·音部》:"竟,樂曲盡爲竟。"②引申指終竟。《玉篇·音部》:"竟,終也。"③又指疆域終了之處,亦即邊界。《漢書·元帝紀》:"四年春二

---

①何茂活:《居延漢簡所見燧名命意證解(之一)》,張德芳主編《甘肅省第三屆簡牘學國際學術研討會論文集》,上海辭書出版社,2017 年,第 132—141 頁。

②[漢]許慎:《説文解字》,中華書局,2013 年,第 52 頁。下引《説文》均據此,恕不煩注。

③[梁]顧野王:《大廣益會玉篇》,中華書局,1987 年,第 44 頁。

月，詔曰：'朕承至尊之重，不能燭理百姓，婁遭凶咎。加以邊境不安，師旅在外……'"顏師古注："婁讀曰屢；竟讀曰境。"①又《五行志下之上》："子爲君禮，不過出竟，君必止子。"顏師古注："竟讀曰境。"又《地理志下》："後八世，穆公稱伯，以河爲竟。"顏師古注："伯讀曰霸，竟讀曰境，言其地界東至於河。"又《息夫躬传》："如使狂夫嚾謼於東崖，匈奴飲馬於渭水，邊竟雷動，四野風起，京師雖有武蠭精兵，未有能窺左足而先應者也。"顏師古注："竟讀曰境。"

（一）安竟。如居延 124.12, 126.4"以食安竟隧卒尹不信五月食　卒揚甲取"；金關 EJT24：623"□稟安竟隧長張誼十二月食□"。"安竟"命意明顯，即安撫邊境、使邊境安寧之意。《漢書·鼂錯傳》："今以陛下神明德厚，資財不下五帝，臨制天下，至今十有六年，民不益富，盜賊不衰，邊竟未安……"顏師古注："竟讀曰境。"又《公孫劉田王楊蔡陳鄭傳》贊曰："御史大夫弘羊以爲此廼所以安邊竟，制四夷，國家大業，不可廢也。"顏師古注："竟讀曰境。"

漢元帝年號"竟寧"也可證明"安竟"之命意。《漢書·元帝紀》："竟寧元年春正月，匈奴虖韓邪單于來朝。詔曰：'匈奴郅支單于背叛禮義，既伏其辜；虖韓邪單于不忘恩德，鄉慕禮義，復修朝賀之禮，願保塞傳之無窮，邊垂長無兵革之事。其改元爲竟寧，賜單于待詔掖庭王檣爲閼氏。'"東漢應劭曰："虖韓邪單于願保塞，邊竟得以安寧，故以冠元也。"唐顏師古不大同意應劭的解釋，說："據如應説，竟讀爲境。古之用字，境、竟實同，但此詔云'邊垂長無兵革之事'，竟者終極之言，言永安寧也。既無兵革，中外安寧，豈止境上？若依本字而讀，義更弘通也。"

應、顏二説中，應説着眼於詔書中的"邊垂（陲）"一詞，故釋"竟"爲邊竟（境）；而顏師古着眼於詔書中的"長無兵革之事"之"長"，故釋爲"終極""永"。就字面而言，二者皆通，但是結合我們這裏討論的燧名"安竟"以及《漢書》中大量存在的以"竟"爲"境"的事實來看，"竟寧"的釋義當以應説爲是。顏氏所謂"中外安寧，豈止境上"之説，不免顯得迂執——邊境太平，意味着國家安寧，此屬常理；期望邊境和平，正是漢王朝和親睦鄰的目的和宗旨，因此并不存在"永久安寧"比"邊境安寧"更加"弘通"的問題。

（二）斥（庍）竟。如居延 10.3"出麥一石九斗三升少以食斥竟隧卒周奉世九月食"；金關 EJT23：365A"庍竟隧長馬適中定記□"。"竟"仍指邊境；"斥（庍）"則爲開拓之意，字本作"庍"。《説文·广部》："庍，却屋也。"段玉裁注："却屋者，謂開拓其

---

①《漢書》卷九《元帝紀》，中華書局，1962 年，第 291 頁。下引《漢書》均據此，恕不煩注。

屋使廣也。”①河西漢簡中多作庁或庁，今作“斥”。《小爾雅·廣詁》：“拓、斥、啓、闢，
開也。”②《正字通·斤部》：“斥，開拓也。”③《漢書·地理志上》：“至武帝，攘却胡越，
開地斥境，南置交阯，北置朔方之州。”又《司馬相如傳》：“除邊關，邊關益斥。”顏
師古注：“斥，開廣也。”④又《韋玄成傳》：“四垂無事，斥地遠境，起十餘郡。”顏師古
注：“斥，開也；遠，廣也。”又《食貨志下》：“初置張掖、酒泉郡，而上郡、朔方、西
河、河西開田官，斥塞卒六十萬人戍田之。”顏師古注：“斥塞，廣塞令却。初置二
郡，故塞更廣也。以開田之官廣塞之卒戍而田也。”此外，在《漢書》中還有“廓地斥
境”“廣地斥境”等語。

　　“斥”的開拓義源於分散、疏遠之義。居延漢簡所見候燧中有“斥胡”之名，
“斥”爲斥逐之意。“斥胡”與“斥竟”二名中，“斥”的意義雖有聯繫，但有明顯差別。

　　斥竟，又寫作“尺竟”。居延漢簡110.25“尺竟燧”、169.3“尺竟候長”、482.7“尺
竟燧”等，“尺”皆通“斥”。“斥”“尺”二字古可通用。《莊子·逍遙游》：“斥鴳笑之
曰：‘彼且奚適也？’”陸德明《經典釋文》引司馬彪曰：“斥，小澤也。本亦作‘尺’。”⑤
晋阮修《大鵬贊》：“蒼蒼大鵬，誕自北溟……鷽鳩仰笑，尺鷃所輕。”《淮南子·精
神訓》：“若此人者，抱素守精，蟬蛻蛇解，游於太清，輕舉獨往，忽然入冥，鳳凰不
能與之儷，而況斥鷃乎？”漢高誘注：“斥澤之鷃雀，飛不出頃晦，諭弱也。”⑥《文選·
宋玉〈對楚王問〉》：“夫尺澤之鯢，豈能與之量江海之大哉！”李善注：“尺澤，言小
也。”⑦又，“尺蠖”亦作“斥蠖”。《易·繫辭下》：“尺蠖之屈，以求信也；龍蛇之蟄，以
存身也。”《周禮·考工記·弓人》：“麋筋斥蠖灂。”鄭玄注：“斥蠖，屈蟲也。”孫詒讓
正義：“斥、尺，聲近字通。”⑧據查，此二字上古音皆屬昌紐鐸部，古音相同，故可通
用。⑨

　　關於“×竟”一類燧名，需要説明的是，陳夢家先生整理的《隧簡表》中，有“小

---

①[漢]許慎撰，[清]段玉裁注：《説文解字注》，浙江古籍出版社，1998年，第446頁。“却”字《説文》大
徐本作“郤”，小徐本及段注等作“却”。作“却”是。
②楊琳：《小爾雅今注》，漢語大詞典出版社，2002年，第65頁。
③[明]張自烈：《正字通》，見李學勤主編《中華漢語工具書庫》第3冊，安徽教育出版社，2002年，第
476頁。
④《史記·司馬相如列傳》作“除邊關，關益斥。”司馬貞索隱：“張揖曰：‘斥，廣也。’”
⑤[唐]陸德明：《經典釋文》，上海古籍出版社，2013年，第1411頁。
⑥張雙棣：《淮南子校釋》，北京大學出版社，1997年，第772—774頁。
⑦[梁]蕭統編，[唐]李善注：《文選》，上海古籍出版社，1986年，第2000頁。
⑧[清]孫詒讓撰，王文錦、陳玉霞點校：《周禮正義》，中華書局，1987年，第3567頁。
⑨郭錫良：《漢字古音手册》，北京大學出版社，1986年，第54頁。
⑩陳夢家：《漢簡所見邊塞與防禦組織》，《考古學報》1964年第1期。收入其著《漢簡綴述》，中華書
局，1980年，第95頁。

竟隧",見於居延 562.7 簡。⑩經查該簡釋讀情況,《甲編》《甲乙編》及《居延漢簡考
釋·釋文之部》均釋爲"小竟",《合校》改釋爲"斥竟"。①《合校》的改釋是正確的,
"小竟"語義不通,且別無他證,係因圖版模糊而造成的誤釋。

二、"×姦"類

姦,《説文·女部》:"姦,私也。"本指淫亂、私通之意,引申指作亂和侵奪。又專
指來自外部的禍亂。《國語·晋語六》:"亂在内爲宄,在外爲姦。禦宄以德,禦姦以
刑。"②《説文·宀部》:"宄,姦也。外爲盗,内爲宄。"段玉裁注:"姦宄者通偁,内外
者析言之也。凡起外爲姦,中出爲宄。"《左傳·成公十七年》:"臣聞亂在外爲姦,在
内爲軌(宄)。"關於"亂在外爲姦"之説,《漢書》中也多有例證,如《元帝紀》:"殷周
法行而姦軌服。"顔師古注:"軌與宄同,亂在外曰姦,在内曰軌。"又《禮樂志》:"皇
帝孝德,竟全大功,撫安四極,海内有姦,紛亂東北。"顔師古注:"(姦)謂匈奴。"又
《刑法志》:"其後四夷未附,兵革未息,三章之法不足以禦姦。"顔師古注:"禦,止
也。"當然,"姦"也指邪、狡詐,有時也就内部而言。如《史記·循吏列傳》:"太史公
曰:'法令,所以導民也;刑罰,所以禁姦也。'"《漢書·刑法志》:"丞相張蒼、御史大夫
馮敬奏言:'肉刑所以禁姦,所由來者久矣。'"這些句子中的"姦"顯然并非指外亂。

居延漢簡所見燧名中的"禁姦""止姦",亦即"禦姦"之意。"姦",當指自外作
亂。禁姦燧名如居延 10.13 "起禁姦隧西南行七里二百八十九步未至", 金關
EJT21:14"禁姦隧卒李綰革甲鞮瞀各一";止姦燧名如居延 169.5"止姦燧卒",金
關 EJT6:130"止姦隧長居延卅井里☐"。

三、"×害"類

"止害""要害"之"害",語意當不相同,前者指禍害,後者指險要。
(一)止害。如居延 173.22"居延甲渠止害隧長居延收降里公乘孫勳年卅 甘
露四年十一月辛未除"。害,《説文·宀部》:"害,傷也。"引申爲禍患之意。《字彙·
宀部》:"害,禍也。"③《淮南子·脩務》:"時多疾病毒創之害。"高誘注:"害,患也。"

---

① 謝桂華、李均明、朱國炤:《居延漢簡釋文合校》,文物出版社,1987 年,第 659 頁。
② 徐元誥:《國語集解》,中華書局,2002 年,第 398 頁。
③[明]梅膺祚:《字彙》,見李學勤主編《中華漢語工具書書庫》第 5 册,安徽教育出版社,2002 年,第
359 頁。

又引申爲"爲害"之意。《魏書·匈奴劉聰等傳論》:"夷狄不恭,作害中國。帝王之世,未曾無也。"《史記·田叔列傳》:"匈奴冒頓新服北夷,來爲邊害。"燧名"止害"之"害"蓋與此同,當亦指匈奴而言。《漢書》中多稱匈奴爲"害"。如《武帝紀》:"春,詔問公卿曰:'朕飾子女以配單于,金幣文繡賂之甚厚。單于待命加嫚,侵盜亡已,邊境被害,朕甚閔之。今欲舉兵攻之,何如?'"又《宣帝紀》:"三月,行幸河東,祠后土。詔曰:'往者匈奴數爲邊寇,百姓被其害。朕承至尊,未能綏定匈奴……'"又《衛青傳》:"上曰:'匈奴逆天理,亂人倫,暴長虐老,以盜竊爲務,行詐諸蠻夷,造謀籍兵,數爲邊害,故興師遣將以征厥罪。'"

從結構及語意看,"止害"之名與上文討論的"禁姦""止姦"大體相似。

(二)要害。如金關 EJT3:62"□要害隧長杜護五月食□"。"害"爲險要之意。《墨子·雜守》:"諸外道可要塞以難寇,其甚害者爲築三亭。"孫詒讓《墨子閒詁》引蘇時學云:"害,謂要害。"[1]賈誼《過秦論上》:"良將勁弩守要害之處,信臣精卒陳利兵而誰何。"《漢書·西南夷兩粤朝鮮傳》:"大司農豫調穀,積要害處。"顏師古注:"調,發也;要害者,在我爲要,於敵爲害也。"亦通。

四、"✕之"類

此類燧名中的"之"字,代指匈奴,亦猶"執胡""殄虜""禽寇"等名中的"胡""虜""寇"之類。

(一)臨之。如居延 173.11"臨之隧長延壽八月",金關 EJT21:384"臨之隧卒郭帶□"。"臨"爲俯察之意。《說文·臥部》:"臨,監臨也。"《爾雅·釋詁下》:"臨,視也。"郭璞注:"謂察視也。"[2]《漢書·景帝紀》:"孝文皇帝臨天下,通關梁,不异遠方。"又《鼂錯傳》:"平陵相遠,川谷居間,仰高臨下,此弓弩之地也,短兵百不當一。"可見"臨"之有居高臨下、藐視寇讎之意。

另據故訓,"臨"還有守衛及攻伐之意。《戰國策·西周策》:"君臨函谷而無攻。"高誘注:"臨,猶守也。"又《西周策》:"楚請道於二周之間,以臨韓魏,周君患之。"高誘注:"臨,猶伐也。"[3]《漢書·田叔傳》:"漢與楚相距,士卒罷敝,而匈奴冒頓新服北夷,來爲邊寇,孟舒知士卒罷敝,不忍出言,士爭臨城死敵,如子爲父,以故死者數百人,孟舒豈敺之哉!"漢燧名"臨之"之"臨"應當兼取俯察、守衛及攻伐

---

①[清]孫詒讓:《墨子閒詁》,見《諸子集成》,浙江古籍出版社,1999年,第696頁。
②十三經注疏整理委員會整理:《爾雅注疏》,北京大學出版社,2000年,第42頁。
③[西漢]劉向集録,范祥雍箋證,范邦瑾協校:《戰國策箋證》,上海古籍出版社,2006年,第81—84頁。

之意。

（二）勝之。如居延131.19“廣地勝之燧長☐”，金關24：965“勝之卒王道人☐”。語義顯明，無須解釋。

（三）伏之。如金關EJT25：98“☐廣地伏之隧長勒登七月奉☐”。即使之屈服之意。《正字通·人部》：“伏，屈服也。”居延地區還有伏虜燧、伏胡燧、服胡燧，可資參證。

（四）宜之。如居延480.4“☐官尉宜之燧長徐嚴封☐”。“宜”取使之安順之意。《説文·宀部》：“宜，所安也。”《詩·周南·桃夭》：“桃之夭夭，灼灼其華。之子于歸，宜其室家。”朱熹集傳：“宜者，和順之意。”①又《小雅·鴛鴦》：“鴛鴦于飛，畢之羅之。君子萬年，福禄宜之……乘馬在厩，秣之摧之。君子萬年，福禄綏之。”馬瑞辰《毛詩傳箋通釋》：“宜、綏皆安也。”②又《大雅·假樂》：“假樂君子，顯顯令德。宜民宜人，受禄于天。”毛傳：“宜民宜人，宜安民，宜官人也。”③《漢語大詞典》據此釋“宜民”爲“謂使民衆安輯。”④《漢書·地理志下》：“伯夷能禮於神，以佐堯；伯益能儀百物，以佐舜。”顔師古注：“儀與宜同。宜，安也。”漢燧名之“宜之”蓋亦取使之安順之意。

五、“×北”類

此類燧名中的“北”，多係匈奴等北方少數民族的代稱，因其據守於漢塞之北，故以“北”代指。《後漢書·袁安傳》：“憲日矜其功，欲結恩北虜。”“北虜”即指此意。

（一）察北。如居延133.17“☐年卅二歲長七尺五寸 故居延弆北察北燧長范☐☐☐”。“察”爲觀察、守望之意。漢燧中還有“察虜”之名，取意與此相同。

（二）止北。如居延52.19“止北隧長居延累山里公乘葉道年廿八”，額濟納2000ES7SF1：13“居延甲渠止北隧長居延累山里趙宣 入奉泉六百還☐”。“止”爲遏止、抵禦之意。《漢書·宣帝紀》：“獄者，萬民之命，所以禁暴止邪、養育群生也。”又《嚴助傳》：“夫兵固凶器，明主之所重出也，然自五帝三王禁暴止亂，非兵，未之

---

① ［宋］朱熹集注，趙長征點校：《詩集傳》，中華書局，2011年，第6頁。
② ［清］馬瑞辰：《毛詩傳箋通釋》，中華書局，1989年，第735頁。
③ 十三經注疏整理委員會整理：《毛詩正義》，北京大學出版社，2000年，第1299頁。
④ 漢語大詞典編輯委員會、漢語大詞典編纂處：《漢語大詞典》第3卷，漢語大詞典出版社，1989年，第1602頁。

聞也。”漢燧名中有“止姦”“止害”“止虜”等,命意與此相同。

(三)當北。如居延275.8“當北隧卒馮毋護 三月乙酉病心腹丸藥卅五”。“當”爲攔阻、抵擋之意。《字彙·田部》:“當,蔽也。”《漢書·尹翁歸傳》:“(尹翁歸)曉習文法,喜擊劍,人莫能當。”又《韓延壽傳》:“還至府門,門卒當車,願有所言,延壽止車問之。”又《西域傳》:“樓蘭、姑師當道,苦之……後貳師軍擊大宛,匈奴欲遮之,貳師兵盛不敢當,即遣騎因樓蘭候漢使後過者,欲絕勿通。”“當北”之“當”與上述諸例略同。

(四)吞北。如居延67.14,67.9“☒甲辰還到吞北隧十日世不還平興☒”。“吞”爲吞滅之意。《爾雅·釋詁四》:“吞,滅也。”《漢書·王莽傳》:“莽志方盛,以爲四夷不足吞滅,專念稽古之事”;“校尉韓威進曰:‘以新室之威而吞胡虜,無异口中蚤蝨。’”

(五)殄北。如居延206.9“五月丙戌殄北隧長宣以私印兼行候事移甲渠寫移書到如律令 / 尉史并”,額濟納2000ES7SF1:12“☒卒去署亡常夜舉苣火四殄北隧謹察火輒以檄言候官候逐□☒”。“殄”爲消滅之意。《説文·歺部》:“殄,盡也。”“殄虜”“殄胡”等燧名命意與此同。

(六)誠北。如居延214.126“誠北隧戍卒觻得益昌里蓋奴 有方一”。“誠”蓋取使其真誠之意。又,居延地區候燧名中有橐他候官之“誠敖(勢)”、卅井候官之“誠勢北”等,也許“誠北”即“誠勢北”之省,亦即誠勢之北,待考。

(七)騂北。如居延77.79“騂北隧卒趙□明”,金關EJT24:856“騂北隊□☒”。“騂”指赤色馬。《詩·魯頌·駉》:“有騂有騏,以車伾伾。”毛傳:“赤黃曰騂。”孔穎達疏:“騂爲純赤色。言赤黃者,謂赤而微黃,其色鮮明者也。”[1]《漢書·匈奴傳上》:“匈奴騎,其西方盡白,東方盡駹,北方盡驪,南方盡騂馬。”駹爲面額白色的黑馬,驪指深黑色馬。“騂北”大概是説在騎騂馬的匈奴部落以北的地方。當然也許“北”指敗北之意,但是從“×北”類的諸多燧名綜合考慮,這種解釋似乎不大成立。

(八)石北。如金關EJT25:184“☒廣地石北隧長董青得☒”。石北,就字面看,也許是指某一石丘之北,也許是某個帶有“石”字的亭燧之北。居延簡中有殄北候官之“石燧”(157.5A);[2]金關簡中有“石上燧”(EJT24:721),隸屬關係不詳。“石

---

①[漢]毛亨傳,[漢]鄭玄箋,[唐]孔穎達疏:《毛詩注疏》,上海古籍出版社,2013年,第1602頁。

②日本學者永田英正《居延漢簡研究》第四章《簡牘所見漢代邊郡的統治組織》中整理爲“殄北右燧”,誤。圖版作“石”,甚清晰。[日]永田英正著,張學鋒譯:《居延漢簡研究》,廣西師范大學出版社,2007年,第346頁。

北"之名不知與此有無關聯。

六、"✕遠"類

遠,指邊遠地方及遠方之人,與上節所論之"北"相似。《漢書·宣帝紀》:"朕既不德,不能附遠,是以邊境屯戍未息。"又《食貨志》:"懷敵附遠,何招而不至?"又《鄭吉傳》:"上嘉其功效,乃下詔曰:'都護西域騎都尉鄭吉,拊循外蠻,宣明威信,迎匈奴單于從兄日逐王衆,擊破車師兜訾城,功效茂著。其封吉爲安遠侯,食邑千户。'""安遠"之"遠"即指匈奴而言。《漢書》中還有懷遠、柔遠、綏遠、脩遠、鎮遠、圖遠、徠遠等詞語,"遠"的意義均與此相仿。

(一)吞遠。如居延 123.1A"吞遠隧長史▢",額濟納 2000ES9SF4:21"隧給▢廿石致官載居延鹽廿石致吞遠隧倉▢"。"吞"指吞滅,詳參上文關於"吞北"的討論。

(二)望遠。如金關 EJT24:296"望遠隧長奴子小女居延城勞里郭婢年十歲"。"望"爲觀察、守望之意,與上文所論"望北"之"望"同。

以上討論了"✕竟(境)""✕姦""✕害""✕北""✕之""✕遠"六類計二十多個燧名的命名理據及相關語言文字問題。關於此類問題,可討論者還有很多,值得繼續探討。需要説明的是,限於檢索條件等方面的原因,《居延新簡》及《肩水金關漢簡》第肆、伍卷中的相關情況未及考察,期待同道補充勘正。

附記:本文爲國家社科基金西部項目"河西漢簡文字形義考論"(13XYY010)的部分成果,曾於 2016 年 8 月参加首屆絲綢之路(敦煌)國際文化博覽會系列活動之簡牘學國際學術研討會(甘肅蘭州)交流討論。

作者簡介:何茂活,男,1963 年生,甘肅山丹人,河西學院文學院教授,主要從事漢語言文字教學及研究工作。

《肩水金關漢簡(壹—肆)》釋文校補

黃艷萍

(江南大學人文學院,無錫 214122)

内容摘要:肩水金關漢簡已全部整理出版,我們在建設肩水金關漢簡語料庫的過程中校讀了釋文,發現釋文存在諸如部分未釋字可補釋、文字隸定有誤、同一個字前後隸定不統一、形近字誤釋、文字釋讀脱衍等情况。本文暫就壹至肆卷中的這幾類字詞問題做一些探討。

關鍵词:肩水金關漢簡;釋文;校補

肩水金關漢簡已經全部整理出版,一萬餘枚簡牘上書有近十五萬字,整理工作艱辛,整理成果《肩水金關漢簡》(簡稱《金關簡》)圖版清晰,釋文隸定已臻於完美,爲學術界提供了十分珍貴的研究資料。我們在建設語料庫和文字研究時發現釋文隸定上有些許值得商榷之處。需要説明的是,文中列舉的某些釋文隸定問題有的并非隸定錯誤,而是選用了通行字、通假字或異體字,但從文字學的角度而言,按照原簡字形從嚴隸定更能反映當時的書寫問題或特殊的用字現象。愚姑且妄書拙見,校補部分簡牘釋文,以便於《金關簡》單字頭歸納和字形分析。

照録整理釋文中的符號:"□"代表一字殘缺不清,"☑"代表簡牘殘缺且字數不能確定者。"A"代表簡牘正面,"B"代表簡牘背面。爲行文方便"73EJT、73EJH、73EJF"統一省略,僅留表示探方、灰坑、房屋的字母"T、H、F"。

一、形近字隸定有誤

形近字差別細微,釋文隸定時往往根據簡文的語境直接隸定成語境上的文字,而忽略了簡文上該字的原有字形,造成隸定字與被釋字之間的不匹配。下面五組形近字之間大多爲通假字,釋文隸定時若按照原簡字形隸定,有利於直觀地反映當時的用字現象或書寫現象,這一類文字現象值得研究。

(一)"梁"與"粱"

《説文》:"粱,米名也。從米,梁省聲""梁,水橋也。從木從水,刅聲。",《金關簡》含"粱"或"梁"字的簡共 87 枚,分別表示粱米的"粱",姓氏和諸侯國的"梁"。《漢書·地理志》"梁國,故秦碭郡,高帝五年爲梁國。"釋文中"梁國"的"梁"字有的簡文上寫作如下一些字形:T37:550(梁)、T37:849(梁)、T29:96(梁)、T27:21(梁)、T25:86(梁)、T24:970(梁)、T24:947(梁)、T24:938(梁)、T24:935(梁)、T24:889(梁)、T24:882(梁)、T24:874(梁)、T24:861(梁)、T24:811(梁)、T24:776(梁)、T24:754(梁)、T24:750(梁)、T24:709(梁)、T24:706(梁)、T24:666(梁)、T24:541(梁)、T5:39(梁)、T5:14(梁)、T4:153(梁)、T2:43(梁)、T1:161(梁)、T1:157(梁)、T1:137(梁)、T1:135(梁)、T1:134(梁)、T1:81(梁)、T1:75(梁)等,它們或爲"粱"(粱)的異體字形,"粱"字的構件"米"上部點、撇筆連寫成橫訛混作"未"或"禾",即爲"梁"或"梁"。"粱"通假作"梁",整理者據簡文語境直接隸定作"梁"。

此外,T24:28 簡中的"梁",從木從水,刅聲,乃"梁"字,簡文語境爲"梁國",整理釋文誤隸定成"粱"。T29:13A 簡和 T27:6 簡中的"梁",從木從水,刅聲,亦爲"梁"字,兩簡中上下語境爲"粱米",釋文據語境直接隸定作"粱","梁"通"粱"。

(二)"蘭"與"闌"

《説文》:"蘭,香艸也。從艸闌聲""闌,門遮也。從門柬聲。""屋蘭"爲張掖郡下屬縣,原簡文中"屋蘭"與"屋闌"均有使用,其中以"屋蘭"多見。《金關簡》釋文隸定作"蘭"的字原簡寫作:T1:178A(蘭)、T4:9(闌)、T4:148(闌)、T6:42(闌)、T37:1077(闌)、T34:43(闌)、H2:53(闌),當隸定作"闌",縣名用字時取香草之意的"蘭"。"闌"通"蘭"。從原簡字形出發,這些字均當隸定作"闌"。

(三)"廩"與"稟"

《説文》:"亩,穀所振入。宗廟粢盛,倉黄亩而取之,故謂之亩。從入,回象屋形,中有户牖。"隸定作"廩",指稱存放百穀的倉庫。《説文》:"稟,賜穀也。從亩從禾。"《金關簡》釋文隸定作"廩"的部分字原簡寫作:T1:23(廩)、T3:74(稟)、T4:199(廩)、T6:55(稟)、T8:15(稟)、T10:99(稟)、T10:320(稟)、T11:2(稟)、T11:16(稟)、11:18(稟)、T21:100(稟)、T21:108(稟)、T21:137(稟)、T21:149(稟)、T21:162A(稟)、T21:264(稟)、T21:278A(稟)、T21:293(稟)、T23:109(稟)、T23:113(稟)、T23:116(稟)、T23:125(稟)、T23:262(稟)、T23:284(稟)、T23:372

(▢)、T23:392(▢)、T23:493(▢)、T23:500(▢)、T23:906A(▢)、T23:912(▢)、T23:1037(▢)、T24:24A(▢)、T24:43(▢)、T24:52(▢)、T24:133(▢)、T24:288(▢)、T24:336(▢)、T37:1512(▢)、T22:87(▢)等,據字形圖版,均當改隸定"稟",辭例上爲賜或受賜穀物之意。

(四)"弟"與"第"

《説文》"弟,韋束之次弟也。""弟"可表"次第"之意。《説文》未收"第"字。《金關簡》中"弟"多表示兄弟之意,"第"則用作表示"次第"。簡文中寫作:10:1039A(▢)、T37:1123(▢)、T37:176(▢)、T37:491(▢)、T1:1(▢)、T1:2(▢)、T7:5(▢)、T23:978(▢)、T23:983(▢)的字釋文隸定作"第","第"通"弟",在上述簡的語境中均表示兄弟之意。T7:159簡中的"▢"也當隸定"第",原釋文隸定"弟",此簡中的"弟"用作人名。原釋文隸定作"第"的一些字,原簡圖版爲:T3:93(▢)、T3:94(▢)、T7:107B(▢)、T33:43(▢)、F1:110(▢)、T37:1516(▢)、T37:1110(▢),當隸定"弟",簡文語境表次第之意,因"弟"的本意即指次第,漢時"弟"即可表示兄弟,又可表示次第之意,同時"第"作爲次第之意也在使用,這表明"弟"與"第"的用法正在分化。此外,T33:76簡中的"長第里"爲里名,該簡中"第"寫作"▢",依字形當隸定作"弟"。

(五)"熒"與"滎"

《金關簡》釋文中有"熒陽""滎陽","滎陽"爲河南郡下屬縣。縣名隸定作"滎陽"的"滎"字的原簡字形圖版爲:T37:78(▢)、T37:458(▢)、T37:856(▢)、T14:11B(▢)、T9:244(▢)、T10:213A(▢)、T10:176(▢)、T10:213B(▢)、T10:427(▢),當隸定"熒","熒"同音通假"滎","熒陽"即"滎陽"。

二、釋文隸定不嚴

少部分釋文字詞未嚴格按照圖版字形隸定,同一字前後隸定不統一的情況也存在。

1.T6:94　魏郡魏右尉公乘杜陵富成里張贛年卌八長八尺□

　T21:95　戍卒魏郡魏利陽里不更孫樂成年廿八

　T21:195　魏郡庤丘臨豪里大夫

　T24:4　·魏氏射得負□品

　T25:127　□□上里段魏年廿八

按：T6：94 簡中的兩個"魏"字在該簡文中分別寫作"▨"和"▨"，構件"魏"字下均有"山"構件，且"魏"和"山"構件有位移，當隸定作"巍"。魏右尉爲郡尉官職。T21：95 簡郡縣名中的"魏"字，原字形簡圖版爲"▨"和"▨"，均該隸定作"巍"。T21：195 簡釋文"魏"字，原簡該字圖版爲"▨"，當隸定"巍"，構件"山"寫得比較含糊。"巍"通"魏"，魏郡，漢高帝時置。T21：4 簡釋文中的"魏"，原簡該字寫作爲"▨"，當隸定作"巍"。"巍"通"魏"，表姓氏。T25：127 簡釋文"魏"，原簡圖版爲"▨"，當隸定"巍"。"巍"這裏用作人名。

2.T6：150　戍卒魏郡繁陽靈里公乘任衆年卌二

　　H1：3A　▨大男吕异人故魏郡繁陽明里▨

　　T24：279　戍卒魏郡繁陽宜秋里大夫趙嬰年廿三

　　T31：93　田卒魏郡繁陽巨當里大夫石虞人年廿七

按：T6：150 釋文"繁"，原簡該字字形圖版爲"▨"，當隸定作"緐"。 H1：3A縣名"繁陽"的"繁"原簡字形圖版爲"▨"，當隸定"緐"。構件"每"异寫作"田"，"攵"异寫作"阝"，"糸"變异作"泉"省。 T24：279 簡中的"繁"原字圖版爲"▨"，T31：93 釋文"繁"字形圖版爲"▨"，當隸定作"緐"，其中"每"和"攵"兩部件省寫作兩個"△"，下部構件"糸"亦訛寫，簡文這兩字或爲"緐"的訛變。"緐"通"繁"，《漢書·地理志》記載"繁陽"爲魏郡下屬縣。H1：3A 釋文"魏"，原字形圖版爲"▨"，"魏"字底部的"山"部件清晰，故當隸定作"巍"。與上條隸釋相同。

3.T9：212B　教者獨府大▨

　　　　　　後一∠二日辭▨

　　T21：59　獄至大守府絕匤房誼辭起居萬年不識皆故劾房誼失寇乏

　　▨敢告之先以不當得告誣人律辯告乃更▨

　　T21：141　敢具辭謹道前日中倩丈人言欲責

　　T23：14　辭曰誠得錢地長即治論

　　T37：1429　辭諼若令辭者罰金一

按：這五枚簡中整理釋文的"辭(辭)"，原簡字形圖版依次爲："▨""▨""▨""▨""▨"，從嚴隸定當隸作"辤"。《説文》："辤，不受也。從辛從受。""辭，訟也。從㕚，㕚猶理辜也。"T9：212B 簡文殘，語境不確。後四簡中的"辤"，據簡文語境均有訴訟之意，"辤"通"辭"，通訴訟意。

4.T23：238　輒詣官白傳–發致當乃自開閉獨瘦索人力不及▨

按：釋文"輒"，原簡該字形圖版爲"▨"，當隸定作"輙"。《金關簡》中寫作"▨"的字釋文前後隸定不統一，有時隸定作"輙"，有時隸定作"輒"。"輙"爲

"輙"的異體,從嚴隸定當隸作"輙"。T31:87 簡中的"輙"亦當隸定作"輙"。

5.T23:145 ☐蘭冠各一完

按:釋文"冠",原簡該字寫作"![字]",當隸定作"寇",這裏"![字]"爲"![字]"的訛寫,"蘭冠"爲"蘭器之蓋"。原簡書寫有訛的現象時有發生,若按語境意隸定時標注説明下較好。

6.T23:506 得一封詣酒泉樂涫縣一封詣館陶

按:釋文"樂",原簡該字寫作"![字]",當隸定作"灤"。《金關簡》中的"灤"的寫法如 T6:50 簡"![字]"、T23:969 簡"![字]",T7:104 簡"![字]",均爲地名"灤涫"之"灤"。本簡中的"![字]"與上述幾簡中"灤"的寫法相同,字形稍顯模糊。《漢書·地理志》載"樂涫"爲酒泉郡的下屬縣。"灤"爲"樂"的通假字,《金關簡》中"樂涫"寫作"灤涫"。

7.T23:925 水門隧卒成弱郭徒毋何賒買皂布一匹直三百

按:釋文"買",原簡該字寫作"![字]",當隸定作"賈"。這裏"![字]"或爲""的訛寫。"賒買"即賒買,西北漢簡這個詞很常見。

8.T23:965 廣野隧卒勒忘賒賣縹一匹隧長屋闌富昌里尹野所丿

按:釋文"縹",原簡寫作"![字]",原字中有構件"刂",當隸定作"縹"。

9.T37:365 乘駝牝馬齒十二歲高五尺九寸☐☐☐

按:釋文"駝",原簡字形爲"![字]",當隸定作"駞"。"駞"爲"駝"的异體字。

10.T37:999 所乘用騧牝馬一匹齒十歲高六尺二寸主狗占

按:釋文"牝",《金關簡》中分別在 T37:999 和 T23:58 兩簡中出現,簡文均寫作"![字]",而整理釋文分別隸定作"牝"和"牝",據簡文語境,均爲表示"畜母"的"牝",故"牝"爲"牝"聲符不同的异體字。T23:58 簡的"牝"可統一隸爲"牝"。

三、簡文單字誤釋

1.T1:18 張掖肩水塞閉門關齒夫糞土臣

按:釋文"閉",原簡該字圖版爲"![字]",或當隸定作"關",乃"關"字的草寫。《金關簡》中"關"字類似的寫法有:、、等。"閉"在簡文中寫作:、![字](居延新簡 EPF22:486)等,其字形與"![字]"有別。辭例上"關門"即表示肩水塞關卡的出入關關門。

2.T10:213A 六月乙未廚齒夫武行右尉事
　　　　　六月乙未滎陽丞崇移過所如律令

　　按：釋文"廚"，原簡字形圖版爲"▨"，T14：11A 簡中的"▨"整理釋文亦隸定作"廚"。《居延新簡》EPF22：64A 簡中的"▨"與本簡的"▨"字形相同，《居延新簡》釋文隸定作"厩"。《金關簡》中"厩"常寫作▨（T5：7），"廚"寫作▨（T06：023A），本簡中的"▨"集合了"▨"與"▨"兩字的構件，相關釋文隸定不統一。"廚嗇夫"爲管理伙房的小吏，"厩嗇夫"爲管理馬舍的小吏，從簡文語境上無法判斷此字的隸定，字形上亦無充分證據表明該字當隸定成"廚"或"厩"。暫存疑。

　　3.T10：322　以食從史

　　按：釋文"從（从）"，據原簡該字形圖版爲"▨"，或隸定爲"御"。"從"寫作"▨"，與本簡的"▨"區別明顯。"御史"爲監察性質的官職。

　　4.T15：9　□十頭遣路奉君

　　按：釋文"遣"，原簡該字寫作"▨"，當隸定作"遺"。《金關簡》中"遣"寫作：▨（T04：128）、▨（T24：036）等，而"遺"在簡文中常寫作▨（T4：11B）、▨（T31：66）、▨（73EJC：531A）等，其中"遺"的後兩種寫法與本簡中的字形"▨"一致，右邊構件"貝"省寫撇點和捺點。根據原簡字形圖版暫隸定作"遺"。本簡上下端均殘損，語境尚不明確。

　　5.T23：198　及捫　胃肉完不離絶毋維□

　　按：釋文"胃"，原簡該字字形爲"▨"，當隸定作"骨"。"胃"在簡文中寫作"▨"，與"▨"在筆劃上有差异。辭例上"骨肉"更符合文意。

　　6.T23：674　□前數候問起居迫職不及度剚已何計訖也

　　按：釋文"計"，原簡該字寫作"▨"，當隸定作"時"。該字左邊構件"日"字形清晰，右邊聲旁"寺"簡省作"寸"，《金關簡》中"時"已有簡化的"时"字寫法，如：▨（T23：656）、▨（T23：764）、▨（T24：7）等，本簡中的"▨"字，右邊部件"寸"的點畫模糊。辭例上，"何時訖"與簡文語境相合。

　　7.T23：867　保河内曲陽里孫朋年七十長七尺五寸

　　按：釋文"朋"，原簡該字寫作"▨"，當隸定作"明"。

　　8.T26：124　□□關外湯石亭遣

　　按：釋文"關"，原簡該字圖版爲"▨"，當隸定作"開"，與簡文中"關"字形相距甚遠。原簡上端殘損，據下文語境或爲"關外"，"▨"或原簡書寫之訛。

　　9.T29：115B　王廣宗印

　　　　　　　三月己卯驛北卒齊以来

　　按：釋文"己"，原簡該字圖版爲"▨"，當爲"乙"。據 T29：115A 的簡文"甘露二年三月庚寅朔丙辰，東部候長廣宗敢言之，乃甲寅病温四支不舉未”，A面、B面内容相關密切，應該是同時書寫記録同一件事。T29：115B簡文時間應該是“甘露二年三月”，甘露二年三月庚寅朔無己卯日，有乙卯日。故，此處按原簡字形“己”改釋爲“乙”。

10.T37：151　癸未都鄉有秩佐忠敢言之廣成里男子閻憙自言爲居延就

謹案憙毋官移過☑

按：釋文“秩”字，原簡該字字形爲“豕”，當隸定“炙”。按本簡語境爲當爲“有秩”，《説文》“炙，之石切”“秩，直質切。”“炙”同音通假“秩”。“有秩”在《金關簡》及其他西北簡中十分常見。《漢書·百官志》：“有秩，郡所署，秩百石，掌一鄉人。”即“有秩”爲鄉官。

11.T37：988　魯國壯里士伍悟他年卅五車三兩牛四頭十二月庚申南嗇

夫□入

按：釋文“車三兩”中的“三”，據原簡該字寫作“二”，當隸定作“二”。“車二兩用牛四頭”，符合文意。

此外，還有少數未釋字詞可以根據簡文字形進行隸定，如：T9：103A簡“外人□親郭長卿君遣外人送外人失不喪橄叩頭唯長長卿厚恩”，釋文“□親（親）”，原簡這兩字的字形爲：“叩”和“頭”，應隸定爲“叩頭”二字，其中“叩”的“口”和“阝”構件可辨，隸定作“叩”字當確，“頭”左邊爲“豆”，右邊部件似爲“見”，或爲“頁”的訛寫。辭例上，此二字正與同簡後文的“叩頭”呼應，均表示叫“外人”的這個人對郭長卿的叩謝之意。

整體而言，整理釋文雖有些許小問題，但瑕不掩瑜，《金關簡》整理成果仍凝聚了很高的學術水準，爲學界提供了可靠、便捷的研究資料。

附記：本文受教育部人文社會科學重點研究基地重大項目“秦漢出土實物文字資料庫語料深加工研究”（6JJD740011）、江蘇省高校哲學社會科學研究項目“西北屯戍漢簡訛混字研究”（2017SJB0810）及中央高校基本科研項目（JUSRP11770）支持。

作者簡介：黃艷萍，女，1986年生，文學博士，江南大學人文學院講師，主要從事古文字及秦漢簡牘研究。

肩水金關漢簡所見新莽改酒泉郡爲右平郡考

肖從禮
（甘肅簡牘博物館，蘭州 730000）

內容摘要：《漢書·地理志》載新莽時改酒泉郡爲輔平郡，肩水金關漢簡記載則表明，新莽時曾兩次改酒泉郡名，第一次至遲在始建國天鳳元年(14)時先改酒泉郡爲右平郡，第二次至遲在新始建國地皇上戊三年(22)時再改爲輔平郡。這種情況或與陳文豪先生推測新莽時改文德(即敦煌郡)爲敦德的原因相似，即新莽時再改右平郡爲輔平郡和天鳳三年後西域局勢惡化、征伐西域叛亂諸國失利有關。

關鍵詞：金關漢簡；新莽改制；酒泉郡；右平郡

中西書局 2016 年出版的《肩水金關漢簡(伍)》中刊布有一條簡文，整理者釋讀如下：

> （1）始建國天鳳元年十二月☐
> 　　戍卒市藥右平郡☐　　　　　　　　　　73EJF3：44①

此簡出自漢代肩水金關編號 F3 的房址內。簡爲木質，下部殘斷，兩行書，文字清楚，原整理者釋讀意見可從。

該簡年代明確，屬新莽時期，"始建國天鳳元年十二月"這一時間段爲公元 14 年 12 月 11 日到公元 15 年 1 月 9 日間。②依文書格式，"十二月"後所殘缺的簡文應爲十二月朔日和具體某日，肩水塞某機構遣戍卒到右平郡市藥。"市藥"即到市場上購買中藥材。漢簡中可見居延邊塞各級機構派遣官吏到張掖郡、酒泉郡中市藥，如簡載"令史孫政爲官市藥酒泉郡中"(73EJT4H：10+61)、③"守吏☐市藥

---

① 甘肅簡牘博物館等編：《肩水金關漢簡(伍)》下冊，中西書局，2016 年，第 6 頁。
② 本書曆日參徐錫祺《西周(共和)至西漢曆譜》，北京科學技術出版社，1997 年。
③《肩水金關漢簡(伍)》下冊，第 46 頁。

張掖郡中"(73EJD:40A)。①此外,市藥地點還有可能遠至長安,如簡載"☐☐常樂爲官市藥長"(73EJT26:126)。②此簡出自肩水金關,常樂爲人名,此官當爲某候官。據簡例,"市藥"之後一般是指某地某郡,未知此簡所記"長"是否即是"長安"之殘。

根據上引與市藥有關的簡例可知,"戍卒市藥右平郡"之"右平郡"當爲新莽時期之郡名,然"右平郡"在《漢書·地理志》中未見記載。《地理志》載有"右北平郡",漢初屬燕國,景帝後歸漢,置邊郡,新莽稱"北順"。③然右北平郡距張掖郡太過遙遠, 市藥於右北平郡似無可能。結合西北漢簡中屬新莽時期簡文記載可推知,此簡中的"右平郡"亦當是新莽時改某郡之新名。

諸多證據表明,此右平郡應即新莽時所改西漢時的酒泉郡。下面結合文獻和漢簡記載,略作論證。

《漢書·地理志》載:"酒泉郡,武帝太初元年開。莽曰輔平。"是知新莽時改酒泉郡爲輔平郡,這在漢簡中多有記載,如簡:

(2)新始建國地皇上戊三年五月丙辰朔乙巳, 禪將軍輔平居成尉

仮、丞 謂城倉、閒田、延水、甲溝、三十井、殄北,卒未得……付受相與

校計,同月出入,毋令繆,如律令。][甲溝 掾閣、兼史憲、書吏獲。

EPT65:23A/B④

此簡出自甲渠候官。年代明確,爲"新始建國地皇上戊三年五月丙辰朔乙巳"。據徐錫祺《西周(共和)至西漢曆譜》,該年五月當丙戌朔,簡文誤書。乙巳爲五月二十日,公元 22 年 6 月 8 日。簡中所記載的"禪將軍""居成""閒田""甲溝"諸詞均是新莽時改稱。其中,禪將軍即屬令、屬長,職如都尉;居成,即居延;閒田,官府名,或指居延縣;甲溝,即甲渠。同樣,輔平,即酒泉郡。據簡載"輔平居成尉"來看,新莽地皇三年前後,居延(居成)都尉府或曾一度從張掖郡脱離劃歸於酒泉郡(輔平郡)。

右平郡也是新莽時改酒泉郡之稱,可由漢簡證之,簡載:

(3)☐☐昌自言願以令取傳爲家私使之酒泉右平郡……☐][☐尺齒

五歲斛斛☐   73EJF1:84A/B⑤

---

①《肩水金關漢簡(伍)》下册,第 57 頁。
②甘肅簡牘博物館等編:《肩水金關漢簡(叁)》下册,中西書局,2013 年,第 57 頁。
③王先謙《漢書補注》載:"高帝六年屬漢,仍屬燕國,景帝後以邊郡收。"(中華書局,1983 年,第 815 頁)
④張德芳、韓華:《居延新簡集釋(六)》,甘肅文化出版社,2016 年,第 229 頁。
⑤甘肅簡牘博物館等編:《肩水金關漢簡(肆)》下册,中西書局,2015 年,第 146 頁。

此簡出自肩水金關。從簡正背面記載來看,與出入關傳文書相類,但簡的背面書有牛馬的尺寸和齒齡,且又連書有兩個"斛"字。推測此簡正面爲正式記錄,而背面則爲習字。簡的大致時代可由簡文中所記載的"斛"來推知。斛,即石,爲新莽時所習稱。漢簡所見,至新莽始建國元年起,表示容積單位的石、斛已同時混用,始建國天鳳元年至新莽末已多用斛稱量。據此可大致斷定此簡年代爲新莽始建國元年至新莽末期。此簡正面書"酒泉右平郡"則提示我們,右平郡即酒泉郡。之所以如此書,很可能是因爲新莽時改酒泉郡爲右平郡的通知剛下發至居延邊塞。鄉嗇夫在爲昌出具出入關證明文書時,爲了讓肩水金關關吏明白所書"右平郡"即酒泉郡之改稱,故特意加注了"酒泉"二字。新莽時期對一地之名多次改易的現象很普遍。如《漢書·王莽傳》載:"其後,歲復變更,一郡至五易名,而還復其故。吏民不能紀,每下詔書,輒繫其故名,曰:'制詔陳留大尹、太尉:其以益歲以南付新平。(注引蘇林曰:"陳留圉縣,莽改曰益歲。")新平,故淮陽。以雍丘以東付陳定。陳定,故梁郡。以封丘以東付治亭。治亭,故東郡。以陳留以西付祈隊。祈隊,故滎陽。陳留已無復有郡矣。大尹、太尉,皆詣行在所。'其號令變易,皆此類也。"由此亦可知,簡文中既稱右平又稱酒泉,其主要原因即在於此。

又,右平郡之"右"通"佑",義同輔,輔助,輔佑。《詩·大雅·大明》:"篤生武王,保右命爾。"毛傳:"右,助。"《書·周官》:"敬爾有官,亂爾有政,以佑乃辟。"孔傳:"言當敬治官政,以助汝君長。"《漢書·蕭何傳》:"高祖爲布衣時,數以吏事護高祖。高祖爲亭長,常佑之。"顏師古注:"佑,助也。"《書·蔡仲之命》:"皇天無親,惟德是輔。"孔傳:"天之於人無有親疏,惟有德者則輔佑之。"是知,"右(佑)平"義同"輔平"。

新莽時先後更改酒泉郡爲"右平"或"輔平"的做法并不奇怪。如漢簡所載,新莽時就曾先後改敦煌郡爲"敦德"和"文德"。王國維《流沙墜簡》:"'文德',地名,不見《漢志》,據上簡,文德有大尹,有長史,則爲邊郡矣。他簡舉西北邊郡,有文德、酒泉、張掖、武威、天水、隴西、西海、北地八郡,舉文德而無敦煌,故沙氏釋彼簡文德爲王莽所改敦煌郡之初名,以此簡證之,沙説是也。此簡稱文德爲始建國元年事,至地皇元年(20)一簡則又稱敦德,與《漢志》合。然則《漢志》所載,乃其再改之名也。"[1]陳直《漢書新證》:"王莽在始建國元年改敦煌爲文德,繼又改文德爲敦德也。吳縣吳氏藏有敦德壓戊虎符,與志文同,其改文德,則志文未注。"[2]陳文豪《"文德"地名考實》則進一步認爲,"'文德'之名,係比附經義,師法孔子所云

---

①羅振玉、王國維:《流沙墜簡》卷二《屯戊叢殘考釋》,中華書局,1983 年,第 125 頁。
②陳直:《漢書新證》,天津人民出版社,1959 年,第 213—214 頁。

'故遠人不服,則脩文德以來之'之意。'文德'之名的使用年限,爲始建國元年至天鳳三年,約有八年之久。至於又將'文德'改爲'敦德',鄙意係受對周邊民族的矛盾政策及天鳳三年對西域戰爭失敗的影響,使王莽改變主張,不再强調仁義禮樂政教來招撫西域諸國。因之,做爲通往西域門户的'文德'再度易名爲'敦德'"。①

新莽時改稱酒泉郡爲右平郡或輔平郡的大致時間亦可由敦煌郡名的相關記載進行推測,如簡載:

(4)厶移偏將軍文德尹迺戍部☐   131②

此簡爲新莽天鳳三年征伐西域時五威將王駿幕府上報文書檔案。據此簡可知,直到天鳳三年(16)時尚稱文德,大概在天鳳四年(17)後,這批上報文書始多以敦德稱之。

(5)☐丁丑,尚書大夫武威男并下張掖、酒泉、文德、☐☐張掖屬國

太尉,下當用者   2053③

此簡中"尚書大夫武威男并"即新莽時的趙并。據《漢書·王莽傳中》載,始建國三年(11),"遣尚書大夫趙并使勞北邊,還言五原北假膏壤殖穀,异時常置田官。乃以并爲田禾將軍,發戍卒屯田北假,以助軍糧。"簡文所記當與趙并勞北邊之事有關。此簡中,張掖、酒泉、文德并記,似説明改稱敦煌爲文德的始建國三年時酒泉尚未改稱。從前引漢簡(73EJF3:44)知,至遲在始建國天鳳元年時已經稱酒泉郡爲右平郡。

漢簡所見稱酒泉郡爲輔平郡的具體時間爲前引漢簡(EPT65:23)中的"新始建國地皇上戊三年",這個時間點相對較晚。新莽再改右平郡爲輔平郡的時間很可能就在公元14—22年間。

綜上所述,本文認爲,新莽時先改酒泉郡爲右平郡,後又改右平郡爲輔平郡。《地理志》所載新莽改酒泉郡名爲輔平郡是再改右平郡之名。至於前後兩次改稱的具體時間根據現有漢簡記載是難以確定的。陳文豪先生在文中所推測的新莽改文德爲敦德是在征伐西域失利後的改名。或許新莽時改右平郡爲輔平郡也是基於此。其改稱的大致時間是在天鳳三年後,其改名的背景亦和當時西域局勢惡化,征伐西域叛亂諸國的軍事行動失利有關係。當然這祇是一種推測,事實如何還需要更多的證據來論證。

---

① 陳文豪:《"文德"地名考釋》,載甘肅省文物考古研究所、西北師範大學歷史系編《簡牘學研究》第2輯,甘肅人民出版社,1998年。
② 張德芳:《敦煌馬圈漢簡集釋》,甘肅文化出版社,2012年,第407頁。
③ 甘肅省文物考古研究所編:《敦煌漢簡》下册,中華書局,1991年,第299頁。

附記:本文係國家社科基金重大項目"懸泉漢簡整理與研究"(項目批准號:13&ZD086)子課題"懸泉漢簡與河西社會生活"的階段性成果。

作者簡介:肖從禮,男,1974 年生,甘肅簡牘博物館副研究員,從事歷史文獻學研究。

湖南張家界市古人堤漢簡釋文補正續(上)

張春龍　　楊先雲

(湖南省文物考古研究所　出土文獻與中國古代文明
研究協同創新中心, 長沙 410008)

內容摘要: 本文利用最新紅外綫掃描圖片, 對湖南張家界市古人堤漢簡一三、二〇、二二、二七至五七號計 34 枚簡的釋文予以補正。

關鍵詞: 東漢;《張家界古人堤簡牘釋文與簡注》;釋文補正

古人堤漢代簡牘共 90 枚, 內容有漢律、醫方、官府文書、書信及禮物謁、曆日表、九九表等六類, 簡文中有"永元元年""永初四年"等紀年簡。《湖南張家界古人堤遺址與出土簡牘概述》和《張家界古人堤簡牘釋文與簡注》對該批次簡牘有較全面介紹。①

近年來湖南省文物考古研究所購得日本產 IMEASURE IR6000 紅外掃描儀, 在技術資料部于冰、劉蘭、張婷婷的幫助下, 段國慶將古人堤簡牘掃描, 筆者對其中簡一至簡一二、簡一四至簡一九、簡二一、簡二三至簡二六曾予以重新整理, 成《湖南張家界市古人堤漢簡釋文補正》一文②。今楊先雲完成後一階段簡牘掃描, 羅希完成相關圖片拼合處理, 在此基礎上我們將掃描圖片對照原有釋文, 繼續有所補正。

凡例

補正據文意區分正背, 逐録原有的分欄, 不能辨識的字以"□"表示, 模糊不能確認字數處以"……"表示, 通假字以"( )"標出正字。

---

① 張春龍、胡平生、李均明:《湖南張家界古人堤遺址與出土簡牘概述》,《中國歷史文物》2003 年第 2 期;張春龍、李均明、胡平生:《湖南張家界古人堤簡牘釋文與簡注》,《中國歷史文物》2003 年第 2 期。

② 張春龍:《湖南張家界市古人堤漢簡釋文補正》, 西北師范大學歷史文化學院等編《簡牘學研究》第 6 輯, 甘肅人民出版社, 2016 年。

簡文留有字空時,據實際情況,空一字位置留一個字空,兩個或兩個字以上留二個字空表示。

《釋文與簡注》中,排字時多將表示斷茬的符號"☒"誤作"□",補正據實改正。

釋文補正

1.簡一三

　　仲郎頃☒

　　欲往相見迫☒

説明:下端和左側殘損。補斷茬號。

2.簡二〇

　　□□□……

　　□□□□□□□□□□□□□□□□府□□□□(正)

　　(背面有墨迹,不能辨識)

説明:原釋爲"酒鉒□□□"。

3.簡二二

　　□□□

　　□陽

　　☒□(第一欄)

　　李角

　　張角

　　蕭□

　　韓莫(第二欄)

　　唐陽

　　枏直

　　枏子

　　枏朋(第三欄)

　　朱康

　　枏昌

　　蔡次

　　童陽(第四欄)

城長冊丈☒(第五欄)(正)

☒頭死罪死

君帳下周死罪敢言之死死☒

陽遂(背)

　　説明：調整正背面，正面釋文分欄釋寫。正面第一欄第一行原釋"朱☐"，"朱"字不清楚，放弃；第二行"華遏"改釋爲"☐陽"，"陽"字下的橫道應是勾識符；左上角殘缺，第三行改斷荏號。第二欄第一行原釋"李金"改釋爲"李角"；第四行原釋"萬"之字更類"莫"。下端殘斷，第五欄後補斷荏號。背面爲習字遺留，第一行前和第二行後補斷荏號；第三行"陽遂"之"遂"可能是習字時不嚴謹以致多出筆畫，存疑。

　　4.簡二七

☒☐吏屯長

　　説明：補斷荏號。

　　5.簡二八

☒☐即衣

　　説明：封檢。補斷荏號，"即"原釋"節"。

　　6.簡二九

☐盗

盗☐與☐

☐盗及☐

☐☐☐☐

☐☐☐☐

☐☐☐賦

☐☐人非

☐子☐鉗

盗主人(第一欄)

☐☐☐☐

☐☐☐☐

☐☐☐

☐☐☐

☐☐☐

☐☐☐

詐發□

盗□□

殺人□□(第二欄)

□□□

□□□

□□□

□□□

□□故

盗出故物

諸有□

諸詐始入

□亡□

□□□□(第三欄)

□□□

大□□□

諸□□

□□□

□□

不敬

□□皇

□□漢

□□□皇

詐□□(第四欄)

揄封

毀封

爲□□

□□□

諸食□肉

賊殺人

鬪殺以刃

人殺戲(逆序插入)

謀殺人已殺

壞子而

酖 蠱人(第五欄)

□□

子賊殺

子笞殺

父母告子

婢賊殺

毆兄姊

毆父母

奴婢悍

父母毆笞子

諸□入定官(第六欄)

□以□□

毆攻□□

賊燔□官

失火□□

賊伐燔

賊殺傷人

犬殺傷人

船人度人

諸□弓弩

奴婢射人

諸坐傷人(第七欄)(正)

五月朔□

□戌一反

己亥二

庚子三

辛丑四

壬寅五

癸卯六

甲辰七

乙巳八

丙午九反

丁未十

戊申十一

己酉十二

庚戌十三反

□亥十四(第一欄)

□□□□

□□□□(第二欄)

壬子十五

癸丑十六

甲寅十七

乙卯十八

丙辰十九

丁巳廿

戊午廿一建

己未廿二

庚申廿三

辛酉廿四

壬戌廿五

□□□□

甲子廿七

乙丑廿八(第三欄)

漢叩頭報

成之不成奏且助以□之□□□會□

旦蠶當食□□□□□□□□

日請得次□□□□□□□

□□□□□……

□□廿□□(第四欄)(背)

説明:與三三、三四綴合。牘面以刀錐劃出分欄綫。

正面第一欄第一行有二字,較原釋文删去一"□";第二行原釋"盜賦與□";第七行新釋"人非"二字;第八行"子"原釋"出"。

第二欄原稿多出兩行,當爲排版致誤。原釋第六行"驕"、第九行"殺"存疑。

第三欄第七行新釋"諸"字。

第四欄第五行二字，第一字原釋"對"但存疑，改"□"；第六行原釋有三字，細看簡文祇有二字，改釋"不敬"；第一〇行第三字原疑爲"喪"，改"□"。

第五欄第四行原未釋；第七行第四字原釋"刀"，改釋"刃"；第八行的"戲殺人"爲逆序插入，寫在第四欄的空白處，字序爲"人殺戲"；第一〇行第一字原釋"懷"，改釋"孃"，是"懷"的异構；第一一行第一字原未釋，或是"酖"，原釋"蠱"之字不確。

第六欄：第一行共有兩字，原釋三字；第二行共三字，原釋四字；第三行共三字，原釋四字，原第三字"賊"實爲"笞"字；第五行共三字，原釋"奴婢"二字祇是一字之空間，字形更近"婢"；第六行原"□□偷"，改釋爲"毆兄姊"；第一〇行應爲五字，第二字因簡牘斷裂不存，原釋"食"之字改釋"定"，意思是諸事入稟官府，由官家定奪。

第七欄：第一行"奴"改釋"以"；第二行原"決"改釋"攻"；第三行"燒"字不類；第四字"宫"改釋"官"；第四行"失火"後增釋二字；第五行共三字，删去原"燔"後一字。第八行新釋"度"，度：《漢語大字典》882 頁，有"投"、"填"之義。《詩·大雅·緜》："捄之陾陾，度之薨薨"，鄭玄箋："度猶投也，築墙者捊聚壤土，盛之以藟木而投諸版中。"疑簡文的意思是船人將人投諸水中而傷人，致獲罪。

背面《釋文與簡注》以爲上端殘斷，第一欄各行前之"□"是斷茬號之誤，據删。"朔"後有一粗重的橫道，不知何意，删去一"□"；第二行增釋"反"，原釋之"戉"係據文意釋出，改"□"；第四行删去【 】號；第一〇行後增釋"反"，"反"係補寫；第一四行末字"反"原未釋，當是補寫。

第三欄第七行"建"字用墨粗重，係補寫；第一三行《釋文與簡注》據文意釋出的"癸亥廿六"，照片中實難辨識，改爲"□□□□"；第七行和第八行之間《釋文與簡注》屬入第四欄簡文，當時排版致誤。

第四欄第二行第一字"威"改釋"成"，第三字原"□"改釋"不"，第四字"威"改釋"成"，第六字"□"改釋"且"，第一〇字"□"改"之"，"會"字前較原釋文應多二字；第三行第四字原釋"甞"，改"食"，删去原釋之"□食"；第五行前五字痕跡可辨，其後則模糊不可數；第六行原釋文以爲有八個字，細看是五個字，且墨跡較重，應當是另次書寫。

7.簡三〇

□□等慇异叩頭叩頭=矢日亥客□□（正）

□□黄卒史□苦旦夕邑=□□（背）

説明:簡上下殘斷,《釋文與簡注》排版誤以爲字符。正面增釋"感",筆畫清晰,不識;"頭"字後增釋重文符號、"矢"、"亥"存疑。背面原釋"悃"之字,不確,改"□";删去一"邑",加重文符。

8.簡三一

　　黃陽(第一欄)

　　□沅

　　……(第二欄)

　　□□化□大◿

　　……◿(第三欄)

説明:簡文分欄書寫,背面無字。《釋文與簡注》提到可與簡三六綴合,不確。

9.簡三二

　　□□菅人卅束六·凡□使□蕎高四丈長三丈

説明:原第一"□"是斷茬號之誤,第二字改釋"菅",原釋"九十"不確,改釋"喬"爲"蕎",删去最後之"□"。

10.簡三三

説明:與簡二九綴合。

11.簡三四

説明:與簡二九綴合

12.簡三五

　　◿……◿

　　◿兵曹掾　□◿(正)

　　◿……◿

　　◿……◿(背)

説明:此牘上下左右均斷損,原釋文第一"□"是斷茬號之誤。正面右側第一行有墨色殘留,字不能辨識,第二行後補"□◿";背面可見兩行字迹,不可辨識。

13.簡三六

　　◿教　□◿(正)

　　◿善□◿

　　◿□下□□◿(背)

説明:《釋文與簡注》提示可與簡三一綴合,不確。正面第一"□"爲斷茬號之誤,行末加斷茬號;補釋背面文字。

14.簡三七

　　　□□□□　大凡千一百一十三☒錢☐□☐

説明:第一欄《釋文與簡注》以爲三字,實有四字,"凡"字前增釋"大",補斷茬號。

15.簡三八

　　黄□

　　□□

　　□□□□□(第一欄)

　　□□

　　□□(第二欄)

　　□□□☒樂☐☒進☐

　　·右☒八☐人售已(第三欄)

　　□□☐(第四欄)

説明:改爲分欄釋寫,原釋"道"之字改"進","若"改"右","堅"改"售","見"改"已"。句末加斷茬號。背面不能辯識。

16.簡三九

　　□□□□□□□□□☐(正)

　　□☒賣☐□□□□□□☐(背)

説明:背面增釋"賣",句末加斷茬號。

17.簡四○

　　□□□□□責周少子☐

　　☐平善食☐(正)

　　☐負米記□□☐

　　☐誠員□哀□☐

　　□□見不好□宜□□(背)

説明:據改斷茬號。背面第一行原釋"病""哀"之字不確。

18.簡四一

　　□□史□□(正)

　　□□□□(背)

説明:據改斷茬號,背面二字不可辨識。

19.簡四二

　　□　　衛厭母謹奉☐(正)

　　□ 象 □(背)

説明:木牘削成琵琶形,不知何用途,下端殘斷,據加斷茬號,增釋背面文字。

20.簡四三

　　永元二年七月以來

　　發書刺本事(正)

　　功曹(背)

説明:楬,頂端涂墨。

21.簡四四

　　人參

説明:下端楔形。

22.簡四五

説明:桃人,外形如雙人正面貼合,牘正面又以墨綫粗略勾勒人體特征。

23.簡四六

　　歲歲歲(正)

　　賀

　　歲 曼 梵妨

　　□ 歲 (背)

説明:封檢,應是加工失敗後用于習字。背面第一行原“□侯”改釋“賀”,第二行原“趙”改釋“歲”,增釋第三行。

24.簡四七

　　□□□□(正)

　　□□□(背)

説明:據補斷茬號。正面原釋“介”之字不確。

25.簡四八

　　□酒食□(正)

　　□□□(背)

説明:據改斷茬號。正面原“河□”改釋爲“酒食”。

26.簡四九

　　□七月五□

　　□□□□□(正)

　　□□□□□(背)

説明:據改斷茬號。背面有三字,不可辨識。

27.簡五〇

　　☑永初四年六月甲戌申永初四年

　　☑永初四年五月甲永初四年正月甲申朔(正)

　　甲子年☐　又☑

　　永初四　永永又又又又☐☐☑

説明:習字簡,正背面書寫順序相反,據改斷茬號。

28.簡五一

　　☑☐叩頭死罪敢言

説明:據改斷茬號。"叔"字不確,刪原句末之"之"字。

29.簡五二

説明:桃人,單獨人形木片,正背面均以墨綫勾勒人體特征。

30.簡五三

　　☐☐米八斛☐☐六月用于☐

説明:據改斷茬號。"于☐"字迹有异,當爲另人書寫,是領受米的人簽名。

31.簡五四

　　☑溪善　上☐☐☐☐☐善☑

説明:據改斷茬號。《釋文與簡注》分簡文爲兩行,實爲一行。

32.簡五五

　　☐☐☑(正)

　　……☑(背)

説明:據改斷茬號。原釋"衣"之字不確,背面簡文不可辨識。

33.簡五六

　　☐☐　尌子者(正)

　　☐☐　……(背)

説明:據改斷茬號。刪正面"錢"字。

34.簡五七

　　☑☐孫子……君☐☐……

　　☑……(正)

　　☑……(背)

説明:據改斷茬號。背面有墨迹,不能辨識。

　　附記:筆者前作《湖南張家界市古人堤漢簡釋文補正》中簡一之"治赤殼方"，"殼"字錯釋，是"散"字，應爲"治赤散方"。"治赤散方"載於《千金方》《外台秘要》《肘後方》等傳世醫書中，文獻所載與木牘醫方藥物組成基本相同。古人治療傷寒疾病，有青、黄、赤、白、黑五種散，治赤散方相傳爲華佗總結發明，但木牘方的年代在東漢中期，應是華佗方的祖方。分析各味藥的特性，此方主治邪毒傷風。2017年6月2日在山東省博物館"中國簡帛大展"大綱討論會上承楊小亮、胡平生先生指出，附識於此以正前誤更申謝忱。

　　作者簡介:張春龍，男，1965年生，湖南省文物考古研究所研究館員，主要從事田野考古和出土文獻整理研究。

　　楊先雲，女，1991年生，湖南省文物考古研究所助理館員，主要從事出土文獻整理研究。

長沙五一廣場出土 J1③:285 號簡牘再釋

李蘭芳

(首都博物館,北京 100045)

內容摘要:長沙五一廣場東漢簡牘 J1③:285 是一件合檄(部分)。它記載了趙明、王得被殺,攸縣、臨湘縣、長沙郡兼賊曹史審問嫌疑人(或證人)孫詩的情況。文書分爲兩部分,第一部分爲長沙太守府分列臨湘縣與兼賊曹史湯以前上報的文書,第二部分爲長沙太守府對他們上報文書及審理此案工作的批示。另外,關於文書中"別問""儻趙明宅者完城旦徒""住立"等詞句的含義,論者意見不一,亦作補釋。

關鍵詞:長沙五一廣場東漢簡牘;自誣;文書結構

新近刊出的《湖南長沙五一廣場東漢簡牘發掘簡報》(以下簡稱"《簡報》")、《長沙五一廣場東漢簡牘選釋》(以下簡稱"《選釋》"),公布了長沙五一廣場出土的部分東漢簡牘材料。這批簡牘内容豐富,以官文書爲主,涉及東漢早中期政治、經濟、司法、軍事等諸多領域,具有重要的史料價值。一經公布,便引起了學者們的高度重視。其中編號爲 J1③:285 的簡牘記載了一起趙明、王得等被殺,孫詩供辭不實的疑難案件。趙平安、羅小華、劉樂賢都曾就此專文討論;伊強、李均明、何佳、黃樸華、姚遠等學者的文章亦有所論及。①這些研究成果大大加深了我們對 J1③:285 簡牘的認識。但這件文書内容複雜,筆者以爲仍有討論的餘地,欲再作考釋,還請方家指正。

―――――――――

①趙平安、羅小華:《長沙五一廣場出土 J1③:285 號木牘解讀》,《齊魯學刊》2013 年第 4 期;劉樂賢:《長沙五一廣場所出東漢孫詩供辭不實案再考》,中國文化遺産研究院編《出土文獻研究》第 12 輯,中西書局,2013 年, 第 272—279 頁;伊強:《湖南長沙五一廣場東漢簡牘札記》,"簡帛"網 2013 年 7 月 16 日,http://www.bsm.org.cn/show_article.php?id=1867;李均明:《長沙五一廣場東漢簡牘考證八則》,臺北"史料與法史學"學術研討會,2014 年 3 月 26—28 日;何佳、黃樸華:《試探東漢"合檄"簡》,長沙市文物考古研究所等編《長沙五一廣場東漢簡牘選釋》,中西書局,2015 年,第 320 頁;姚遠:《東漢内郡縣法官法吏復原研究——以長沙五一廣場東漢簡牘爲核心》,《華東政法大學學報》2016 年第 4 期。

一

　　J1③:285 一端殘失,《選釋》介紹此簡殘長 34.5、寬 8.5 厘米。[1]《簡報》將其歸入 D 型封檢,縱截面呈"⏋"型。形體較大,兩端厚,中間凹,凹面兩側各有兩個小刻槽,凹面書寫正文,有完整内容,兩端爲斜面,其上應有楔形蓋板契合。又説:"此件爲下端帶封泥槽的板牘","'永元十五年五月七日晝漏盡起府'……寫在封泥槽底部, 裝上封泥后即被掩蓋, 收件人拆封后才能重現, 可檢驗傳遞是否適時。"[2]此説有誤。封泥槽應是位於木牘中間。且"永元十五年五月七日晝漏盡起府"并非被封泥掩蓋,而是暴露在外。何佳、黄樸華對《簡報》諸説做了修正,提出 J1③:285A 是"合檄"簡,且發件人及時間書寫于"⏋"型木牘邊側厚端面,未見收

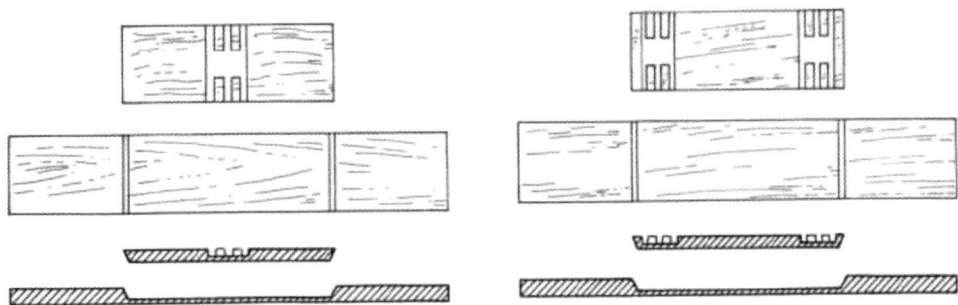

圖 1　J1③:285 完整形制猜想

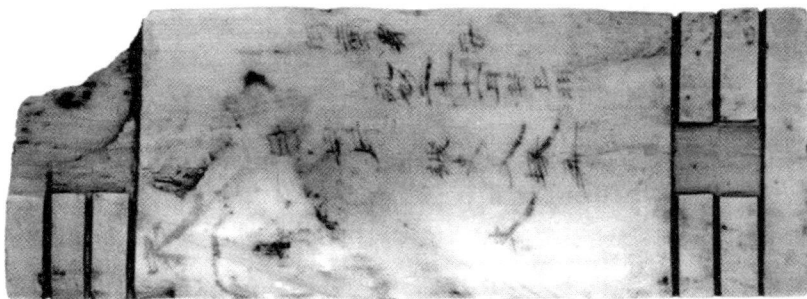

圖 2　CWJ1③:206-1 封檢

---

①長沙市文物考古研究所等編:《長沙五一廣場東漢簡牘選釋》,中西書局,2015 年,第 202 頁。《簡報》的數据是殘長 34.2,寬 8.4,厚 0.9-2.1 厘米。

②長沙市文物考古研究所:《湖南長沙五一廣場東漢簡牘發掘簡報》,《文物》2013 年第 6 期（何佳執筆）。

件人及發送方式，推測與此對應的另一厚端面或楔形封檢上應書寫收件人及發送方式。①可從。《簡報》稱爲"封檢"，趙平安、羅小華、劉樂賢等稱爲"木牘"，均不準確，應從《選釋》，稱爲"合檄(部分)"。

另外，何佳、黄樸華稱，該木牘槽部上長 23 厘米，②那麽木牘邊側厚端面長11.5 厘米，可推測這件合檄如果完整，長約 46 厘米。何佳、黄樸華又指出，一件完整的"合檄"，應由其上楔型封檢與其下"⌐"型木牘相互契合而成，而 J1③:285"⌐"型木牘正與五一廣場 CWJ1③:206-1 封檢(長 23.5，寬 8.2，厚 1.0 厘米)大體匹配，當相類。③

二

在以往的研究中，劉樂賢對文書釋文作了最後修訂。爲方便討論，現將其修訂釋文引録如下：

　　府告兼賊曹史湯、臨湘：臨湘言攸右尉謝栩與賊捕掾黄忠等別問儌趙明宅者完城旦徒孫詩，住立，詩畏痛自誣：南陽新野男子陳育、李昌、董孟陵、趙次公等劫殺明及王得等。推辟謁舍，亭例船刺無次公等名。縣不與栩等集(雜)問詩，詩自誣無檢驗。又，詩辭：於其門聞不處姓名三男子言，渚下有流死二人。逐捕名李光、陳常等，自期有書。案□移湯書，詩辭：持船於湘中糴(糴)米，見流死人。縣又不緑(録)湯書而末殺，不塞所問，巨异不相應，何？咎在主者不欲實事。記到，湯、縣各實核不相應狀，明正處言，皆會月十五日。毋佝(拘)縠(繫)無罪，毆擊人。有府君教。

"別問"，趙平安、羅小華認爲，這裏的"別"可能指"另外"。④筆者以爲，"別"作"分別"講更恰當。《玉篇·另部》："蒲列切，離也；又彼列切，分別也。"⑤《論衡·謝短篇》載"請復別問儒生"，後有"先問《易》家""問《尚書》家""問《禮》家"等⑥，此處"別問"當釋爲"分別詢問"。簡文中的"別問"與此例相類，當指攸縣右尉謝栩與賊捕掾黄忠等分別審問了孫詩。

---

①何佳、黄樸華：《東漢簡"合檄"封緘方式試探》，《齊魯學刊》2013 年第 4 期。
②何佳、黄樸華：《試探東漢"合檄"簡》，長沙市文物考古研究所等編《長沙五一廣場東漢簡牘選釋》，第 320 頁。此文較《東漢簡"合檄"封緘方式試探》有較多修正及補充。
③何佳、黄樸華：《試探東漢"合檄"簡》，第 320 頁。圖 1、2 亦引自此文。
④趙平安、羅小華：《長沙五一廣場出土 J1③:285 號木牘解讀》，《齊魯學刊》2013 年第 4 期。
⑤[梁]顧野王：《宋本玉篇》卷一一《另部》，北京市中國書店據張氏澤存堂本影印，1983 年，第 225 頁。
⑥[漢]王充著，黄暉校釋：《論衡校釋》卷一二《謝短篇》，中華書局，1990 年，第 558—560 頁。

"僦趙明宅者完城旦徒"，趙平安、羅小華將"僦"理解爲被僱傭，或是考慮到孫詩"完城旦徒"的身份。按照當時的法律規定，完城旦徒估計不能與普通民衆居住在一起，更不必説租賃平民的房屋。《二年律令·户律》規定："隸臣妾、城旦舂、鬼薪白粲家室居民里中者，以亡論之。"(三〇七)①不過，"僦"意爲"租賃"，應當没有問題。②《選釋》中另有一"僦宅"者："各异。會計，蕭察舉孝廉。永元七年十一月中，蕭迎綏之雒。其月卅日通參僦綏宅，約四歲直錢五萬，交付，率歲直萬二千五百。時充送綏，證見通以錢付綏，綏去後，通、良自還歸。"(CWJ1③：325-1-58)③完城旦，"漢代刑徒名，四歲刑"，《選釋》所論甚當。總之，筆者也認爲孫詩原爲普通平民，故可租賃房屋，但此案中被判爲"完城旦徒"，所以以此稱之。

"住立"，李均明認爲，即站立。《三國志·吳書·朱然傳》："欲與結好，績下地住立。"牘文所見"住立"則當指與站立折磨相關的刑訊手段，故下文有"詩畏痛自誣"的刑訊結果。④《選釋》注釋承此説，又舉《後漢書·章帝紀》例，"律云：掠者唯得榜、笞、立"。李賢注："立謂立而考訊之。"但又提出另一種解釋，"住"從彩版看似"佳"字，則"立"爲人名。⑤目前所見各種圖版，以《中國書法》最爲清楚。⑥據此來看，此字爲"住"無疑。那麽"住立"這種刑訊手段具體爲何？劉鳴認爲可能是一直沿用至南朝梁、陳時的"立測"之法。⑦《隋書·刑法志》載："其有贓驗顯然而不款，則上測立。立測者，以土爲垛，高一尺，上圓，劣容囚兩足立。鞭二十，笞三十訖，著兩械及杻，上垛。一上測七刻，日再上。三七日上測，七日一行鞭。凡經杖，合一百五十，得度不承者，免死。"⑧

"亭例船刺無次公等名"，趙平安、羅小華認爲，"亭"指鄉亭，"刺"是主罪罰的官名。"例船刺"疑指亭下屬官。"無次公"，人名。據此，牘文"推辟謁舍亭例船刺無次公等名縣"，可能是指在臨湘縣調查案件的時候，某鄉亭中擔任"例船刺"一職的無次公，向臨湘縣匯報"攸右尉謝栩與賊捕掾黃忠等"審問孫詩的情況，并指

———————————

①彭浩、陳偉、[日]工藤元男主編：《二年律令與奏讞書——張家山二四七號漢墓出土法律文獻釋讀》，上海古籍出版社，2007 年，第 216 頁。

②可參考劉樂賢《長沙五一廣場所出東漢孫詩供辭不實案再考》，《出土文獻研究》第 12 輯，第 274 頁；李均明《長沙五一廣場東漢簡牘考證八則》。

③長沙市文物考古研究所等編：《長沙五一廣場東漢簡牘選釋》，第 198 頁。

④李均明《長沙五一廣場東漢簡牘考證八則》。

⑤長沙市文物考古研究所等編：《長沙五一廣場東漢簡牘選釋》，第 203 頁。

⑥《長沙五一廣場東漢簡牘·合檄選》，《中國書法》2016 年第 5 期。

⑦劉鳴：《秦漢時期規範刑訊的法律條文》，梁安和、徐衛民主編《秦漢研究》第 9 輯，陝西人民出版社，2015 年，第 212—213 頁。

⑧《隋書》卷二五《刑法志》，中華書局，1973 年，第 702—703 頁。

明他没有參與謝栩、黃忠等人審問孫詩。①這種解釋稍顯牽强。傳世文獻與出土文獻都未曾見亭下有"刺"這樣的官名。"無次公"若釋爲人名，不見姓氏，不正式，與司法文書中一般書寫人名的方式差别較大，亦不妥。《選釋》認爲，"例船刺"即例行出入船及其搭乘人員的登記報告，②較前説有改進。劉樂賢提出的第二種讀法可從："推辟謁舍、亭例船刺，無次公等名"。③李均明補充認爲，指在有關客舍及亭例行的行船登記簿上没有次公等人的登録名。④此説亦有道理，但他將"例"解爲例行，慣例，或不當。《説文解字注》載："例，比也……《釋文》例本作列。蓋古比例字祇作列。"⑤又言："列，分解也……引伸爲行列之義。"⑥可見，"例"與"列"可通用，此處意爲"曹列"。東牌樓東漢簡牘中"光和六年（183）監臨湘李永、例督盗賊殷何上言李建與精張諍田自相和從書"中"例"與此相類。⑦

"不處"，趙平安、羅小華指出，"不處姓名""不處日"（CWJ1③：169）可以分别理解爲"不審姓名""不審日"，即不知道姓名、不知道日期。⑧李均明、莊小霞均贊同此説。《選釋》中還有很多這樣的文例，如"不處里""不處年""不處日"等。莊小霞還進一步指出，這種用法一直被沿襲至三國時期，三國以後就少見了。⑨長沙走馬樓吴簡中的文例如：

　　　　☑稽爲已被書列未枭所言黄龍二年簿不處户　（肆·4438）⑩

　　　　☑年二月不處☑☑☑☑☑米☑　（肆·5610）⑪

　　　　□陵殷連等不處□各以何日被前記實度今年吏所　（柒·3137）⑫

"明正處言"，趙平安、羅小華認爲，"正處"可能指正確判決，亦見於漢蔡邕《故太尉喬公廟碑》"繫敦煌正處以聞"。"正處以聞"與簡牘中的"正處言"意思大致相同。⑬五一廣場東漢簡牘 J1③：264–295 載：

---

①趙平安、羅小華：《長沙五一廣場出土 J1③：285 號木牘解讀》，《齊魯學刊》2013 年第 4 期。

②長沙市文物考古研究所等編：《長沙五一廣場東漢簡牘選釋》，第 203 頁。

③劉樂賢：《長沙五一廣場所出東漢孫詩供辭不實案再考》，《出土文獻研究》第 12 輯，第 274 頁。

④李均明：《長沙五一廣場東漢簡牘考證八則》。

⑤［漢］許慎撰，［清］段玉裁注：《説文解字注》，上海古籍出版社，1988 年，第 381 頁。

⑥［漢］許慎撰，［清］段玉裁注：《説文解字注》，第 180 頁。

⑦莊小霞：《東牌樓東漢簡牘所見"督盗賊"補考》，《南都學壇》2010 年第 3 期。

⑧趙平安、羅小華：《長沙五一廣場出土 J1③：285 號木牘解讀》，《齊魯學刊》2013 年第 4 期。

⑨莊小霞：《長沙五一廣場出土東漢司法簡牘語詞匯釋五則》，田澍、張德芳主編《簡牘學研究》第 6 輯，甘肅人民出版社，2016 年，第 39—44 頁。

⑩長沙簡牘博物館等編：《長沙走馬樓三國吴簡·竹簡（肆）》（下），文物出版社，2011 年，第 728 頁。

⑪長沙簡牘博物館等編：《長沙走馬樓三國吴簡·竹簡（肆）》（下），第 752 頁。筆者對釋文作了修訂。

⑫長沙簡牘博物館等編：《長沙走馬樓三國吴簡·竹簡（柒）》（下），文物出版社，2013 年，第 805 頁。

⑬趙平安、羅小華：《長沙五一廣場出土 J1③：285 號木牘解讀》，《齊魯學刊》2013 年第 4 期。

　　□□□記。 明證檢驗,正處言,會五。（J1③: 264-295）①

莊小霞認爲,J1③: 285A 中的"明"可能即 J1③: 264-295 中"明證檢驗"的省語,這樣理解從事件處理程式來看也較爲合理, 程序步驟清楚, 先確認核實案件證據,正確處理,然後上報。②筆者認爲可從其説,讀爲"明,正處言"。《選釋》中還有其他類似文例:

　　報到,有增异,正處復言。（J1①:86）

　　明分別正處言。（J1③:325-2-3）

　　明正處言,會月十七日。（J1③:325-4-46）

　　正處言。願假(？)（J1③:325-1-31）

　　□兩厭,分別正處言。（J1③:325-1-65）③

可見,這是當時常見的公文書用語。

　　"五月九日開",李均明説:"五字字體較大且草率,乃臨湘縣文秘人員收文后所書,意爲五月九日這天啓封。其中'開'字寫作'','門'旁已與後代草書的寫法相同。亦見於《東牌樓》東漢簡牘。"④趙平安、羅小華説,文書於"五月七日晝漏盡"從長沙太守府發出,"五月九日"到達臨湘縣,證明從長沙太守府到臨湘縣,大約需要一天兩夜的時間。⑤此説不當。五月九日打開這件文書并不意味著五月九日才到達臨湘縣。長沙郡治所在臨湘縣,兩個官署間距離當不會如此遠。應是有其他原因導致臨湘縣未及時開封。J1③:325-1-140 也是長沙太守府發給臨湘縣的文書,即是"閏月十日乙亥"書,"閏月十一日開"。⑥"晝漏盡起府",又見於五一廣場東漢簡牘 CWJ1③:208:

　　元興元年九月七日晝漏盡起。⑦

《續漢書·禮儀中》注引蔡邕《獨斷》曰:"鼓以動衆,鐘以止衆,故夜漏盡,鼓鳴則起。晝漏盡,鐘鳴則息。"⑧《晋書·成恭杜皇后傳》:"帝御太極前殿,群臣畢賀,晝漏盡,懸籥,百官乃罷。"⑨從旦至昏的時間爲晝,"晝漏盡"大約是昏時,19:00-21:00。汪小虎認爲,古人規定晝夜漏刻制度,并采用白天、黑夜分段計時的特殊運作方

---

①長沙市文物考古研究所:《湖南長沙五一廣場東漢簡牘發掘簡報》,《文物》2013 年第 6 期。

②莊小霞:《長沙五一廣場出土東漢司法簡牘語詞匯釋五則》,《簡牘學研究》第 6 輯,第 39—44 頁。

③長沙市文物考古研究所等編:《長沙五一廣場東漢簡牘選釋》,第 124、163、170、192、200 頁。

④李均明:《長沙五一廣場東漢簡牘考證八則》。

⑤趙平安、羅小華:《長沙五一廣場出土 J1③:285 號木牘解讀》,《齊魯學刊》2013 年第 4 期。

⑥長沙市文物考古研究所:《湖南長沙五一廣場東漢簡牘發掘簡報》,《文物》2013 年第 6 期。

⑦長沙市文物考古研究所等編:《長沙五一廣場東漢簡牘選釋》,第 233 頁。

⑧《續漢書》志第五《禮儀志中》,見《後漢書》,中華書局,1965 年,第 3127 頁。

⑨《晋書》卷三二《成恭杜皇后傳》,中華書局,1974 年,第 973 頁。

式,以日出、日落作爲時間計量起算點來調節水位,晝漏盡時須重新上水。①

三

另外,關於文書的結構也有值得商榷之處。筆者以爲,這件文書可分爲兩部分:第一部分,從"臨湘言"至"見流死人",爲長沙太守府分列臨湘縣與兼賊曹史湯以前上報的文書;第二部分,從"縣又不綠湯書而未殺"至"毆擊人",爲長沙太守府對他們上報文書及審理此案的工作的批示意見。第一部分又可分爲兩小部分:從"臨湘言"至"自期,有書"均爲臨湘縣上報文書的内容;從"案□移湯書"至"見流死人"爲兼賊曹史湯上報文書内容。其中,臨湘縣上報文書較爲複雜,學者意見不一。趙平安、羅小華認爲臨湘縣的文書内容結束於"渚下有流死二人",似暗指"逐捕名李光、陳常等,自期,有書"是太守府的批示意見。劉樂賢認爲臨湘縣文書的内容先止於"無次公等名",太守府指責臨湘縣"不與栩等集問詩,詩自誣無檢驗"後,又再次引述臨湘縣上報文書"又,詩辭:於其門,聞不處姓名三男子言,渚下有流死二人"。參照其他兩漢公文書,筆者以爲這兩種意見都有將文書結構複雜化之嫌,且文意也不十分圓融自洽。

關於"詩畏痛自誣"句的句讀,趙平安、羅小華、劉樂賢、李均明均爲"詩畏痛自誣:南陽新野男子陳育、李昌、董孟陵、趙 次 公 等 劫殺明及王得等"。冒號的使用表明他們認爲孫詩 "自誣"的内容爲南陽新野男子陳育等四人劫殺趙明及王得。這與"自誣"一詞的含義相矛盾。"自誣"意爲被迫承認强加給自己的罪名,傳世文獻多有記載。《史記·李斯列傳》載趙高案治李斯,"榜掠千餘,不勝痛,自誣服"。②《漢書·于定國傳》載東海孝婦事,"吏捕孝婦,孝婦辭不殺姑。吏驗治,孝婦自誣服"。③《後漢書·袁安傳》載楚王英謀反事:"是時英辭所連及繫者數千人,顯宗怒甚,吏案之急,迫痛自誣,死者甚衆。"④因此,筆者以爲"詩畏痛自誣"後當爲句號。孫詩在攸右尉謝栩等的刑訊下,不得不承認自己是殺人兇手。但攸右尉謝栩等可能又通過其他渠道判斷是南陽新野男子陳育等四人劫殺了趙明及王得,但搜捕未得。這些内容都是攸右尉謝栩等提供給臨湘縣的案情及審訊情况。據此,臨湘縣指出因爲没有與謝栩等一起審問孫詩,無法證實孫詩是不是屈打成

---

① 汪小虎:《漏刻爲什麽要改箭?》,《自然辯證法通訊》2015 年第 2 期。
② 《史記》卷八七《李斯列傳》,中華書局,1959 年,第 2561 頁。
③ 《漢書》卷七一《于定國傳》,中華書局,1962 年,第 3041 頁。
④ 《後漢書》卷四五《袁安傳》,第 1518 頁。

招。即意指孫詩也有涉案的可能性。所以，緊接著又上報孫詩的另一份供辭以及自己做的工作"逐捕名李光、陳常等"。"自期，有書"當指關於逐捕李光、陳常等另有約定的抓捕期限，相關事項，也有類似的文書可資參照。①

根據上面對文書詞句的補釋及對文書結構的梳理，筆者對釋文再作修訂：

（凹面）

府告兼賊曹史湯、臨湘：臨湘言："攸右尉謝栩與賊捕掾黃忠等別問儌趙明宅者、完城旦徒孫詩，住立，詩畏痛自誣。南陽新野男子陳育、李昌、董孟陵、趙 次 公 等 劫殺明及王得等。推辟謁舍、亭例船刺，無次公等名。縣不與栩等集問詩，詩自誣無檢驗。又，詩辭：於其門，聞不處姓名三男子言，渚下有流死二人。逐捕名李光、陳常等，自期，有書。"案□移湯書："詩辭：持船於湘中糴米，見流死人。"縣又不緑湯書而末殺，不塞所問，巨異不相應，何？咎在主者不欲實事。記到，湯、縣各實核不相應狀，明，正處言，皆會月十五日。毋佁殼無罪，毆擊人。有府君教。

五月九日開

（凸面）

永元十五年五月七日晝漏盡起府

附記：這是筆者 2016 年 9 月在"京師出土文獻研讀班"匯報後的修改稿，文中多處采納了張榮强老師的觀點；徐暢、高智敏等讀簡班成員以及中國人民大學孫聞博老師也提供了很好的意見；此後又得到外審專家的寶貴意見，謹致謝忱！

作者簡介：李蘭芳，女，1987 年生，山東菏澤人，首都博物館館員，研究方向爲秦漢史及博物學史。

---

① 冨谷至認爲，"有書"的原意應是"關於此般事項，有相關的文書可資參照"。後來則成爲了文書中的一種符號，被當成是沒有意義的慣用語來使用。見［日］冨谷至著，劉恒武、孔李波譯《文書行政的漢帝國》，江蘇人民出版社，2013 年，第 156—157 頁。

讀長沙走馬樓三國吳簡札記三則

楊 芬

（長沙簡牘博物館，長沙 410002）

内容摘要：本文探討走馬樓三國吳簡中"侯相君丞""清公""郡士都尉"的理解問題。吳簡中出現的"丞"字下簽名而"君"字下未留白的"侯相君丞"稱謂或非"侯相"與"丞"的合稱，而是"丞"的單稱；"清公"，在傳世文獻中是形容官吏品行之詞，但在三國孫吳時期是一類吏員的職官之稱；"郡士"不與吏民同籍，"郡士"及其妻、子爲郡士都尉所領。

關鍵詞：走馬樓吳簡；侯相君丞；清公；郡士都尉

一、侯相君丞

在長沙走馬樓吳簡中，出現了"侯相君丞"的稱謂，或認爲這是對臨湘侯相和臨湘丞的合稱。①《漢書·儒林傳》："郡國縣官有好文學，敬長上，肅政教，順鄉里，出入不悖，所聞，令相長丞上屬所二千石。"顏師古注："聞謂聞其部屬有此人也。令，縣令；相，侯相；長，縣長；丞，縣丞也。二千石謂郡守及諸王相也。"其中"令相長丞"即是合稱。但吳簡中出現"侯相君丞"是否爲合稱，值得討論。現列舉兩例走

---

① 如凌文超《走馬樓吳簡舉私學簿整理與研究——兼論孫吳的占募》，《文史》2014 年第 2 期。

馬樓吳簡的例子：①

嘉禾二年十二月壬辰朔卅日辛⊡臨湘侯相君丞琰叩頭死罪敢言之

（肆·1476）

嘉禾二年十二月五日臨湘侯相君丞⊡叩頭死罪敢言⊡（肆·4548）②

以上兩例簡文中已簽好日期，文件的責任者稱"侯相君丞"。其中簡肆·1476（圖一）中"君"與"丞"連寫未留白，而"丞"與"叩頭死罪"之間留有簽名的空白位置。"琰"字明顯不同於簡中其他文字，爲丞"琰"本人的簽名。肆·4548（圖二）"丞"字下的"琰"，字迹不清，不能判斷是否爲本人簽名。筆者曾懷疑肆·1476簡可能是文秘吏擬寫之時，設定了侯相不用簽名，直接用"君"作爲上行文書中的稱謂，而"丞"則需在文書上簽字。③因此筆者原認爲"侯相君丞"是侯相和丞的合稱。但以上兩簡中，"侯相""丞"并未聯合署名，僅有"丞"簽名，所以"侯相君丞"是否爲合稱，值得討論。

吳簡中，有侯相與丞聯合署名的簡例，如下：

⊡禾元年九月乙丑朔廿日甲戌臨湘侯相靖丞祁叩頭死罪敢言⊡

（壹·4396）正

⊡　掾石彭　　　　　　　　　　　　　　　（壹·4396）背

十一月十一日甲戌臨湘侯相靖丞祁⊡頭死罪敢言之　　（壹·4410）

簡壹·4396（圖三）中侯相名"靖"，丞名"祁"，其名字和文書中其他字迹相似，不能判斷是否爲侯相或丞的親自簽署，但簡背"掾石彭"三字可能是石彭的簽署。從上揭簡文可看出，若侯相有簽名，則不會自稱"君"。

除了侯相和丞聯名擔任文書的責任人，吳簡中也有文書責任者僅是侯相或丞本人的記錄。如：

---

①走馬樓三國吳簡竹簡至今已出版六卷，分別是長沙市文物考古研究所、中國文物研究所、北京大學歷史學系走馬樓簡牘整理組：《長沙走馬樓三國吳簡·竹簡（壹）》，文物出版社，2003年；長沙簡牘博物館、中國文物研究所、北京大學歷史學系走馬樓簡牘整理組：《長沙走馬樓三國吳簡·竹簡（貳）》，文物出版社，2007年；長沙簡牘博物館、中國文物研究所、北京大學歷史學系走馬樓簡牘整理組：《長沙走馬樓三國吳簡·竹簡（叁）》，文物出版社，2008年；長沙簡牘博物館、中國文化遺産研究院、北京大學歷史學系走馬樓簡牘整理組：《長沙走馬樓三國吳簡·竹簡（肆）》，文物出版社，2011年；長沙簡牘博物館、中國文化遺産研究院、北京大學歷史學系、故宮研究院古文獻研究所走馬樓簡牘整理組：《長沙走馬樓三國吳簡·竹簡（柒）》，文物出版社，2013年；長沙簡牘博物館、中國文化遺産研究院、北京大學歷史學系、故宮研究院古文獻研究所走馬樓簡牘整理組：《長沙走馬樓三國吳簡·竹簡（捌）》，文物出版社，2015年。本文所引竹簡資料均以整理報告爲本。

②肆·1476簡文中"琰"字原留空，從凌文超所釋。肆·4548簡中，"琰"，從凌文超改釋，原釋作"祁"。見凌文超《走馬樓吳簡舉私學簿整理與研究——兼論孫吳的占募》。

③楊芬：《"君教"文書牘再論》，長沙簡牘博物館編《長沙簡帛研究國際學術研討會論文集》，中西書局，2017年，第250頁。

月十一日癸酉臨湘侯相靖叩頭死罪敢言之　　　　　　　（壹·2885）

□月日臨湘侯相君　謂　　　　　　　　　　　　　　　（肆·5020）

□八月十日辛未臨湘侯相君謂☒　　　　　　　　　　　（肆·5413）①

臨湘侯相管呰叩頭死罪白重部核事掾趙譚實核吏許迪

（捌·4139）

臨湘侯相管呰叩頭死罪白重部吏潘琬核校陸口賣鹽

（捌·4159）

嘉禾五年十二月己巳朔十日戊寅丞睪紀叩頭死罪敢言之　☒

（柒·4180）

以上文書中言"謂"者是下行文書，"叩頭死罪白""敢言之"者是上行文書。其中肆·5020日期未填，"君"字下有留白，可能是預留給侯相簽名的空白。與之相比，簡肆·5413日期已填，"侯相君"後未留白，即未預留侯相簽名之處。簡捌·4139、捌·4159、柒·4180中侯相、丞分別名"靖""管呰""睪紀"等，這些名字的字迹與簡中其他文字字迹相似，因文書一般由書佐起草，所以不能判斷是否爲其本人簽名。從以上簡文可知，臨湘侯相、丞均可單獨署名向上級進行匯報或向下屬發出文書，并非必須侯相、丞聯合署名。

類似吳簡所見的"侯相君丞"的稱謂也見於五一廣場東漢簡牘，如下：②

九月四日己丑，邵長丞融叩頭移

臨湘寫移，令遣佳兄叔、山及少，貴致書迎取柱喪錢物書。　　（100）

六月十七日辛亥，臨湘令守丞宮叩頭死罪敢言之。中部督郵掾費掾治所謹寫言。宮惶恐叩頭叩頭死罪死罪敢言之。兼掾陳暉，兼令史陳昭、王賢　　　　　　　　　　　　　　　　　　　　　　　（153 正）

臨湘丞印。

六月　日　郵人以来。　待吏　白開。　　　　　　　　（153 背）

長沙大守丞印。

臨湘以郵行。

元興元年九月七日晝漏盡起。　　　　　　　　　　　　（163）

以上三枚簡牘中的"邵長丞""臨湘令守丞""長沙大守丞"，應當都是單稱，分別指邵縣的丞，臨湘的守丞、長沙的郡丞。其中最能説明問題的是兩行簡153，這件文

---

①整理報告原認爲此簡上端殘缺。

②長沙市文物考古研究所等：《長沙五一廣場東漢簡牘選釋》，中西書局，2015年。

書開始言"臨湘令守丞宮",而後又言"宮誠惶誠恐叩頭叩頭死罪死罪敢言之",在簡背又言"臨湘丞印",三者均說明臨湘令丞宮即臨湘丞宮。

對照五一廣場東漢簡的這種稱謂模式,吳簡中的"侯相君丞",應不一定是侯相和丞的合稱,或可僅指臨湘丞,這樣肆·1476和肆·4548兩簡中,"君"字下無留白,而在丞字下留有丞簽名之空白就能理解了。

漢魏時期,郡縣丞的職責之一是負責文書事宜,《續漢志·百官五》:"縣萬户以上爲令,不滿爲長。侯國爲相。皆秦制也。丞各一人。尉大縣二人,小縣一人。本注曰:丞署文書,典知倉獄。"郡縣文書事由郡縣丞掌管,但其文書事代表了郡守或縣侯相令長的意志。這在五一廣場簡中有體現,如:

延平元年三月戊寅朔六日癸未,行長沙大守文書事大守丞當謂臨

湘:民自言,辭如牒,即如辭。書到,爰書聽受,麥秋考實姦詐,明分別。

(150 正)

兼掾昆、守屬袤、書佐汜。

(150 背)

這枚簡牘中有"行長沙大守文書事大守丞當謂臨湘",說明丞"當"行此文書是代表了大守的意志,所以郡丞在文書中以其長官之稱冠於其職官之稱前,稱作"大守丞",而簡牘中出現的"侯相君丞""令丞""長丞"等等即與"太守丞"類似,是對丞的稱謂。因而,吳簡出現的"丞"字下簽名而"君"字下未留白的"侯相君丞"稱謂或非"侯相"與"丞"的合稱,而是"丞"的單稱。

二、清公

在走馬樓三國吳簡中,多處出現"清公"一詞,如下:

草言府移上下關馬張清公下都□□不詣鄉吏潘𥙿 乞五囊宋蔡妻

𥙿九百一十斤合一千四百一十四斛事 已 嘉禾五年十二月□ ▨

(叁·3563)

私學弟子南郡周基年廿五字公業任吏居在西部新陽縣下

嘉禾二年十一月一日監下關清公掾張閭舉 (木牘)[①]

嘉禾二年十一月一日監長沙上關右郎中馬岑舉 (207)

"清公"一詞屢見於傳世文獻,是對爲官者德行的品定用詞,指爲官清廉公

---

① 胡平生:《讀長沙走馬樓簡牘札記(二)》,《光明日報》2000年4月7日第3版"歷史周刊"。釋文從凌文超改釋,見凌文超《走馬樓吳簡私學簿整理與研究——兼論孫吳的占募》。

正。《後漢書·應奉傳》:"應奉字世叔,汝南南頓人也。曾祖父順,字華仲。和帝時爲河南尹、將作大匠,公廉約己,明達政事。"李賢注引《華嶠書》曰:"華仲少給事郡縣,爲吏清公,不發私書。"《三國志·魏書·毛玠傳》:"(毛玠)少爲縣吏,以清公稱。"

其中最爲典型的例子見《後漢書·孝和帝紀》永元五年詔:"選舉良才,爲政之本。科別行能,必由鄉曲。而郡國舉吏,不加簡擇,故先帝明勑在所,令試之以職,乃得充選。"李賢注引《漢官儀》:"建初八年十二月己未,詔書辟士四科:一曰德行高妙,志節清白;二曰經明行脩,能任博士;三曰明曉法律,足以決疑,能案章覆問,文任御史;四曰剛毅多略,遭事不惑,明足照姦,勇足決斷,才任三輔令。皆存孝悌清公之行。自今已後,審四科辟召,及刺史、二千石察舉茂才尤異孝廉吏,務實校試以職。有非其人,不習曹事,正舉者故不以實法。"其中"清公"與"孝悌"一樣,是形容官員品行之詞。

但吳簡中的"清公"并非形容爲官品行之詞,以上所引簡文中的"清公掾""清公"明顯是對官吏之稱。根據牘207可知簡叄·3563中"上下關馬張清公"應爲"上關馬清公""下關張清公"之合稱,上關馬清公即"監長沙上關馬岑",下關張清公即"監長沙下關張閻",上關、下關爲馬清公、張清公服務的機構。《周禮·地官》"司關"注:"關,界上之門。"《史記·孝景本紀》:"復置津關,用傳出入。"古時的"關"多選擇設置在地形險要之處,且通常位於行人往來的必經之交通道路上,這樣才能起到據險控守的效果。[1]張家山漢簡《二年律令》有《津關令》,爲與河流和道路上的關卡相關的律令。[2]津關具有水陸沖要之處所設的特點。上關、下關未見於传世文献,應當是孫吳在長沙郡水陸要沖之地設立的要塞關卡,而清公則是關吏的稱謂。清公從形容官吏品行之詞,成爲政府吏員的稱謂,或許類似於孝悌、力田等。《後漢書·明帝紀》:"其賜天下男子爵,人二級;三老、孝悌、力田,人三級。"李賢注:"三老、孝悌、力田,三者皆鄉官之名。三老,高帝置,孝悌、力田,高后置,所以勸導鄉里,助成風化也。"其中孝悌本是形容人孝順父母,敬愛兄長,力田形容人勤於農事,但後均成爲鄉吏之稱謂。

"馬清公"可稱作"馬郎中",又"清公""邸閣"并稱,説明這些詞均可作爲政府吏員之稱謂。孫正軍曾對郎中、邸閣進行過討論,他認爲"邸閣"是職、"郎中"是

---

①楊建:《西漢初期津關制度研究》,上海古籍出版社,2010年,第67頁。
②張家山二四七號漢墓竹簡整理小組:《張家山漢墓竹簡〔二四七號墓〕(釋文修訂本)》,文物出版社,2006年,第88頁。

階,①上述清公馬岑、張閻者,分別監上、下關。"監"有察看、督察之義。因而筆者推測,清公可能是監察系吏員,清公本有"清廉公正"之義,作爲監察系吏員,清廉公正是其必需的品質,因而稱監上、下關之吏員爲"清公"。

三、郡士都尉

在走馬樓三國吳簡中,有以下簡例:

　　□□入都尉陳勑□士還黃龍元年小月稟米二百廿六斛四升料校不見前已 列 言　　　　　　　　　　　　　　　　　　(壹·3085)

　　☑□都尉□□士妻子嘉禾元年租米　　　　　　　(貳·7791)

　　其三百一斛一斗嘉禾元年鄭 黑 陳 勳郡士妻子 租 米　(柒·1516)

　　其二斛八斗郡士及都尉陳□□區六升士妻子租米　　(柒·2006)

　　入 都 尉□□吏士妻子嘉禾二年租米卌斛三斗　　　(捌·2814)

　　其三百七十斛二斗一升郡士都尉陳塹區弈嘉禾元年士租米

　　　　　　　　　　　　　　　　　　　　　　　　(捌·3250)

　　其三百七十三斛一升郡士都尉陳塹區弈士妻子 嘉 禾 元 年 租

　　　　　　　　　　　　　　　　　　　　　　　　(捌·3307)

　　其二斛八斗郡士都尉陳塹區弈士妻子嘉禾元年租米　(捌·3320)

經過對比,以上簡文涉及到同一人名,但釋文中有的未釋出,有的釋作"陳勑□""陳□""陳塹"等。該字清晰的字形作"[字形]",與辭書中"塹"字條所收塹、② [字形]、[字形]、[字形]、[字形]等字形相同或類似。③因而,《竹簡(捌)》隸定作"塹"可從,乃"塹"字的異體字。通過以上字形的辨別,以上所列簡釋文可修訂如下:

　　□□入都尉陳塹士還黃龍元年小月稟米二百廿六斛四升料校不見前已 列 言　　　　　　　　　　　　　　　　　　(壹·3085)

　　☑士都尉陳塹士妻子嘉禾元年租米　　　　　　　(貳·7791)

　　其三百一斛一斗嘉禾元年 都 尉 陳 塹郡士妻子 租 米　(柒·1516)

　　其二斛八斗郡士及都尉陳塹區弈士妻子租米　　　(柒·2006)

　　入都尉陳塹吏士妻子嘉禾二年租米卌斛三斗　　　(捌·2814)

---

①孫正軍:《走馬樓吳簡中的左、右郎中》,長沙簡牘博物館、北京大學中國古代史研究中心、北京吳簡研討班等編《吳簡研究》第3輯,中華書局,2011年,第269頁。

②漢語大字典字形組:《秦漢魏晋篆隸字形表》,四川辭書出版社,1985年,第211頁。

③毛遠明:《漢魏六朝碑刻異體字字典》,中華書局,2014年,第1202頁。

其三百七十斛二斗一升郡士都尉陳整區弈嘉禾元年士租米

（捌·3250）

其三百七十三斛一升郡士都尉陳整區弈士妻子 嘉 禾 元 年 租

（捌·3307）

其二斛八斗郡士都尉陳整區弈士妻子嘉禾元年租米　　（捌·3320）

從以上簡釋文可知，陳整、區弈爲都尉，全稱郡士都尉。吳簡中有“郡士”這一身份的相關簡例如下：

郡士馬伯僦錢月五百　郡士朱主僦錢月五百　郡士王徹僦錢月五

百　　　　　　　　　　　　　　　　　　　　　　（壹·4390）

□□谷僦錢月五百　大男張□僦錢月五百　郡士杜黑僦錢月五百

（壹·4490）

郡士劉岑僦錢月五百　郡士韓主僦錢月五百　大女黃汝僦錢月□

（壹·4549）

郡士張□僦錢月五百　大女王汝僦錢月五百　大女鄭汝僦錢月五

百　　　　　　　　　　　　　　　　　　　　　　（壹·4601）

出黃龍三年郡士租米七十二斛九斗五升被縣嘉禾元年八月廿日甲

辰書付大男鄧真運詣　　　　　　　　　　　　　（叁·1417）

入東鄉郡士三年租米四斛胄米畢〼嘉禾元年十月廿五日郡士 胡 初

付三州倉吏谷漢受　中　　　　　　　　　　　　（叁·3671）

入吏文董備郡士黃武七年 佃 禾 准 米 □十二斛　　（肆·4778）

□　 其 六斛二斗郡士嘉禾元年火種 租 米　　　　（柒·25）

除了“郡士”，吳簡中也有一些身份和“士”相關，如“叛士”“師士”“衛士”等。

入黃龍元年叛士限米十七斛五斗　中　　　　　　（壹·2032）

都尉嘉禾元年十一月三日乙丑書給監運掾□這所領師士十二人

□〼　　　　　　　　　　　　　　　　　　　　（壹·2107）

入嘉禾二年衛士限米十三斛五斗　　〼　　　　　（叁·943）

關於吳簡中一些泛稱的“士”，學者有過討論，大概有兩種看法：一種認爲

"士"是讀書人；①一種認爲是士兵。②對於以上觀點，我們贊成後者。吳簡中這些没有特指的"士"當指"郡士"。《三國志·蜀書·李嚴傳》："時先主在漢中，嚴不更發兵，但率將郡士五千人討之，斬秦、勝等首。"這裏講的是李嚴不再另外發兵，只率領五千郡士討伐馬秦、高勝等。"不更發兵"與"但率將郡士"對比，説明"兵"與"郡士"所指不同。時李嚴爲犍爲郡太守、裨將軍，"郡士"應是犍爲郡的兵士，而"兵"可能指軍隊系統李嚴裨將軍所轄之軍。這則文獻中的"郡士"或許和吳簡中的"郡士"含義類似。

吳簡中另有"郡卒"這一身份，舉例如下：

> 郡卒潘囊年廿三　　　　　　　　　　　　　　　　　（貳·1708）
>
> 其卅四斛一斗黄龍三年郡卒限米　　　　　　　　　　（參·4431）
>
> 悤男弟澤年十六給郡卒　　　　　　　　　　　　　　（肆·829）
>
> 嘉禾四年□里户人公乘楊（？）百年卅七給郡卒　　　（肆·2479）

吳簡中"郡士"與"郡卒"爲兩種不同身份，不僅在於其名稱不同，還在於他們所擔負的賦税不同。"郡士"繳納的爲租米，而"郡卒"繳納的爲限米。根據上揭簡捌·3250 及捌·3307 還可知，除了郡士繳納租米外，郡士的家屬妻、子亦要繳納租米。魏晉時有"士家"，其士家子弟世代为兵。《三國志·魏書·辛毗傳》："帝欲徙冀州士家十萬户實河南。時連蝗民饑，群司以爲不可，而帝意甚盛。"吳簡中的"郡士"或許屬這種世代爲"士"的士家。

吳簡吏民簿中記録鄉里所領的吏民，包括"民""郡吏""縣吏""州吏""郡卒"等等，但未見"郡士"。吏民屬鄉里所領，所以"郡士"應不與吏民同籍，另有名籍記録。而且從以上郡士繳納租米的記録中可看出，"郡士"及其妻、子爲都尉所領。

《漢書·百官公卿表》"太尉"條顏師古引應劭曰："自上安下曰尉，武官悉以爲稱。"秦漢魏時期，武官多以"尉"爲稱號，所以郡士都尉陳整、區弈應爲長沙郡武

---

①代表學者如：高敏通過分析《吏民田家莂》中"士"所交租税的情況以及"依書不收錢布"的規定認爲，這種享有特殊優待的"士"有可能是北方的南徙之士（讀書人）及其後代。見高敏《〈嘉禾吏民田家莂〉中的"士"和"復民"質疑——讀長沙走馬樓簡牘札記之四》，其著《長沙走馬樓簡牘研究》，廣西師範大學出版社，2008 年，第 29—31 頁；胡平生推測其可能是讀書人，見胡平生《嘉禾四年吏民田家莂研究》，長沙市文物考古研究所編《長沙三國吳簡暨百年來簡帛發現與研究國際學術研討會論文集》，中華書局，2005 年，第 46 頁；黎虎認爲是基層組織——鄉里的"學士"，見黎虎《"吏户"獻疑——從長沙走馬樓吳簡談起》，《歷史研究》2005 年第 3 期。

②代表學者如：蔣福亞認爲吳簡中的"士"只能是士兵，其租種的熟田"依書不收錢布"可能是政府安置喪失戰鬥力，但仍有一定勞動力的士兵和死亡士兵家屬的措施之一，見蔣福亞《吳簡中的"士"和軍屯》，《許昌學院學報》，2007 年第 3 期；孫聞博認爲在"波田""唐田"耕種者有"士"的妻子，"士"應該是指孫吳軍隊中的一種士兵，見孫聞博《走馬樓吳簡"枯兼波簿"初探》，卜憲群、楊振紅主編《簡帛研究二〇〇八》，廣西師範大學出版社，2010 年，第 282—285 頁。

官。《漢書·百官公卿表》“郡尉”條又言“郡尉，秦官，掌佐守典武職甲卒，秩比二千石。有丞，秩皆六百石。景帝中二年更名都尉。”郡都尉，是輔佐郡守并掌全郡軍事的職官，而郡士都尉陳整、區弈顯然不是。傳世文獻記載的秦漢三國時期的都尉往往是中央、地方的中高級武官，但實際上，出土文獻中却有許多雜號都尉的記録，他們級别并不一定高。[1]吴簡中亦是如此，除長沙郡東西部都尉外，其他如督軍糧都尉、立義都尉、武猛都尉、吕侯都尉、督軍都尉、監作部都尉、樓船都尉、司鹽都尉、常從都尉等等，應是居於地方的中下級武官。他們的命名或有“取其嘉名，因以名官”的武猛、立義都尉，或有以其掌管之事而命名的樓船都尉、督軍糧都尉、監作部都尉、監池都尉、司鹽都尉等，而郡士都尉或是因其所領郡士的身份而以之爲名的。

附記：本文獲長沙市哲學社會科學規劃項目研究成果“中國簡牘信息管理平臺建設之《長沙走馬樓吴簡竹簡·壹》影像及數據綜合整理”（2017csskkt53）資助。

作者簡介：楊芬，女，1977 年生，歷史文獻學博士，長沙簡牘博物館副研究館員，主要從事秦漢魏晋出土文獻方面的研究。

---

①可參郭俊然《文獻所遺的漢代小將及雜號都尉》，《連雲港師範高等專科學校學報》2013 年第 4 期。

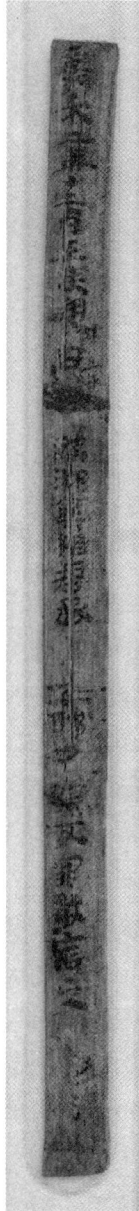

（圖一　肆・1476）　（圖二　肆・4548）　（圖三　壹・4396 正、背）

敦煌文書中損美性頭髮疾病的處方用藥考析

僧海霞

(西北師範大學簡牘學研究所,蘭州 730070)

內容摘要:在辨治損美性頭髮疾病過程中,制劑屬性的擬設是處方用藥的關鍵。它能否與疾病的寒熱虛實屬性對應,直接關乎臨床療效。通過對敦煌文書中損美性頭髮疾病處方用藥的考辨,分析處方用藥的依據和取向,探討處方制劑的屬性和用藥理念,可提高對傳統文化的認識,深化對中醫理論的理解,從而提升辨治損美性頭髮疾病的水平。

關鍵詞:敦煌文書;損美;頭髮疾病;處方用藥

隨着社會的進步和文明程度的提高,人們對美的追求日益高漲,損美性疾病及其次生傷害對人們的影響越來越凸顯。傳統醫學對損美性疾病給予了較多關注,但學界對此研究甚少。吕明聖等通過對《備急千金要方》治療顏面損美性疾病80 首方劑藥物規律的研究,分析孫思邈治療顏面損美性疾病的用藥特點。[1]付玉娟對醫聖張仲景《傷寒雜病論》中汗法的代表方劑予以剖析,與損美性疾病特點相結合,從中得出損美性疾病的治療原則。[2]传统文獻中的損美性疾病處方,反映中醫美容在維護、修復、改善與塑造人體形神美中主體地位的價值,能提高人們對中醫美容的認識和理解。筆者在已有研究的基礎上,[3]集中對敦煌文書中損美性頭髮疾病處方用藥考析,分析其處方用藥的依據、取向、方劑屬性擬設和處方用藥理念,以期深化對唐宋美容理論和損美性頭髮疾病辨治水平的認識。

---

① 吕明聖等:《〈備急千金要方〉治療顏面損美性疾病用藥規律初探》,《河南中醫》2015 年第 4 期。
② 付玉娟:《仲景汗法在損美性疾病治療上的運用探析》,《中醫研究》2012 年第 11 期。
③ 僧海霞:《敦煌遺書中美容醫方初探》,《中醫藥文化》2012 年第 6 期;僧海霞:《唐宋時期敦煌地區美髮文化透視》,《中醫藥文化》2013 年第 3 期。

一、處方用藥的依據

處方用藥的依據,是指根據四診等收集到的資料,包括病因、症狀、體征在内的一切證據。對損美性頭髮疾病而言,其病因、病機如敦煌文書所述:"鬢眉髭髮,俱有處患,并有所因,莫不内積虛勞,外緣風習者也。"①由於"肺爲華蓋,主皮毛而開竅於鼻",外邪入侵,不從皮毛而客,必由鼻竅而入。即使不直接傷害皮毛,也會侵襲肺衛,導致肺氣壅滯而使肺失宣肅,氣機升降出入功能失常,間接傷及毛髮。而由肝火、痰熱、胃腸蘊熱、肝腎虛火、痰郁化火等所致的肺熱症,以及由痰濁、水飲、飲停胸脅等所致的寒症,也間接傷及毛髮。如斯所説,就是把風(外風和内風)、痰(熱痰、寒痰和濁痰)、氣(氣郁和氣逆)、瘀、虛等作爲損美性頭髮疾病處方用藥的依據,從肺論治。但并非一概而論,當時就有人主張把腎虛火當作處方用藥的依據,從腎論治的,如 P.2882"四時常服三等丸方"②等。現今,對損美性頭髮疾病的辨治,智者見智、仁者見仁,或主張從肺論治,或主張從腎論治,或主張把肝火、肝郁等作爲處方用藥依據,從肝論治;③還有學者倡導把肝火、肝郁、脾濕、脾虛等作爲處方用藥依據,從肝脾論治。④其實它們相互關聯都可能成爲病理基礎,祇是臟腑某一具體部位虛勞凸顯而已。至於從何論治,古今醫者各有心得,還需要結合臨床而定。簡言之,臟腑虛勞的具體表現都是處方用藥的直接證據,在確定治療方向的過程中發揮着決定性作用。

據敦煌文書對損美性頭髮疾病病症的描述,其臨床症狀主要表現爲:S.4329載"髮落不生"、P.3930 載"頭白屑"、P.3596 載"白禿"、龍 530 載"髮禿落"以及 P.2882 載"髮白""髮黃";伴有 P.2882 所載"腰膝冷疼……少精,寬腸,余瀝,盗汗,癢濕,少心力,健忘";還伴有全身毛髮脱落;心煩易怒,胸悶或胸脅疼痛,難眠多伴噩夢;頭皮瘙癢,或頭部烘熱;脈弦,舌淡紅,苔薄,暗有瘀點,瘀斑;頭暈,耳鳴,目眩,腰膝酸軟等。⑤這些直觀的、宏觀的體態反應,是處方用藥的重要證據。以症狀作爲處方用藥的依據, 雖然針對性不强, 但至少可以通過辨主症與兼症確定君、臣藥,可把握整體用藥的方向。若僅以主症如 P.4038"松筍變白方",尚可憑症

①叢春雨:《敦煌中醫藥全書》,中醫古籍出版社,1994 年,第 55 頁。
②馬繼興、王淑民、陶廣正、樊飛倫:《敦煌醫藥文獻輯校》,江蘇古籍出版社,1998 年,第 311—312 頁。
③伍晋等:《從肝論治損美性疾病》,《江西中醫藥雜誌》2010 年第 1 期。
④甘寧峰:《談損美性疾病從肝脾論治》,《時珍國醫國藥》2007 年第 5 期。
⑤叢春雨:《敦煌中醫藥全書》,第 425—765 頁。

確定處方君藥;若 P.4038"韋侍郎變白方"、S.4329"髮落不生方"等,憑主症就不足以確定君藥、臣藥和佐藥,也就無法正確選藥處方。因此,僅憑臨床單一症狀,既不能機械地照搬古方,也不能輕率否定。首先須憑借藥理學研究,弄清古方劑的功能屬性,然後廣泛獲取臨床疾病信息,特別是脈象,《平脈篇》曰:"寸口脈遲而緩,緩則陽氣長,其色鮮,毛髮長。陽氣衰,故髮須白也。"①在辯證的基礎上,確認臨床疾病寒熱虛實屬性與古方劑的功能屬性對應的情況下,把這些古方作爲參考,根據病理屬性重新進行處方遣藥,才能在傳承中取得發展,使辯證論治模式的應用進一步升華。

實際上,處方用藥的依據遠不止前文所述,由於損美性頭髮疾病發病原因及發病機制十分複雜,除了"六淫犯臟"外,還與病史、治療的過程、已用過的藥物、用藥後的反應、病人的體質、精神因素、遺傳因素、性激素及身體改變、微量元素及微循環改變有關。②如《藝圃折中》所言:"須、眉、髮皆毛類。分所屬,毛髮屬心火也,故上生。貴人勞心,故少髮。"③處方還應結合人的職業等。這些同樣是處方用藥過程中不可忽視的依據,祇有統籌兼顧,才能避免千人一方,確保處方用藥精益求精。因此,廣泛搜集證據是處方用藥的前提,恰當運用處方的用藥依據是關鍵。它們二者不僅影響到用藥取向,而且影響到處方制劑屬性的擬定。

二、處方用藥取向

敦煌文書中治療損美性頭、面部疾病處方用藥取向同中有異,它們不僅注重對香藥和脂藥的使用,而且注重對醋類的使用,同時還兼用益氣、養血、益精藥物。從劑型來看,用藥取向非常顯明。湯劑少不了"醋",膏劑離不開"脂",散劑也離不開"油",散劑多用"香藥",丸劑多用覆盆子、菟絲子、地黃等,食療多選桃仁、麻仁、胡桃仁等。

一是對醋類的使用。在美容實踐中,醋類發揮了重要作用,尤其是美髮。用醋多見於湯劑之中,但絕不能將其視爲一種普通溶媒,它們的特殊功能,使其成爲美髮處方不可替代的組分。也正因此,美髮處方通常有"醋""漿水""清醯""清酢"

---

①趙立勛等編:《古今圖書集成醫部續録》,中國醫藥科技出版社,2002 年,第 79 頁。
②胡露:《中醫藥治療斑禿新進展》,《中醫藥導報》2001 年第 8 期。
③趙立勛等編:《古今圖書集成醫部續録》,第 80 頁。

"酢""苦酒"等與之相伴。盡管它們名稱各異,但畢竟都是酸性液體,藥性類同。[①]
它們還集中使用,如 P.3378 療髮落:"……三物以醋、漿各二升,煎淬,洗頭"。[②]

二是對脂藥的使用。脂藥是指一些富含油脂的藥物,不僅在敦煌美容處方中
使用頻繁,而且在美髮處方中亦如此。在膏劑中,特別注重對雁肪、馬鬐膏、豬脂
膏、雞肪等動物脂的使用,如 S.4329 髮落不生方和 S.1467-2 生髮及白屑膏方,而
S.1467-2 生髮及治頭風、風癢、白屑膏方,還以入方量較大的一味豬脂替換掉《千
金要方》卷十三"治頭中風癢白屑生髮膏方"中的莽草和辛夷二味藥。在散劑中,
尤其注重對麻油、蔓菁油等植物油的使用,如 P.3930"麻油及蔓菁油,青木香末,
塗頭即瘥"。[③]在丸劑和食療中,多選桃仁、核桃、麻子、瓜子、蓮子等。

三是對香藥的使用。敦煌美髮處方與美容處方都十分重視對諸如詹香、青木
香、香附子、麝香、松香、薰陸香、零陵香、藿香等氣味芳香藥物的使用,而且時常
集中使用。如 S.1467-2 治白屑風、頭長髮、生髮膏方,就集中使用了香附子、松
香、零陵香、藿香等。

在敦煌治療損美性頭髮疾病的實踐中,醋類、脂藥、香藥是不可或缺的處方
組分。與這一時期其他地區相比,其處方用藥地域特色顯著,尤其是對脂藥和香
藥的應用。雖說是損美性頭髮疾病的本質要求,但上述 S.1467-2 所載的"生髮及
治頭風、風癢、白屑膏方",以入方量較大的豬脂替換了藥性相反的莽草和辛夷,
是地處大風、乾燥氣候環境下治療頭髮風燥症的有效對策。對木香、丁香、沈香、
麝香等香藥的集中使用,固然有來自南亞和阿拉伯等周邊地區的藥物對地處絲
綢之路的敦煌的影響,但主要還是其藥理屬性使然。

三、處方制劑的屬性

從敦煌文獻中損美性頭髮疾病的醫方來看,處方制劑的屬性,基本上是以處
方組分的功能屬性複合而成,很大程度上取決於君、臣藥的屬性。一如 S.1467-2
"治頭中二十種病、頭眩、髮禿落、面中風,以膏摩方",用蜀椒、桂心、附子、乾薑溫
陽散寒;茵芋莽草、蘆茹解毒殺蟲;半夏祛痰散結消瘀,合用具有溫陽散寒,祛風
解毒之功。S.1467-2"治欲令髮長及除頭中多白屑方",所用的火麻仁味甘性平。
這是醫者針對陽氣不足,脈道不通,血氣不流等寒症所做出的擬設,制劑屬性爲

①僧海霞:《唐宋時期敦煌地區藥用醋考》,《中醫雜誌》2013 年第 14 期。
②叢春雨:《敦煌中醫藥全書》,第 209 頁。
③叢春雨:《敦煌中醫藥全書》,第 583 頁。

"温熱"。二如 S.1467-2"生髮及治頭風、風癢、白屑膏方",用烏頭、防風、白芷、白术、細辛、茵芋、松葉、皂莢散風,殺蟲止癢;澤蘭、柏葉清熱涼血,活血散風;石楠、續斷補肝腎,通經絡,烏須髮,合用具有散風除濕止癢,涼血益陰生髮之效。S.1467-2"治白屑風、頭長髮、生髮膏方",不僅將散風除濕去屑止癢藥與烏髮藥相伍爲用,而且以諸脂潤澤烏髮,强化藥效。P.2662"服槐子",《本草經疏》言:"槐實爲苦寒純陰之藥,爲涼血藥品,清熱涼血潤燥。"這是醫者針對血虛生熱,熱盛傷營,營血不能上濡;或血虛生風,頭屑疊起,髮焦脱落等熱症所作出的擬設,制劑屬性爲"寒涼"。三如 P.2882"四時常服三等丸方",所用地骨白皮、乾地黄、五味子滋陰清熱;以牛膝、桃仁活血化瘀;覆盆子、菟絲子、牛膝、五味子補益肝腎,固精明目壯筋强骨;黄芪補中益氣;蒺藜子祛風明目,下氣行血;生薑和胃。諸藥合用補腎填精,益精生血。這是醫者針對先天不足,房事不節等腎精不足症所作出的擬設,制劑屬性爲"補"。四如 P.4038"韋侍郎變白方",所用地黄、烏麻、天門冬潤經益血、復脈通心;牛膝、枸杞子、天門冬生脈;黄連"去除中焦實熱而瀉心火"。諸藥合用滋陰瀉火和血。這是醫者針對中焦實熱、脈絡不通症所作出的擬設,制劑屬性爲"瀉"。

在處方中,不能忽視佐藥調劑"除寒熱邪氣、破積聚愈疾"的作用。像上述諸方所用的"醋類",它作爲功能溶媒,具有"散血瘀""理諸藥毒熱"等功能;所用的豬脂、熊脂、馬䰀脂等脂類,它們作爲功能溶媒,具有"通利血脈"、潤髮、生髮等功能;所用的香藥附子,味辛能散,"爲陽中之陰,血中之氣藥",具有"益氣,長須眉","兼通十二經氣分",還"能推陳出新"、燥化濕邪等。①像 S.1467-2"治頭風木湯方"中所使用的麻黄,在使用細辛、豬椒根、防風、茵芋發汗解表散寒,祛寒除濕止痛的過程中,佐以麻黄根固表斂汗防止汗出太多,使豬椒根去其性而存其用,令制劑表現出(收發汗)解表散風、祛寒除濕止痛之功能。顯然,佐藥的恰當使用,對於制劑屬性的擬設和臨床療效的提高具有現實意義,不僅能豐富制劑的屬性,使制劑補而不滯,滋而兼清,利於病、症兼消;而且能改變藥性使處方制劑的屬性與症候的寒熱虛實屬性形成對應關係,避免治療上南轅北轍;同時,還能糾正直接利用藥物有效成分的功用而略去辯證簡單處方的方法。因此,對佐藥深入研究同樣也是辨治損美性頭髮疾病實現重大突破的途徑之一。

處方制劑的屬性,是其功能特征的外在體現,它所表現出的温涼補瀉,是所選組分藥性辯證統一的結果,也是醫者針對損美性頭髮疾病屬性所作的擬設。

---

① [明]李時珍著,漆浩主編:《白話本草綱目(上册)》,學苑出版社,1994 年,第 982 頁。

四、處方用藥理念

從敦煌文獻來看,當時醫者在治療損美性頭髮疾病的過程中,内治重肺腎,處方靈活,以滋補見長,方如 P.2882"四時常服三等丸方"等,所用菟絲子、覆盆子、牛膝、枸杞子、地黃等均屬《神農本草經》上品藥範圍,非具五行之秀,則必備四氣之和,以延年益壽爲本,道家養生方術色彩明顯。雖然善補,但非摒弃宣散攻伐。它們"以平爲期",寒熱并用,補瀉兼施,氣、血同補,方如 P.4038"松筍變白方""韋侍郎變白方""八公神散"等,用竹葉、槐子、黃連、黃芩、桑椹、旱蓮子等清熱瀉火;用蜀椒、桂心等溫陽散寒;用人參、地黃、伏苓、枸杞子、天門冬等滋補;用當歸、川芎、桃仁等逐瘀通絡等。它們的處方用藥"溫而厲,威而不猛",一些處方不僅有意避開了莪術、三棱等破血逐瘀通絡藥,而選川芎、當歸、桃仁等活血養血生脈通絡,避免耗氣傷陰動血,使氣血平和;而且有意避開了硫磺、石英、丹砂等辛熱燥烈的金石藥,而選用桂心、蜀椒等草本類溫熱藥,同時還選配補益陰液的地黃、白芍等與之爲伍。它們養陽與滋陰同步,在使用菟絲子、覆盆子、枸杞子等藥時,又以地黃、伏苓、天門冬等與之爲伍。這樣一來,可以避免劫陰動火,使陰陽協調,氣血調暢,氣血兩旺,足以資毛髮。

外治重養護,使陽氣足、氣運血行、衛表得固、邪毒不侵,方如 S.1467–2"生髮及白屑膏方""治欲令髮長及除頭中多白屑方"等。用醋、防風等祛風;用益母草、桃仁等化瘀;用沈香、零陵香、檀香等香藥化濕;用馬鬐脂、豬脂等脂類潤燥。治膏更是別具匠心,不但不避附子,而且還常以諸香藥與之爲伍,他們或許更看重的是其"微苦能降,微甘能和"、氣味芳香能辟穢醒神的功能。它"與木香同用可疏郁和中,與檀香同用可理氣醒脾,與沈香同用可升降氣機,與茴香同用可引氣歸原",①使氣、血調暢,不但不會劫陰動火,反而還能行經絡、入血分而潤燥。

雖然一些金石處方逐漸開始被草木類處方替代,但使用金石藥物的遺風尚存,如 S.76"石榴……和鐵丹服之,一年白髮盡黑,益面紅色。"不過,像 P.4038 所載的鉛梳子方:"鬚髮已白,從根變黑……鉛沙半斤……依前藥中浸,用即更□便,其功無比。"②如此大劑量使用重金屬,的確有其時代局限性,但不失爲一種途徑。盡管不能從根本上消除白髮這種疾病,但可以迅速使頭髮變黑,從而減少

①[明]李時珍著,漆浩主編:《白話本草綱目(上冊)》,第 982 頁。
②叢春雨:《敦煌中醫藥全書》,第 763 頁。

這種疾病的次生傷害,在一定程度上安和了患者的心理。

可見,唐宋醫家辨治損美性頭髮疾病的基本思路是"氣運血行",基本手段是安和臟腑、調和營衛,基本方法是扶正、祛邪,處方用藥的基本理念是"和"。

結 語

唐宋時期敦煌醫者治療損美性頭髮疾病,重治肺腎,更重安和五臟,擅長補益,陰陽同補,氣血同調,道家方術色彩濃重;處方用藥依據的選取緊盯病因、病機,兼顧病症;處方用藥嫻熟靈活,因地制宜,精益求精;制劑屬性擬設,或複合或調劑,平和為期。

處方用藥重視醋、脂藥和香藥的使用。這一選配取向,是其功能屬性使然,是損美性疾病的本質要求,是臟腑補瀉温涼用藥的必然結果,也是醫家對損美性頭髮疾病辨治思路的集中體現。它們聚集一方,限定了處方制劑屬性和治療方向,不僅反映出處方用藥的依據,而且反映出處方用藥的理念。

敦煌文獻中治療損美性頭髮疾病處方用藥取向對後世影響深刻,幾乎成了唐宋以後處方用藥的共同特徵,也為當今中醫美容奠定了基礎。這一研究的開展,有助於提高醫者對傳統文化的認識,深化醫者對中醫理論的理解,提升治療損美性頭髮疾病的辨治水平;而且有助於弘揚中醫藥美容文化,進一步激發和釋放人們對中醫藥文化的需求;更重要的是,提升了中醫美容文化、中醫藥文化乃至中華文化的影響力,擴大中醫藥在世界上的共榮、共享空間。

附記:本文係教育部人文社會科學一般項目"近代外國人中國西北考察中的絲綢之路認識研究"(17YJA007715)和甘肅省社科規劃項目(YB037)的階段性成果。

作者簡介:僧海霞,女,1976年生,歷史學博士,西北師範大學歷史文化學院副教授,研究方向為敦煌學和歷史地理學。

青川郝家坪秦墓木牘補論

［日］廣瀨薫雄

（復旦大學出土文獻與古文字研究中心、
出土文獻與中國古代文明研究協同創新中心,上海 200433）

内容摘要:本文討論青川郝家坪秦墓木牘的釋讀問題,并説明這枚木牘對中國古代史研究具有怎樣的意義。本文首先討論牘文開頭一句的意思。根據最新研究成果,"内史匽氏臂"之"匽氏"和"臂"分别是人名,由此可知戰國秦的内史分左右,戰國秦内史和漢代内史之間或許有淵源關係。"脩爲田律"之"脩"是修復的意思,此次修復的"爲田律"是孝公十二年商鞅"爲田開阡陌封疆"時制定的律。其次討論"爲田律"中與阡陌制有關部分的解釋。"畝二畛""一百道""一千道"分别是"畝二,畛""（畝）一百,道""（畝）一千,道"的意思,據此可弄清畛、陌、阡三種道路和田地的位置關係。

關鍵詞:青川郝家坪秦墓木牘;左右内史;爲田律;商鞅變法;阡陌制

前言

筆者曾經討論秦漢時代律的制定程序,提出了一個假説:秦漢時代的律是皇帝下制詔一條一條制定的(戰國時代的律是秦王下命令制定的)。爲了證明這一點,筆者列舉了文獻中所見的皇帝(或秦王)下制詔(或命令)制定律的記載,青川郝家坪秦墓木牘上所記載的秦武王二年王命是其中一例。[①]然而,舊稿發表後,筆者讀了當時没有注意到的或當時没有發表的資料和研究,發現筆者對青川郝家坪秦墓木牘的理解有很大的錯誤。筆者認爲,通過糾正這個錯誤,可以使青川郝

---

① ［日］廣瀨薫雄:《秦漢時代の律の基本的特徵について》,其著《秦漢律令研究》,汲古書院,2010年。本文把這篇文章稱爲"舊稿"。舊稿中引用青川郝家坪秦墓木牘的部分見於第 147—148 頁。

家坪秦墓木牘對中國古代史研究的意義比過去更加清楚。本文的目的是説明這件事。

在進入正題之前，首先講一下舊稿發表後出現的青川郝家坪秦墓木牘研究的新情況，即《秦簡牘合集》的出版。①關於《合集》已經有不少書評和介紹，②因此我們只介紹《合集》中的青川郝家坪秦墓木牘部分。

木牘的圖版采用四川省文物考古研究所黄家祥先生提供的彩色照片(即《出土文獻研究》第 8 輯所載照片的原件，上海古籍出版社，2007 年)和課題組新拍攝的紅外綫照片，紅外綫照片收録原大照片和放大照片兩套。其中紅外綫照片值得大書特書，課題組通過紅外綫照片發現武王二年王命的末尾以不同的筆迹寫"章手"。不止如此，此次首次公開另外一枚木牘(17 號木牘)的照片。過去連這枚木牘上是否有字也無法確定，課題組則指出這枚木牘上"似記述若干人不除道天數折合錢款之事"，這枚木牘的内容有可能和記録武王二年王命的 16 號木牘相關。③

釋文注釋的作者是陳偉先生和高大倫先生。釋文吸收了最新的古文字研究成果，目前最可靠。注釋采用集注形式，廣泛搜集相關研究，詳細介紹各家的意見。此外，釋文注釋末尾附録"主要參考文獻"。這些爲我們了解青川郝家坪秦墓木牘的研究情況提供了很大的方便。

雖然如此，筆者認爲《合集》中還有一些解釋值得商榷。另外，按照集注的注釋方式，對問題的解決起了關鍵作用的研究和其他研究受到同等對待，有時候讀者難以看出最關鍵的是哪些研究。因此，本文重點介紹筆者認爲尤其重要的一些研究，在此基礎上講一下筆者自己的看法。如果想了解其他研究成果，請參看《秦

①陳偉主編：《秦簡牘合集》，武漢大學出版社，2014 年；釋文注釋修訂本，武漢大學出版社，2016 年。以下簡稱爲"《合集》"。如果有必要，加"初版本""釋文注釋修訂本"區别這兩種版本。
②管見所及，在中國發表的書評有胡平生《秦簡合集 同道相益——評〈秦簡牘合集〉》(《人民日報》2015 年 7 月 28 日)、王子今《更深入的研究——評〈秦簡牘合集〉》(《光明日報》2015 年 8 月 3 日)、侯旭東《秦簡整理的新里程碑》(《中華讀書報》2015 年 8 月 12 日)、鄔文玲《〈秦簡牘合集〉評介》(《中國史研究動態》2016 年第 1 期)；在日本發表的書評有[日]湯淺邦弘、草野友子《秦簡牘の全容にせまる——陳偉主編『秦簡牘合集』》(《中國研究集刊》夜號，2015 年)、[日]藤田勝久《陳偉主編『秦簡牘合集』の刊行について》(《中國出土資料研究》第 20 號，2016 年)。
③以上所講的主要成果在《秦簡牘合集》郝家坪秦墓木牘的《概述》中有扼要的介紹。

簡牘合集》相關部分。①

一、"王命丞相戊内史匽氏臂更脩爲田律"句的解釋

我們首先看本文要討論的青川郝家坪秦墓 16 號木牘正面簡文釋文(此釋文是根據最新研究成果而作的,與舊稿中所示的釋文有所不同):

> 二年十一月己酉朔=(朔朔)日,王命丞相戊(茂)、内史匽氏、臂更脩爲田律:田廣一步,袤八則爲畛。晦(畝)二畛,一百道。百晦(畝)爲頃,一千道=(道。道)廣三步。封高四尺,大稱其高。捋(埒)高尺,下厚二尺。以秋八月,脩封捋(埒),正彊(疆)畔,及發(發)千(阡)百(陌)之大草。九月,大除道及阪險。十月,爲橋,脩波(陂)隄,利津梁(?),鮮草。雖非除道之時,而有陷敗不可行,輒爲之。章手

本節討論的是開頭一句。"二年十一月己酉朔朔日,王命……"是"(武王)二年十一月一日,王命令"的意思,此句説明這枚木牘上所記律文的制定緣由。

"王命"下的"丞相戊"是《史記》中被立傳的甘茂,這一點没有疑義。問題是其下"内史"云云的解釋。關於這幾個字,過去有不少學者提出了各種不同的解釋,但現在這個問題基本得到了解決。我們在此盡量簡明扼要地整理一下關於這句話的各種解釋,説明這句話的意思,并談談這句話的釋讀對中國古代史研究具有什麼意義。

(一)内史的名字是什麼? ——"内史匽氏臂"的解釋

關於"内史"下的"匽氏臂"3 字的解釋,《合集》引用了 11 位學者的 13 篇論文的説法。各家説法的異同情況錯綜複雜、盤根錯節,在此無法一一詳細介紹。簡單地説,大致情況如下:在釋字方面,關於"氏"字,除了"氏"説以外,還有"取"説、"民"説、"吏"説;關於"臂"字,除了"臂"説以外,還有"願"説。在文意理解方面,有些學者認爲内史的名字是"匽",有些學者認爲是"匽氏",有些學者認爲是"匽氏臂";也有些學者認爲"匽氏臂"是兩個人名,此説再可以分爲"匽氏"和"臂"二

---

① 本文是筆者在曾經做過的學術報告《郝家坪秦墓木牘"王命丞相戊内史匽氏臂更脩爲田律"句補論——讀《秦簡牘合集》札記(二)》(第三屆簡帛學國際學術研討會,桂林,2015 年 11 月 6-7 日)的基礎上作了很大的修改而成的。《合集》初版本没有引用本文要重點介紹的"尤其重要的研究",其釋文有明顯的錯誤。那次學術報告的主要目的是糾正《合集》初版本的這些問題。其後《合集》釋文注釋修訂本參考筆者的意見修改了釋文和注釋,因此當初的目的已經基本達到了。但如上文所述,筆者認爲《合集》中仍然存在着值得商榷的部分,而且筆者還要糾正舊稿的錯誤。這是筆者決定發表本文的原因。

人説、"匦"和"氏臂"二人説。此外還有一種説法認爲"臂"不是人名。①

首先説明"氏臂"的字釋。第一字,不管是哪一種圖版,其筆劃都很清晰,從字形看只能是"氏"或"民"。自從黄文傑先生的研究出來後,此字的釋讀基本得到了解決,此字可以確定爲"氏"。②至於第二字,過去因爲圖版不很清楚,無法確定字釋。現在《合集》公開了很清晰的圖版,我們據此可以確定這是"臂"字(參看圖版)。

其次討論"匦氏臂"三字的意思。解決這個問題的關鍵是下引的 3 件(或 2 件)戈上所刻的銘文:

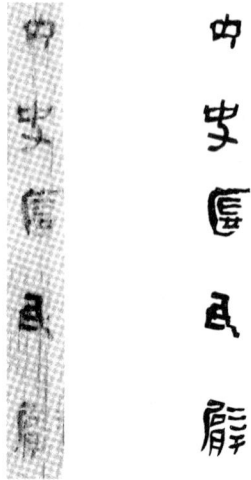

紅外綫照片　　筆者摹本
"内史匦氏臂"圖版

(a)十四年□平匦氏戈：十四年□平匦氏造戟(内正)　平陸(内背)③

(b)十四年上郡守匦氏戈一：十四年上郡守匦氏造,工蒿(内正)　洛都(内背)　博望(胡)④

(c)十四年上郡守匦氏戈二：十四年上郡守匦氏造,工蒿(内正)　洛都(内背)　博望(胡)⑤

在此只翻譯内正面的銘文,(a)是"十四年,□平的匦氏所造的戟",(b)和(c)是"十四年,上郡守匦氏所造。工蒿(鑄造這件戈的工人的名字)"。根據這些例子可以確定,"匦氏"是人名。從戈的形制和銘文看,這三件戈當是秦惠王後元十四年(前 311)鑄造的。惠王後元十四年(前 311)和武王二年(前 309)只間隔兩年。這

① 詳見《合集》初版本[貳],第 191~192 頁;釋文注釋修訂本[肆],第 228 頁。
② 黄文傑:《秦系簡牘文字譯釋商榷(三則)》,《中山大學學報(社會科學版)》1996 年第 3 期。此外,黄文傑《秦至漢初簡帛文字研究》(商務印書館,2008 年)第 136—141 頁《"氏""民"辨》對這個問題展開了更加全面的討論。筆者在舊稿中把這個字釋爲"民"是錯誤的。
③ 關於這件戈的著録情況,請參看王輝、王偉《秦出土文獻編年訂補》,三秦出版社,2014 年,(103)。除了該書引用的論著外,還有《珍秦琳瑯:秦青銅文明》(澳門特別行政區民政總署文化康體部,2009 年,第 116—117 頁)也收録這件戈的圖版。
④ 王輝、王偉:《秦出土文獻編年訂補》,(104)。該書引用的吳鎮烽《新見十四年上郡守匦氏戈考》一文,筆者未見,在此根據《秦出土文獻編年訂補》引用。附帶説,吳鎮烽《商周青銅器銘文暨圖像集成》17290(上海古籍出版社,2012 年,第 32 卷第 368—369 頁)收録"上郡守匦氏戈",這件戈尺度的説明與《秦出土文獻編年訂補》一致,形制的描述也幾乎完全相同,這件戈似是吳鎮烽先生在上引論文中介紹的那一件。但根據圖版,這件戈與《秦出土文獻編年訂補》(105)引用的"十四年上郡守匦氏戈二"顯然是同一件。因此我們懷疑"十四年上郡守匦氏戈一"和"十四年上郡守匦氏戈二"是同一件。
⑤ 王輝、王偉:《秦出土文獻編年訂補》,(105)。

些戈銘中的"匽氏"和郝家坪秦墓木牘的"匽氏"無疑是同一人。那麼其下的"臂"只能理解爲另外一個人名。

以上的意見，董珊先生和吳良寶先生早已指出過。2006年，董珊先生根據"十四年□平匽氏戈"提出了這個説法：

> "匽氏"亦見青川木牘所記秦武王二年《更脩爲田律》……現據前述秦惠文王時期兩件戈銘的"内史都(?)、操""内史操、戻"之文例(引者按，詳見下)，木牘所記内史也可能是"匽氏"與"臂"兩人，這樣能够跟珍秦齋所藏的這件十四年匽氏戈銘相互印證。①

董珊先生撰寫此文時，祇有"十四年□平匽氏戈"的存在爲人所知。因此董珊先生比較慎重，用"也可能"這種説法。後來"十四年上郡守匽氏戈"的出現證實了董珊先生的解釋。吳良寶先生正是補充這個資料證成董珊先生的説法：

> 從形制與銘文來看，戈的鑄造年代比較早，應是秦惠文王時的兵器。戈銘中的"匽氏"，可與上引青川木牘、珍秦齋藏兵器的銘文相對照，視爲同一人應無問題。從秦惠文王時兵器"王八年内史戈""王四年相邦張義戈"銘文中的内史均爲兩個人的情况看，董珊説青川木牘中的"匽氏""臂"爲人名，甚是。
>
> 珍秦齋藏戈無從反映秦惠文王十四年時匽氏的職任情况，青川木牘則表明秦武王二年(前309年)時匽氏已出任秦國的内史。由於秦惠文王改元之前祇有十三年，因此這件"上郡守匽氏戈"的鑄造年代只能是後元十四年(前311年)。匽氏在惠文王末期曾擔任上郡的郡守，這是戈銘可以補充史書相關記載之處。②

匽氏從上郡守調任内史這一事實頗爲耐人尋味。陳平先生曾指出："秦在未統一六國前，其郡守是十分顯要的官職。特別是地處與六國對峙的前沿的各重要郡的郡守，更多爲一代名將。"③例如從"王五年上郡疾戈""王六年上郡疾戈""王七年上郡疾戈"可知，惠文王後元五年至七年，樗里疾任上郡守。④此外，根據陳先生研究，秦戈銘中提及的上郡守"壽"是向壽，"厝""趞"是司馬錯，"起"是白起。⑤明白

---

①董珊：《讀珍秦齋藏秦銅器札記》，蕭春源《珍秦齋藏金·秦銅器篇》，澳門基金會，2006年，第214頁。

②吳良寶：《十四年上郡守匽氏戈考》，"簡帛"網2012年5月22日，http://www.bsm.org.cn/show_article.php?id=1702。此文後收入宛鵬飛《飛諾藏金【春秋戰國篇】》，中州古籍出版社，2012年。

③陳平：《試論戰國型秦兵的年代及有關問題》，《中國考古學研究論集》編委會編《中國考古學研究論集——紀念夏鼐先生考古五十周年》，三秦出版社，1987年。

④王輝、王偉：《秦出土文獻編年訂補》，(96)—(98)。

⑤陳平：《試論戰國型秦兵的年代及有關問題》。但董珊先生懷疑其中"厝"不是司馬錯(《戰國題銘與工官制度》，北京大學博士研究生學位論文，指導教師：李零教授，2002年)，筆者認爲此説可從。

了戰國秦上郡守的重要性，就能知道上郡守的匽氏後來調任内史是合情合理的事。

還有一點值得重視的是，董珊先生根據實例證明黄盛璋先生"秦丞相有左右，内史當也有左右"的推論。①所謂實例指的是如下三件戈銘文：

(d)王四年相邦張義戈：王四年相邦張義、内史都(?)、操之造□界戟，□【工師】賤，工卯(内正)　錫(内背)②

(e)王八年内史戈一：王八年内史操、□之造,【咸】陽二〈工〉幸(内)三(胡)③

(f)王八年内史戈二：王八年内史操、□之造,咸陽工幸④

(d)云"内史都(?)操"，(e)(f)云"内史操□"。秦兵器銘文中所見的"王~年"都是惠文王後元的紀年，⑤(d)和(e)(f)的鑄造年代只隔四年。因此這些銘文中所見的"操"應該是同一個人。若果真如此，"内史都(?)操"和"内史操□"都是兩個人的名字。當然也可以懷疑，"内史都(?)操"和"内史操□"都是一個人的名字，兩例中都有"操"純屬偶然。然而把這些例子和青川木牘"内史匽氏臂"結合起來看，"内史"下有兩個人的名字應該基本可以確定。

以上事實對理解戰國秦漢時代的内史具有非常重要的意義。爲了説明這一點，我們在此確認一下《漢書·百官公卿表上》内史條原文：

内史，周官，秦因之，掌治京師。景帝二年分置左内史、右内史……

根據這段記載的説明，内史掌管治理京師。但西周金文中所見的内史不是這種官職，而是王室的史官。⑥像漢代内史那樣的治理京師的行政官内史究竟是什麽時候出現的，目前不明。過去有些學者主張戰國時代中期秦的内史不是治理京師的行政官，支持這個看法的人至今仍然不少。⑦但依筆者之見，上引的3件(2件?)戈的發現可以解決關於戰國秦内史職掌的問題。工藤元男先生在討論秦代内史時提到了兵器銘文，説"秦王政四年以前的青銅器雖然是内史之地製造的，但其銘文中没有作爲督造者的内史之名，這也是因爲當時郡之内史還没有形成的緣故

①黄盛璋：《青川秦牘〈田律〉爭議問題總議》，《農業考古》1987年第2期。

②王輝、王偉：《秦出土文獻編年訂補》，(95)。此外收入西漢南越王博物館《西漢南越王博物館珍品圖録》，文物出版社，2007年，第87頁。

③王輝、王偉：《秦出土文獻編年訂補》，(99)。此外收入《珍秦琳琅：青銅文明》，第114—115頁。

④王輝、王偉：《秦出土文獻編年訂補》，(100)。

⑤參看陳平《試論戰國型秦兵的年代及有關問題》。

⑥參看張亞初、劉雨《西周金文官制研究》，中華書局，1986年，第29—30頁。

⑦關於秦内史的研究情況，參看[日]重近啓樹《秦の内史をめぐる諸問題》，收入[日]重近啓樹《秦漢税役體系の研究》，汲古書院，1999年。

吧"。①既然惠文王時期的兵器銘文中内史作爲督造者出現,從反面證明工藤先生的這個意見。換句話説,戰國秦的内史至晚在惠文王時期已經是治理京師的行政官。

既然惠文王時期的内史有左右,此事在考慮秦内史和漢代左右内史之間的關係時具有很重要的意義。《漢書·百官公卿表》説景帝二年分置左右内史,而《地理志上》京兆尹條説武帝建元六年分置。《公卿表》顔師古注説《地理志》誤,但錢大昭《漢書辨疑》指出《公卿表》的記載也不確,云:"案《公卿表》景帝元年'中大夫朝錯爲左内史',二年'左内史朝錯爲御史大夫',則分置左右,又在景帝之前。《地理志》以爲武建元六年分置者固非,而此表以爲景帝二年分置者亦未的也。"也就是説,左右内史的分置始於何時,史書中没有可靠的記載。惠文王後元年間的幾件戈及郝家坪秦墓木牘16號木牘告訴我們,左右内史制度似乎源自戰國秦。②

(二)律名是什麽? ——"更脩爲田律"的解釋

"更脩爲田律"5字無疑包含着律名,但究竟哪幾個字是律名呢? 學界對這個問題的看法不一。這個問題和每個學者對秦漢律的理解密切相關,恐怕目前還難以取得一致的看法。

青川郝家坪秦墓木牘公開以來,最被廣泛接受的説法可能是以"田律"爲律名。但李學勤先生、胡平生先生認爲"爲田律"是律名,支持這個解釋的學者也不少。此外張金光先生認爲"更脩爲田律"是律名,這個説法也有贊同者。《合集》是贊同以"田律"爲律名的説法。其理由是類似内容見於張家山漢簡《二年律令·田律》。③

我們同意"爲田律"説。因爲"脩(修)+法令"這一説法在秦漢時代的文獻中有幾例,"脩爲田律"也可以理解爲其一例。④最早指出這一點的是李學勤先生,他引

---

①[日]工藤元男:《内史の再編と内史·治粟内史の成立》,收入工藤元男《睡虎地秦簡よりみた秦代の國家と社會》,創文社,1998年,第45頁;[日]工藤元男著,[日]廣瀬薫雄、曹峰譯:《睡虎地秦簡所見秦代國家與社會》,上海古籍出版社,2010年,第39頁。

②但需要注意的是,漢代的左内史和右内史分別管轄不同區域,戰國秦的左右内史是否如此目前難以確知。如果和左右丞相相對比看,恐怕戰國秦左右内史的管轄地區相同的可能性更大。因此我們不能輕易把戰國秦的左右内史和漢代的左右内史直接聯繫起來。這一點,筆者在做關於這個問題的學術報告時(參看本文第185頁注①)承蒙汪桂海先生指教。

③關於以上問題的詳細討論,參看《合集》初版本[貳],第192—193頁;釋文注釋修訂本[肆],第228—229頁。

④關於"脩(修)+法令"之"脩(修)"的意思,筆者在拙著第113—116頁發表過自己的看法。雖然内容基本重複,但爲了討論之便,在此也講一下。

用睡虎地秦簡《語書》"脩灋律令"的例子,認爲"脩"是動詞,"爲田律"是律名。①我
們看一下《語書》原文:

> 今灋律令已具矣ㄴ,而吏民莫用,鄉俗淫失(泆)之民不止ㄴ。是即
> 灋(廢)主之明(明)灋殹,而長邪避(僻)淫失(泆)之民,甚害於邦ㄴ,不
> 便於民。故騰爲是而脩灋律令、田令及爲閒私方而下之ㄴ,令吏明(明)
> 布ㄴ,令吏民皆明(明)智(知)之,毋巨(距)於皋ㄴ。(睡虎地秦簡《語書》
> 3—5 號簡)

> 現在法律令已經具備了,但官吏、老百姓都沒有加以遵守,習俗淫佚放恣的人
> 未收斂。這是不執行君上的大法,助長邪惡淫佚的人,很有害於國家,不利於百姓。
> 所以我修復法律令、田令和懲辦奸私的法規而發布它們,命官吏公布於衆,使官吏、
> 百姓都清楚了解,不要違法犯罪。②

需要注意的是,此"脩"不是修改的意思。黄盛璋先生引用這個例子,説"秦法律令
皆出於秦王與中央治府所立,地方長官没有立法之權,只能公布照辦。《語書》所
謂'脩'仍爲古訓,乃是將秦中央已經訂立之法律條文再在地方公布一次,連修改
之權也不可能有,(青川郝家坪秦墓)牘文之'脩'同爲此義。"③這是很有道理的意
見。

最近發現的嶽麓書院藏秦簡有"修令"的例子:

> 其縣使而不敬,唯(雖)大嗇夫得笞之如律。新地守時修其令,都吏
> 分部鄉邑間。不從令者,論之。●十九(0485)④

> 如果出差辦事不謹慎,即使這個官員是大嗇夫,也可以按照律文用鞭打他。新
> 地的太守經常修復其令,都吏在鄉邑間區分管轄。如果不按此令辦事,依法論處。●
> 十九

此"修"也是郡守"修"法令的例子,其用法與《語書》"脩"完全相同。

傳世文獻中也能找到"脩(法令)"的例子:

> 下令國中曰:"昔我穆公自岐雍之間,修德行武,東平晋亂,以河爲
> 界,西霸戎翟,廣地千里,天子致伯,諸侯畢賀,爲後世開業甚光美。會往

①李學勤:《青川郝家坪木牘研究》,《文物》1982 年第 10 期。此文後收入李學勤《李學勤集——追溯·
考據·古文明》,黑龍江教育出版社,1989 年;《李學勤文集》,上海辭書出版社,2005 年。
②睡虎地秦墓竹簡整理小組:《睡虎地秦墓竹簡》,文物出版社,1990 年。白話文譯基本采用了該書的
譯文(見第 15 頁)。
③黄盛璋:《青川秦牘〈田律〉爭議問題總議》,《農業考古》1987 年第 2 期。
④這條律文見於陳松長《嶽麓書院藏秦簡中的郡名考略》,《湖南大學學報(社會科學版)》2009 年第 2
期。釋文完全按照陳先生的引文,但我們改了一些斷句。

者屬、躁、簡公、出子之不寧,國家内憂,未遑外事,三晋攻奪我先君河西地,諸侯卑秦。醜莫大焉。獻公即位,鎮撫邊境,徙治櫟陽,且欲東伐,<u>復穆公之故地,脩穆公之政令</u>。寡人思念先君之意,常痛於心。賓客群臣有能出奇計强秦者,吾且尊官,與之分土。"(《史記·秦本紀》)

(孝公)下令全國説:"從前,我祖先穆公在岐山、雍州之間興起,修布德政,建樹武功,東邊平定晋國的内亂,以黄河爲國境,西邊稱霸戎翟,開闊千里國土,天子賜予他霸主稱號,天下諸侯都祝賀。穆公爲後世開創了基業,甚爲盛大美好。恰巧前幾代的屬公、躁公、簡公、出子治理秦國不安定,國内有憂患,無暇顧及國外之事,三晋攻奪了我先君開拓的河西之地,天下諸侯看不起秦國。這是莫大的恥辱。獻公即位後,安撫邊境,遷都櫟陽,準備東征,恢復穆公開拓的領地,修復穆公的政令。我思念先君的遺志,經常心痛。如果賓客、群臣中有誰能够出奇謀讓秦國强大,我把他封爲高官,賜給他封地。"

上乃下詔,深陳既往之悔,曰:"……當今務在禁苛暴,止擅賦,力本農,<u>脩馬復令</u>,以補缺,毋乏武備而已。郡國二千石各上進畜馬方略補邊狀,與計對。"(《漢書·西域傳下》渠犁條)

皇上於是下發詔書,深切陳述對過去的悔恨,説:"……當務之急是禁止官員苛刻和暴虐的行爲,停止隨意征收賦税,致力於農業,<u>修復馬復令</u>,以此補充缺乏的物資,不讓武備導致缺乏。郡國的二千石官員各自奏言養馬的方略和救濟邊境的情況,與上計之吏一起上朝答辯。"

《秦本紀》"脩穆公之政令"與"復穆公之故地"相對,可見此"脩"是修復的意思。《西域傳》所見"馬復令"具體指的是《漢書·食貨志上》所載漢文帝時晁錯的上奏"今令民有車騎馬一匹者,復卒三人。車騎者,天下武備也,故爲復卒。"(現在請規定如下:如果老百姓擁有戰車和戰馬一匹,免除三個人的兵役。戰車和戰馬是天下的武備,所以免除他們的兵役)。①此兩例"脩"都只不過是重新激活現在成爲空文的過去的法令而已。這個用法與上引睡虎地秦簡、嶽麓書院藏秦簡的"脩"完全相同。看了以上幾個例子,"脩+法令"之"脩"的意思就更加清楚了。

如果"更脩爲田律"的"脩爲田律"是"修復《爲田律》"的意思,其上的"更"只能理解爲"再一次"意的副詞。②從語法上説,把"更脩"看作一個動詞的解釋也完全能够成立,實際上也有學者提出這個看法。但就這句話而言,這個解釋恐怕難以成立。因爲"更"是變更的意思,與修復意的"脩"有所不同。黄盛璋先生在上引

---

① 參看程樹德《九朝律考·漢律考一·令》"馬復令"條,中華書局,1963年,第26頁。
② 參看黄盛璋《青川秦牘〈田律〉争議問題總議》,《農業考古》1987年第2期。

論文中已經指出這一點。

　　黃盛璋先生認爲"爲"與"脩"連讀。這個解釋從語法上可以成立,但如果"脩爲田律"是"脩爲《田律》",這句話不能理解爲"修復《田律》"的意思,而只能是"(把本來不是田律的某種法令)修改成《田律》"的意思。按照這個解釋,這道王命完全没有提到要修改什麽,恐怕難以講通文意。黃先生説"脩(修)爲"這個説法經史常見,但根據筆者調查,一例也没有找到意爲修復的"脩(修)爲"的例子。

　　可能有不少人覺得"爲田律"這個律名很奇怪。例如黃盛璋先生説:"'爲田'所包狹,時間亦短暫,不僅古無此名,取爲律名與傳統律名相違,且與律文規定不能盡合。"[①]但其實"爲田律"這個名稱符合於秦漢時代律令的命名法,一點也不奇怪。秦漢時代經常以内容摘要稱呼具體的一條律文。例如張家山漢簡《二年律令》78 號簡云:

　　　　諸有叚(假)於縣道官,事已,叚(假)當歸。弗歸,盈廿日,以私自叚(假)律論。

　　　　凡是從縣或道的官署借東西,辦完事,都要立即把它歸還給官署。如果不歸還時間超過二十天,以"私自假律"論處。

這裏出現"私自假律"這種律名,整理者指出這指的是 77 號簡所寫律文,即:

　　　　□□以財物私自假–佴–(假貸,假貸)人罰金二兩……[②]

　　　　□□私自借貸財物,對借貸的人處以罰金二兩……

按照張家山漢簡整理者的整理,這條律文屬於《盜律》。但引用這條律文時,這條律文可以稱爲"私自假律"。

　　我們再舉一個比較誇張的例子。漢代有一條叫"證財物故不以實臧五百以上辭已定滿三日而不更言請者以辭所出入罪反罪之律"的律(見居延新簡 EPF22:1—2)。此律名的意思是"在供述關於財物的案件時,如果故意隱瞞事實,以此獲得的不義之財超過五百錢,而且供述確定後三天内不改供述説事實的話,根據這個供述造成的實際金額與虚假金額的差距,反而被處罰"。[③]這條律有時候被稱爲"證財物不以實律"(EPT53:181),也有時候被稱爲更簡單的名稱 "證不請律"

_____

　　①黃盛璋:《青川秦牘〈田律〉爭議問題總議》,《農業參考》1987 年第 2 期。
　　②參看張家山二四七號漢墓竹簡整理小組《張家山漢墓竹簡[二四七號墓]》,文物出版社,2001 年,第145 頁。
　　③這個翻譯基本采用了[日]大庭脩《秦漢法制史的研究》(創文社,1982 年)第 659 頁的翻譯。但大庭先生把"不更言請"翻譯爲"不重新請求供述内容的變更",此"請"不是"請求"的意思,而是"情(實情)"的意思。附帶説明,這一段見於林劍鳴等譯《秦漢法制史研究》(上海人民出版社,1991 年)第 532 頁、徐世虹等譯《秦漢法制史研究》(中西書局,2017 年)第 467 頁。但這兩部譯著的翻譯與日文原文有一些出入,我們根據日文原文重新作了翻譯。

（EPT52:417）。

"爲田律"當是這種律名的一例。"爲田律"指的是"更脩爲田律"後引用的那條律文,"爲田律"是"關於'爲田'的律"的意思。這是指特定的一條律文的稱呼,而不是像"田律"那樣的泛稱。換言之,這條律文即使當時屬於《田律》,也可以被稱爲"爲田律"。

(三)開頭一句的白話文譯和此句對中國古代史研究的意義

綜上所述,郝家坪秦墓木牘的開頭一句可以翻譯如下:

（秦武王）二年十一月一日,王命令丞相（甘）茂、内史匽氏和内史臂再次恢復（孝公十二年制定的）"爲田"之律。

筆者在舊稿中把"更脩爲田律"翻譯爲"命令重新修訂《爲田律》"。按照這個解釋,這枚木牘上記載的律是秦武王二年修訂的律文。但經過仔細分析文獻中所見的"脩+法令"的例子,發現此"脩"不是修訂的意思,而是原封不動地恢復曾經制定的法令的意思。按照這個解釋,在此記録的是秦武王二年之前制定的律文。李學勤先生説"由牘文還可知,秦武王以前已有《爲田律》。"[1]此説當可從。

那麼,這條《爲田律》是誰制定的? 如胡平生先生所指出,"爲田律"的"爲田"應該是《史記·秦本紀》"爲田開阡陌"、《商君列傳》"爲田開阡陌封疆"的"爲田",[2]即商鞅變法的"爲田"。既然如此,青川郝家坪秦墓木牘上所記載的《爲田律》很有可能是孝公十二年（前350）商鞅"爲田開阡陌封疆"時制定的律。

關於商鞅制定的田制,即阡陌制,過去有許多學者討論過,阡陌制應該可以説是中國古代史研究中最重要的主題之一。我們通過以上討論獲得了講述商鞅田制具體內容的資料。青川郝家坪秦墓木牘雖然自發現以來一直被用爲研究商鞅田制的資料,但以往學者都認爲木牘上所記載的是秦武王二年修訂的律。從這個角度來看,我們發現的意義不可謂不大。

二、律文中關於阡陌的規定的解釋

本節討論《爲田律》律文的內容。本律文可以分爲兩個部分:第一部分是關於田地區劃的規定;第二部分是關於道路、橋梁、堤壩、渡口修繕的規定。在此只討論前者。

---

[1]李學勤:《青川郝家坪木牘研究》,《文物》1982年第10期。

[2]胡平生:《青川秦墓木牘"爲田律"所反映的田畝制度》,《文史》第19輯,中華書局,1983年。此文後收入胡平生《胡平生簡牘文物論集》,蘭臺出版社,2000年。

衆所周知,内容與《爲田律》幾乎相同的律文見於張家山漢簡《二年律令》(246—248 號簡)。要準確理解律文,必須比較這兩者。因此,爲了比較之便,下面列舉兩條律文中關於田地區劃的部分:

    A   田廣一步,袤 八 則 爲 畛。畛二畛,一百道。百畝爲頃,一千道。道廣三步。封高四尺,大稱其高。埒(埒)高尺,下厚二尺。(《爲田律》)

    B   田廣一步,袤二百卌步爲畛。畛二畛,一佰道。百畝爲頃,十頃一千道。道廣二丈。(《二年律令》)

《爲田律》中關於阡陌結構的部分,筆者在舊稿中翻譯如下:

    寬 1 步、長 8 則(240 步)的田地爲畛。1 畝爲 2 畛,每 1 畝田地設 1 條陌道。100 畝爲 1 頃,每 1 頃田地設 1 條阡道。道寬爲 3 步。

現在看來,這是充滿謬誤、與阡陌的結構完全不符的解釋。關於阡陌的結構,渡邊信一郎先生早已根據文獻中所見的阡陌記載(也包括青川郝家坪秦墓木牘、張家山漢簡《二年律令》在内)提出很合理的解釋。[1]筆者在舊稿中没有參考渡邊先生的研究成果作解釋,是很不應該的。雖然如此,依筆者看,渡邊先生的解釋也有一些細節值得商榷。因此,本節通過補充和糾正渡邊先生的解釋,説明筆者目前的看法。

首先確定 1 畝的面積是多少。傳世文獻中有記載説秦孝公把 240 平方步定爲 1 畝,[2]但這個記載的真偽不是没有疑問。然而張家山漢簡《算數書》的好幾個算題明確地説 1 畝是 240 平方步。作爲其一個例子,在此看一下《啓廣》(159 號簡):

    田從(縱)卅步,爲啓廣幾何而爲田一畝。曰:啓【廣】八步ㄴ。術(術)曰:以卅步爲法,以二百卌步爲實。啓從(縱)亦如此。

    田縱爲 30 步,廣爲多少可得田 1 畝? 答曰:8 步。算法曰:30 步爲法,240 平方步爲實。求田縱亦然。[3]

此外,嶽麓書院所藏秦簡《數》1714 號簡云:

    □田之述(術)曰:以從(縱)二百卌步者,除廣一步,得田一畝。除廣十步,得田十畝。除廣百步,得田一頃。除廣千步,得田【十頃】。

    □田之術曰:假如有縱 240 步的土地,從此分割出廣 1 步的面積,就能得到 1

---

    ①[日]渡邊信一郎:《阡陌制論》,收入[日]渡邊信一郎《中國古代社會論》,青木書店,1986 年。

    ②《一切經音義》卷七七所引《風俗通義》佚文"秦孝公以二百四十步爲畮,五十畮爲畦"。

    ③此白話文譯采用了張家山漢簡《算數書》研究會《漢簡『算數書』—中國最古の數學書》(朋友書店,2006 年,第 18 頁)的中國語譯。

畝的田地;分割出廣 10 步的面積,就能得到 10 畝;分割出廣 100 步的面積,就能得

到 1 頃;分割出廣 1000 步的面積,就能得到【10 頃】。①

根據以上的記載,我們可以確定,1 畝的面積從秦代到漢代一直是 240 平方步。筆者在舊稿中把 240 平方步的田地理解爲 1 畛,并認爲 1 畝是 2 畛(480 平方步)。舊稿對律文的解釋從出發點就錯了。只要搞清楚這一點,律文的解釋自然就可以確定。

首先看第一句"田廣一步,袤八則爲畛"。"廣一步、袤八則(240 步)"説的是 1 畝的面積,而不是 1 畛的面積。因此這一句不能理解爲"寬度 1 步、長度 8 則的田地爲畛",而應該理解爲"每塊寬 1 步、長 8 則的田地設 1 條畛"。畛不是田地,應當理解爲田間的小路。如此解釋才能符合古書中所見的關於畛的訓詁。②

其次看第二句"畝二畛,一百道"。渡邊先生把"畝二畛"理解爲"每畝有 2 畛"(其他學者也大都如此理解)。但按照這個解釋,畝和畝之間有兩條畛,這很不合理。③此句應該是"每 2 畝田地有 1 條畛"的意思。畝和畝的中間設 1 條畛,因此説"畝二畛"。

既然畝和畝的中間設 1 條畛,舊稿把律文"一百道"翻譯爲"每 1 畝田地設 1 條陌道"自然是不對的。現在重新考慮,稱爲"陌"的道路不可能和 100 的數字毫無關係。從這個角度看,律文"一百道"只能是"(畝)一百道"即"每 100 畝田地設 1 條道路"的意思。渡邊先生不把"百"讀爲"陌",是極爲精闢的見解。④

通過以上考釋可以知道,"畝二畛,一百道"的文章結構其實是:"畝二,畛。(畝)一百,道。"也就是説,這句話的意思是:每 2 畝田地設 1 條畛,每 100 畝田地設 1 條道路。

關於第三句"百畝爲頃,一千道"。舊稿把這一句理解爲"每 100 畝(1 頃)田地設 1 條阡道"也不對。《二年律令》中與此相對應的句子是"百畝爲頃,十頃一千

①朱漢民、陳松長:《嶽麓書院藏秦簡(貳)》,上海辭書出版社,2011 年。白話譯文參考了日本中國古算書研究會《嶽麓書院藏秦簡〈數〉譯注稿(2)》("簡帛"網 2013 年 4 月 20 日,http://www.bsm.org.cn/show_article.php?id=1845)的今譯。此外,《合集》在注釋中引用這一條,以此證明秦代的 1 畝是 240 平方步。

②關於畛的訓詁,參看宗福邦、陳世鐃、蕭海波主編《故訓匯纂》,商務印書館,2003 年,第 1486 頁。

③佐竹靖彦先生早已指出這一點。參看[日]佐竹靖彦《商鞅田制考證》,《史學雜誌》第 96 編第 3 號,1987 年;後收入[日]佐竹靖彦《中國古代の田制と邑制》,岩波書店,2006 年。此説見於《中國古代の田制と邑制》第 51 頁。

④目前仍有不少學者把"一百道"之"百"讀爲"陌",并理解爲"1 條陌道"的意思。例如《合集》釋文作"畮(畝)二畛,一百(陌)道"。再看張家山漢簡《二年律令》田律的研究,整理者及彭浩、陳偉、[日]工藤元男主編《二年律令與奏讞書》(上海古籍出版社,2007 年)的釋文也作"畝二畛,一佰(陌)道"。此外[日]冨谷至編《江陵張家山二四七號墓出土漢律令の研究》(朋友書店,2006 年)把"二畛一百道"看作一句,把它翻譯爲"2 畛爲 1 陌道"(第 161 頁)。

道",從這一點看舊稿的解釋也根本無法成立。此"一千道"的句式與上文"一百道"相同,應該是"(畝)一千,道"的意思。至於《二年律令·田律》的那一句,雖然有點語焉不詳,但應該是"每 10 頃(即 1000 畝)田地設 1 條道路"的意思。

至於第四句"道廣三步",此"道"應該包括每 100 畝田地設的"道"和每 1000 畝田地設的"道"。也就是説,"陌"和"阡"的寬度都是 3 步。饒有趣味的是,這條律文沒有使用"陌""阡"的名稱。如果這條律果真如筆者所説是商鞅變法時制定的,這也是很自然的事。因爲秦國在制定這條律文之前并不存在叫"陌""阡"的道路。

用圖表示以上結論,如下圖:

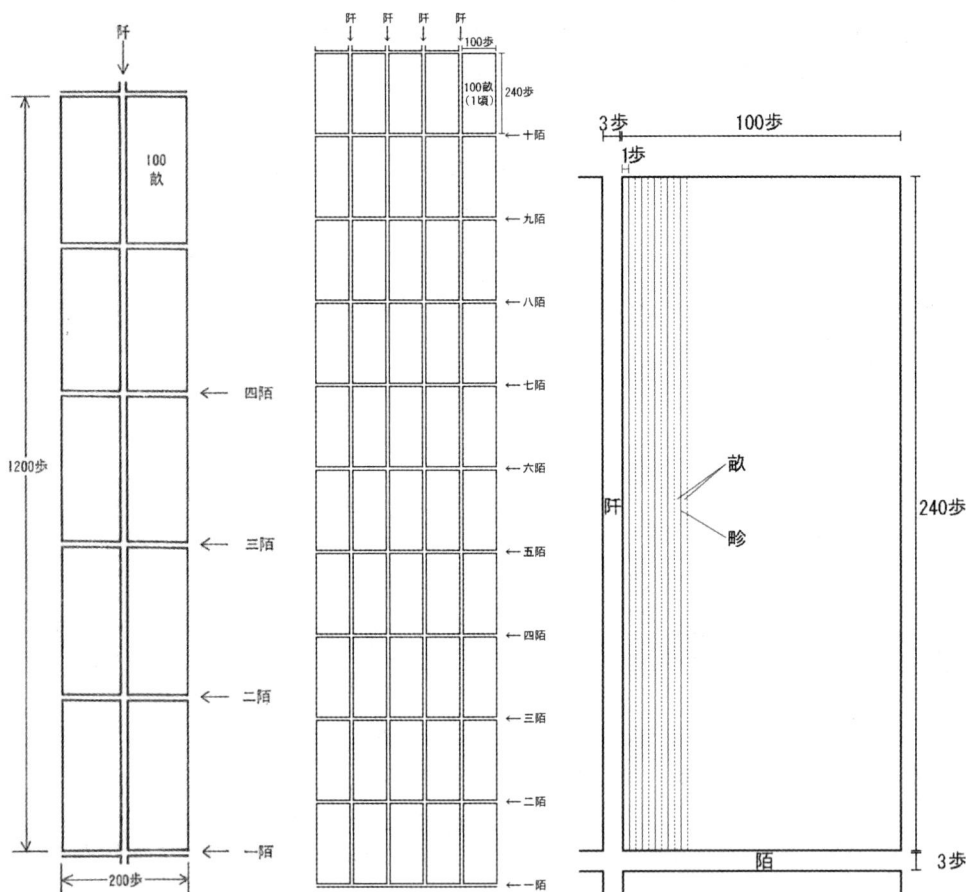

阡陌示意圖(渡邊先生説)①　阡陌示意圖(筆者修改方案)　　　一頃田示意圖

①此圖采自[日]渡邊信一郎《中國古代社會論》,第 78 頁。

　　其實筆者的示意圖和渡邊先生的示意圖基本相同,不同之處衹有一點。那是
10 頃田地的排列方法。排列方法可能有兩種:一種是按 10 塊 1 縱行排列,另一
種是按 5 塊 2 縱行排列①。渡邊先生采用後者。這個可能性確實不能完全否定,但
筆者認爲前者的可能性比後者更大。

　　渡邊先生關注《樊利家買田券》的"桓千(阡)東、比是佰(陌)北五畝"(位於桓
阡的東邊、比是陌的北邊的五畝田地)一句,説:"這表示桓阡統轄的 10 條陌在阡
的東西兩邊。從此得出來的最合理的結論是,阡的兩邊各有 5 陌,阡一共統轄 10
陌。"但按照渡邊先生的示意圖,此圖中的陌恐怕不能説有 10 條,而衹有 5 條。如
果給每 1 頃田地設 1 條陌,10 頃田地只能按 10 塊 1 縱行的方式排列。筆者認爲
如此理解更自然。

　　附帶説,雖然有"阡東"這種説法,這不一定説明 1 條阡統轄的 10 頃田地在
阡的東西兩邊。《樊利家買田券》中還有"陌北"的説法,但我們没有必要認爲 1 條
陌統轄的 1 頃田地在陌的南北兩邊。道理與此完全相同。在概念上,1 條阡統轄
10 頃田。但實際上,阡和田地相接排列好幾個,因此表示田地的位置時不一定
要用統轄其田地的阡。在采用阡陌制的社會中,只要選擇與這個田地相接的阡和
陌,并説明其阡和陌的東西或南北,就能够準確地表示田地的位置。

結　語

　　以上糾正了筆者目前注意到的舊稿中的所有錯誤。在此重新把青川郝家坪
秦墓 16 號木牘正面的簡文全文譯爲白話文,以此爲本文的結論:
　　　　(秦武王)二年十一月一日,王命令丞相(甘)茂、内史匽氏和内史臂
　　再次恢復(孝公十二年制定的)"爲田"之律:
　　　　每塊寬 1 步、長 8 則(240 步)的田地設 1 條畛。每 2 畝田地設 1 條
　　畛,每 100 畝田地設 1 條道路。100 畝爲 1 頃,每 1000 畝田地設 1 條道
　　路。道寬爲 3 步。封(田地疆界的標誌)的高度爲 4 尺,大小以相稱爲準。
　　埒(田間的土埂)的高度爲 1 尺,埒下部的厚度爲 2 尺。
　　　　秋 8 月,修繕封和埒,修整田地疆界,拔除阡陌的大草。9 月,好好

---

　　①李零先生説:"10 個百畝究竟怎樣排列? 現在還不很清楚。估計有兩種可能,一種是像溝洫制那樣,
按 10 塊一縱行排列;一種是按 5 塊兩縱行排列,中間以封埒爲隔。"參看李零《論秦田阡陌制度的復原及
其形成綫索——郝家坪秦牘〈爲田律〉研究述評》,《中華文史論叢》1987 年第 1 期;後收入李零《待兔軒文
存　讀史卷》,廣西師範大學出版社,2011 年。

修治道路和坡道。10月,架橋梁,修理堤壩,修建渡口,拔草。即使不是
修治道路的時候,如果道路破壞不能通行的話,也要及時修治。

章寫。

通過此次討論,我們發現,這道王命不是制定新律,而祇是重新公布過去制
定的舊律文而已。因此筆者在舊稿中引用這條律文作爲 "秦王下命令定律的例
子"是不對的。我們現在必須糾正,這道王命不是"定律"的王命,而是"脩律"的王
命。

其實舊稿中的錯誤都是當時可以避免的。例如"内史匽氏臂"的解釋,如果當
時注意到"十四年□平匽氏戈"和董珊先生的研究,能够得到正確答案。至於阡陌
的問題,渡邊信一郎先生早已解決。筆者得承認,舊稿中有一些疏忽草率之處。

本文中唯一稱得上創見的是,指出青川郝家坪秦墓木牘上所記載的是孝公
十二年商鞅變法時制定的律。如果此說不誤,這條律對中國古代史研究具有非常
大的意義。

最後提出一個大膽的假說。根據筆者的結論,秦孝公十二年(前 350)制定的
《爲田律》在武王二年(前 309)被重新恢復,而且一般認爲是漢吕后二年(前 186)
之物的《二年律令》中幾乎原封不動地收錄這條律文。想到這裏,我們不得不想起
《史記·商君列傳》的那句話:

爲田開阡陌封疆。

這一句簡明準確地講述《爲田律》的内容,尤其"爲田"一詞見於秦武王二年的王
命,令人感到驚訝。然而這是偶然的一致嗎? 筆者懷疑,或許司馬遷知道《爲田
律》,《商君列傳》的這一句講的正是《爲田律》。

既然《爲田律》的内容流傳到吕后時期,這條律流傳到武帝時期也并不奇怪。
司馬遷根據某些證據或理由認爲這條律文是商鞅變法時制定的,因此《秦本紀》
和《商君列傳》中有了那些話。

這只不過是筆者的一個毫無根據的推測而已。但青川郝家坪秦墓木牘實在
饒有趣味,筆者不由得做出這種推測。

附記: 本文是筆者用日文撰寫的論文《青川郝家坪秦墓木牘補論》(藤田勝
久、關尾史郎編《簡牘が描く中國古代の政治と社會》,汲古書院,2017 年)的中
譯文。因爲日文版的主要對象是日本人,筆者在引用古籍記載時都附加了日文翻
譯。爲了盡量保持論文原貌,中文版也同樣附加了白話文譯,但爲此參考了一些
撰寫日文版時没有參考的研究。此外,引用日本學者的論著時,日文版直接引用

日文原文,而中文版盡量參考了這些論著的中文版。因此中文版加了一些新注,交代筆者在翻譯時參考的論著。但此次翻譯在内容上没有作任何改動。

作者簡介:廣瀬薰雄,男,1975 年 10 月生,復旦大學出土文獻與古文字研究中心、出土文獻與中國古代文明研究協同創新中心副研究員,主要從事漢語言文學研究。

北大藏西漢簡《蒼頡篇·顓頊》的文義及其思想背景

楊振紅

(西北師範大學歷史文化學院,蘭州 730070)

内容摘要:本文以北京大學藏西漢竹書《蒼頡篇·顓頊》章爲例,探討其文義、思想背景,并論及《蒼頡篇》的體裁。顓頊、祝融是戰國秦漢時盛行的陰陽五行思想和五德終始説中的兩個重要人物, 顓頊爲北方水德之帝, 祝融爲南方火德之神。《顓頊》章圍繞起首的顓頊、祝融展開,層層遞進式地展現了當時人關於水德和火德的觀念,并在内容編排、押韵、用字等方面下了很大功夫,以契合字書的特點。 由於當時的陰陽五行思想系統地反映在《吕氏春秋·十二紀》和《淮南子·時則》《禮記·月令》中,故可參照三書解讀《顓頊》章的内容。《蒼頡篇》不是單純的字書, 而是帶有明確意識形態色彩和教化功能的教科書, 其體例不同於《説文解字》,而和《三字經》《千字文》相類。

關鍵詞:北大藏西漢簡《蒼頡篇》;顓頊;祝融;陰陽五行;五德終始説

一

《蒼頡篇》是中國文字史上一部重要的小學書,在秦及西漢時影響尤爲重大,這可以從《漢書·藝文志》和《説文解字·叙》的記載略見一斑。據《漢書·藝文志》載,在周秦漢"小學十家"十二種著作中,《蒼頡篇》僅次《史籀》《八體六技》,列第三種。其餘九種著作也大多與《蒼頡篇》有關,如"元帝時黄門令史游作《急就篇》,成帝時將作大匠李長作《元尚篇》,皆《蒼頡》中正字也",即兩書的字均選自《蒼頡篇》;武帝時司馬相如所作《凡將篇》雖然"頗有出矣",但絶大多數字仍選自《蒼頡篇》;《蒼頡傳》、揚雄《蒼頡訓纂》、杜林《蒼頡訓纂》、杜林《蒼頡故》則是訓解、增補

《蒼頡篇》的書。①許慎《説文解字·叙》中談到的小學書僅有三種:周時"宣王大史籀著大篆十五篇",秦統一時"(丞相李)斯作《倉頡篇》,中車府令趙高作《爰歷篇》,大史令胡毋敬作《博學篇》",以及漢平帝時"黄門侍郎楊雄采以作《訓纂篇》"。②大概因《急就篇》和許慎《説文解字》的出現,《蒼頡篇》的地位纔開始下降,至隋唐時最終失傳。因此,在 20 世紀初西北漢簡《蒼頡篇》發現以前,人們祇能通過傳世文獻中殘存的隻言片語來了解、認識《蒼頡篇》,③事實上對《蒼頡篇》演變的歷史、體裁、内容、收字等情況已經不清楚了。20 世紀初以來,隨着幾批漢代簡牘《蒼頡篇》殘本的發現,人們對《蒼頡篇》的認識逐漸豐富。④特別是 2009 年北京大學入藏的西漢竹書《蒼頡篇》,爲《蒼頡篇》研究提供了前所未有的契機。

北大藏漢簡《蒼頡篇》共一千三百餘字,是目前發現的漢代《蒼頡篇》殘本中保留字數最多的。而且,大多數簡文可以依據背割綫、韻部、内容等進行編聯,確定篇章,是目前發現的漢代《蒼頡篇》殘本中篇章最爲完整的。更重要的是,北大藏漢簡《蒼頡篇》第一次發現了十一章的章題。⑤因此,它的發現對研究《蒼頡篇》乃至漢字發展史具有特别重要的價值和意義。然而,《蒼頡篇》殊爲難讀,不惟兩千餘年後的我們,即使對漢代專門從事小學的古文字訓詁學大家來説,讀《蒼頡篇》也是一件十分困難的事情。《漢書·藝文志》記載:由於《蒼頡篇》中多古字,一般的小學家都不知道該怎麼讀,所以漢宣帝時特意下詔征召齊人中能正讀的,讓大臣張敞跟隨他們學習,後來作爲張敞家學,傳到其外孫之子杜林,杜林因此撰寫了兩本解讀《蒼頡篇》的書。⑥由此可知,西漢中期時幾乎已經没有人能够全部讀懂《蒼頡篇》了。因此,研讀新發現的漢簡《蒼頡篇》對兩千餘年後的我們來説是一個極大的挑戰。本文試以《顓頊》章爲例,嘗試對其字義和文義進行解讀,并論及《蒼頡篇》的體裁問題。⑦

①《漢書》卷三〇《藝文志》,中華書局,1962 年,第 1719—1721 頁。

②[漢]許慎撰,[清]段玉裁注:《説文解字注》,中華書局,2013 年影印,第 764 頁下欄–767 頁下欄。

③關於《蒼頡篇》的研究,可參見王國維《重輯蒼頡篇》,《王國維遺書》第七册,上海古籍書店,1983 年,商務印書館 1940 年初版;梁静《出土〈蒼頡篇〉研究》,科學出版社,2015 年 等。

④參見張存良《〈蒼頡篇〉的版本、流傳、亡佚和再發現》,《甘肅社會科學》2015 年第 1 期;梁静《出土〈蒼頡篇〉研究》,科學出版社,2015 年等。

⑤北京大學出土文獻研究所:《北京大學藏西漢竹書[壹]》,上海古籍出版社,2015 年,第 171—172 頁。

⑥《漢書·藝文志》:"《蒼頡》多古字,俗師失其讀,宣帝時征齊人能正讀者,張敞從受之,傳至外孫之子杜林,爲作訓故,并列焉。"[漢]班固《漢書》卷三〇《藝文志》,第 1721 頁。

⑦筆者曾和賈麗英教授合作,對本章進行過校釋和解讀,請參考。楊振紅、賈麗英:《北大藏漢簡〈蒼頡篇·顓頊〉校釋與解讀》,楊振紅、鄔文玲主編《簡帛研究二〇一六·春夏卷》,廣西師範大學出版社,2016 年,第 222—250 頁。本文對一些觀點有所修正。

二

《顓頊》是北大藏漢簡《蒼頡篇》中有章題的十一章中的一章,包括簡46—簡52,共136字,內容完整。爲了討論方便,先將全文迻録於下:

(1)顓頊祝融,招摇奮光。(2)頊豫録恢,徇隋愷襄。(3)鄢鄧析鄘(簡46),宛鄂邿鄲。(4)閱勞竈趨,滕先登慶。(5)陳蔡宋衛,吴邗許莊(簡47)。(6)建武牴觸,軍役嘉臧。(7)貿易買販,市旅賈商。(8)魖展貢達(簡48),游敫周章。(9)黔魘黯黗,黧黝黔賜。(10)黲黮赫赧,儵赤白黄(簡49)。(11)殣弃臒瘦,兒孺早殤。(12)恐懼懷歸,趨走病狂。(13)疵疕禿瘻(簡50),齲齔痍傷。(14)毆伐疫痛,胅胅睛盲。(15)執囚束縛,論訊既詳(簡51)。(16)卜筮祇占,祟在社場。(17)寇賊盗殺,捕獄問諒。(18)百卅六(簡52)。①

乍看之下,《顓頊》章的內容很雜亂,很難看出句子與句子之間的聯繫以及整章是否存在一個貫通的主題。例如,第一句起首的顓頊、祝融是古史傳説和陰陽五行體系中的兩個著名人物。第三句出現了八個地名。第五句爲八個封國名或古姓氏。第六句與軍事有關。第七句與商品貿易有關。第九、十句十六個字均爲顔色,尤其是前十個爲各種色度的黑色。第十一、十二、十三、十四句和饑饉、疾病、鬥毆創傷等有關。第十五句與執法審判有關。第十六句關係到卜筮占卦。第十七句又關係到盗賊執法。大概正因爲如此,整理者對大多數字詞都做了多種解釋。

然而,若仔細追究的話,也會發現一些聯繫的端倪。例如,衆所周知,在陰陽五行體系中,顓頊爲北方水德之帝,德色爲黑色,第九、十句中十個表各種程度黑的字是否與起首第一句的顓頊有關呢?再如,水德主刑殺,第十五、十七句有關執法的內容是否也緣於第一句的顓頊呢?基於這樣的想法,我們做了認真考察。雖然囿於材料和能力,一些字詞的解釋仍未得到很好的解決,但大體上我們可以確定:《顓頊》章緊緊圍繞起首的顓頊、祝融展開,本章內容與兩人密切相關,是當時人基於陰陽五行思想構建宇宙世界、古史系統、政治、生活、民俗等觀念的反映。下面我們來作簡單的分析論證。

第一句前半句的顓頊、祝融在戰國秦漢時是兩個赫赫有名的人物,在當時人

①北京大學出土文獻研究所:《北京大學藏西漢竹書[壹]》,第113—114頁。個別釋文有改動。參見楊振紅、賈麗英《北大藏漢簡〈蒼頡篇·顓頊〉校釋與解讀》,楊振紅、鄔文玲主編《簡帛研究二〇一六·春夏卷》,第222—250頁。每句前的數字如(1)(2)(3)等是筆者所加,用以表示第幾句。

的觀念中,兩人均擁有多重身份,兼具人性和神性。

顓頊主要有以下幾種身份:第一,在古史系統中,顓頊爲著名的盛世仁君,被主流説法列爲五帝之一。例如,《史記・五帝本紀》記載的五帝爲黃帝、顓頊、帝嚳、帝堯、虞舜,并説:

> 帝顓頊高陽者,黃帝之孫而昌意之子也。静淵以有謀,疏通而知事,養材以任地,載時以象天,依鬼神以制義,治氣以教化,絜誠以祭祀。北至於幽陵,南至於交阯,西至於流沙,東至於蟠木。動静之物,大小之神,日月所照,莫不砥屬。[①]

第二,在陰陽五行體系中,顓頊爲北方水德之帝,主冬。《禮記・月令》孟冬、仲冬、季冬月皆曰:"其帝顓頊,其神玄冥。"[②]《史記・秦始皇本紀》:秦統一後,"始皇推終始五德之傳,以爲周得火德,秦代周德,從所不勝。方今水德之始,改年始,朝賀皆自十月朔。衣服旄旌節旗皆上黑。數以六爲紀,符、法冠皆六寸,而輿六尺,六尺爲步,乘六馬。更名河曰德水,以爲水德之始。剛毅戾深,事皆決於法,刻削毋仁恩和義,然後合五德之數。於是急法,久者不赦。"[③]漢初統治者亦信奉五德終始説,以爲漢得水德,故尊水德之帝顓頊。《東觀漢記・世祖光武皇帝紀》:"自漢草創德運,正朔服色未有所定,高祖因秦,以十月爲正,以漢水德,立北時而祠黑帝。"[④]第三,在帝王世系中,顓頊被主流觀點説成是黃帝之孫,楚人的祖先。如《史記・楚世家》:

> 楚之先祖出自帝顓頊高陽。高陽者,黃帝之孫,昌意之子也。高陽生稱,稱生卷章,卷章生重黎。重黎爲帝嚳高辛居火正,甚有功,能光融天下,帝嚳命曰祝融。共工氏作亂,帝嚳使重黎誅之而不盡。帝乃以庚寅日誅重黎,而以其弟吳回爲重黎後,復居火正,爲祝融。吳回生陸終。陸終生子六人,坼剖而産焉……六曰季連,芈姓,楚其後也……周文王之時,季連之苗裔曰鬻熊。鬻熊子事文王,蚤卒。其子曰熊麗。熊麗生熊狂,熊狂生熊繹。熊繹當周成王之時,舉文、武勤勞之後嗣,而封熊繹於楚蠻,封以子男之田,姓芈氏,居丹陽。[⑤]

祝融的主要身份有:第一,在古史系統中,祝融曾任火正官。關於祝融的世系及何時任火正官,有多種説法。一説,祝融爲荆楚的始祖黎,高辛氏時任火正,因

---

①《史記(修訂本)》卷一,中華書局,2014 年,第 14 頁。

②[漢]鄭玄注,[唐]孔穎達疏:《禮記正義》,北京大學出版社,1999 年,第 543、553、559 頁。

③《史記(修訂本)》卷六,第 306、307 頁。

④[東漢]劉珍等撰,吳樹平校注:《東觀漢記》卷一,中州古籍出版社,1987 年,第 7 頁。

⑤《史記(修訂本)》卷四〇,第 2039 頁。

功名爲祝融。《國語·鄭語》鄭大夫史伯語:

> 夫荆子熊嚴生子四人:伯霜、仲雪、叔熊、季紃。叔熊逃難於濮而蠻,季紃是立,薳氏將起之,禍又不克……且重、黎之後也,夫黎爲高辛氏火正,以淳燿敦大,天明地德,光照四海,故命之曰"祝融",其功大矣……
>
> 祝融亦能昭顯天地之光明,以生柔嘉材者也,其後八姓,於周未有侯伯。①

一説,祝融爲顓頊之臣,名叫黎,少皞氏衰落後,"九黎亂德,民神雜糅",顓頊當政,"乃命南正重司天以屬神,命火正黎司地以屬民",恢復了以往秩序,使民神不再互相侵害,"是謂絶地天通"。②一説,如前引《史記·楚世家》,帝顓頊高陽的重孫名叫重黎,在帝嚳高辛時任火正官,因功名爲祝融,後因平定共工氏作亂不利被殺,帝嚳又任命重黎的弟弟吳回任火正,爲祝融。則祝融是對成功任火正官的褒揚性稱呼。一説,祝融是顓頊後人,爲老童之子吳回,帝高辛時任火正官,死後爲火官神。《吕氏春秋·孟夏紀》高誘注:"祝融,顓頊氏後,老童之子吳回也,爲高辛氏火正,死爲火官之神。"③第二,在陰陽五行體系中,祝融爲南方炎帝之佐,爲火官,主夏。《禮記·月令》孟夏、仲夏、季夏之月均載:"其帝炎帝,其神祝融。"④其説可上溯至《左傳》時代。《左傳》昭公二十九年列五行之官:"木正曰句芒,火正曰祝融,金正曰蓐收,水正曰玄冥,土正曰后土。"⑤第三,祝融爲顓頊之子,後世祭祀爲竈神。《風俗通義·祀典·竈神》:"《周禮》説:'顓頊氏有子曰黎,爲祝融,祀以爲竈神。'"⑥

　　雖然自春秋以來至秦漢,關於顓頊、祝融的説法异説紛呈,但大致上仍可以看出其關聯及其變化。首先,從古史系統來説,年代愈晚,兩人的關係愈密切。如《國語·楚語下》説祝融爲帝顓頊的大臣,任火正官,"司地以屬民";《史記·楚世家》則説祝融是帝顓頊的重孫,任火正官。《國語·鄭語》説祝融是楚人的祖先,而《史記·楚世家》則將楚人的祖先溯至顓頊。其次,從陰陽五行體系來説,顓頊爲北方水德之帝,祝融爲南方火德之神,兩者在一个系統中,衹是所主德色不同;且一個爲帝,一個爲佐神,地位也有差别。

　　第一句後半句的"招摇奮光"亦指顓頊。"招摇",亦見於睡虎地秦簡《日書》甲

---

①徐元誥撰,王樹民、沈長雲點校:《國語集解(修訂本)》第十六,中華書局,2002 年,第 464—469 頁。亦見於《史記(修訂本)》卷二六《曆書》,第 1501 頁。

②徐元誥撰,王樹民、沈長雲點校:《國語集解(修訂本)》第十八《楚語下》,第 514—516 頁。亦見於《史記(修訂本)》卷二六《曆書》,第 1501 頁。

③許維遹:《吕氏春秋集釋》,中華書局,2009 年,第 83 頁。

④[漢]鄭玄注,[唐]孔穎達疏:《禮記正義》,第 490、498、508 頁。

⑤[晋]杜預注,[唐]孔穎達正義:《春秋左傳正義》,北京大學出版社,1999 年,第 1506—1507 頁。

⑥[漢]應劭撰,王利器校注:《風俗通義校注》,中華書局,1981 年,第 360 頁。

種①和馬王堆帛書②等出土簡帛資料。傳世文獻中多寫作"招摇"。關於招摇的含義,歷來有爭議。《史記·天官書》:

> 北斗七星,所謂"旋、璣、玉衡以齊七政"。杓攜龍角,衡殷南斗,魁枕參首。用昏建者杓;杓,自華以西南。夜半建者衡;衡,殷中州河、濟之間。平旦建者魁;魁,海岱以東北也。斗爲帝車,運於中央,臨制四鄉,分陰陽,建四時,均五行,移節度,定諸紀,皆繫於斗。斗魁戴匡六星曰文昌宮:一曰上將,二曰次將,三曰貴相,四曰司命,五曰司中,六曰司禄。在斗魁中,貴人之牢。魁下六星,兩兩相比者,名曰三能。三能色齊,君臣和;不齊,爲乖戾。輔星明近,輔臣親強;斥小,疏弱。杓端有兩星:一內爲矛,招摇;一外爲盾,天鋒。有句圜十五星,屬杓,曰賤人之牢。其牢中星實則囚多,虛則開出。天一、槍、棓、矛、盾動摇,角大,兵起。③

説北斗七星杓端有兩星,一星靠內,"爲矛,招摇";一星靠外,"爲盾,天鋒"。還有一種説法,説招摇是北斗第七顆星摇光(也稱作瑶光)。《禮記·曲禮上》唐孔穎達疏:

> "招摇在上"者。招摇,北斗第七星。《春秋運斗樞》:"北斗七星:一天樞,二璇,三機,四權,五衡,六開陽,七摇光。一至四爲魁,五至七爲標。"摇光,則招摇也。北斗居四方宿之中,以斗末從十二月建而指之,則四方之宿不差。今軍行法之,亦作此北斗星,在軍中舉之於上,以指正四方,使四方之陳不差,故云"招摇在上"也。并作七星而獨云"招摇"者,舉指者爲主。④

説招摇就是北斗第七星摇光。雖然從天文學角度來講,這兩種説法存在嚴格差別,但是從下文所引高誘注和《潛夫論·五德志》等來看,當時人們可能大多泛泛地把招摇看成是北斗的斗杓。

古代以招摇星來建時,即以招摇星所指來確定十二月的起始。如《淮南子·時則》十二月均記有招摇所指辰,如"孟春之月,招摇指寅";"仲春之月,招摇指卯";等等。高誘注:"招摇,斗建。"⑤《淮南子·兵略》"雖順招摇,挾刑德",高誘注:"招

---

①睡虎地秦簡整理小組:《睡虎地秦墓竹簡·日書甲種》,文物出版社,1990年,第330頁。

②裘錫圭主編,湖南省博物館、復旦大學出土文獻與古文字研究中心編纂:《長沙馬王堆漢墓簡帛集成(伍)·刑德乙篇·刑德占》,中華書局,2014年,第42頁。

③《史記(修訂本)》卷二七,第1542—1546頁。《漢書·天文志》的記載基本同,不贅引,下同。《漢書》卷二六,中華書局,1962年,第1274—1275頁。

④[清]孫希旦撰,沈嘯寰、王星賢點校:《禮記集解》卷四,中華書局,1989年,第85頁。

⑤張雙棣:《淮南子校釋》,北京大學出版社,1997年,第515—610頁。

搖，斗杓也。刑，十二辰也。德，十日也。"①《漢書·揚雄傳》揚雄《反離騷》"漢十世
之陽朔兮，招搖紀於周正"。顔師古注引應劭曰："招搖，斗杓星也，主天時。周正，十一
月也。"②由此可知，招搖也稱作斗建，即以北斗建立時節。

《白虎通·聖人》："顓頊戴干，是謂清明，發節移度，蓋象招搖。"③説招搖是顓
頊之象。當時還流行一種説法，即顓頊爲其母親女樞感北斗第七星搖光（瑶光）所
生。《今本竹書紀年》：

> 帝顓頊高陽氏。母曰女樞，見瑶光之星貫月如虹，感己於幽房之宫，
> 生顓頊於若水。首戴干戈，有聖德。生十年而佐少昊氏，二十而登帝位。
> 元年，帝即位，居濮。十三年，初作曆象。④

《潛夫論·五德志》：

> 搖光如月正白，感女樞幽防之宫，生黑帝顓頊。⑤

由此可知，招搖、北斗均是顓頊之象。

當時星占學主張北斗星的亮度反映王朝的興衰情况。張守節《史記正義》曰：
"占：斗星盛明，王道和平，爵禄行；不然，反是。"⑥《開元占經·石氏中官占一·招搖
占四》：

> 《荆州占》曰：招搖奮光，明動，天子强；招搖色青，有憂；赤白而明
> 者，天子有怒；黄白光澤，天下安静；小而黑，軍破國亡。又曰：色黑，爲
> 弱。⑦

《顓頊》章的"招搖奮光"應當與此《荆州占》"招搖奮光，明動"同義，即代表天子
强，由於是漢代的《蒼頡篇》，故指漢天子和漢王朝的强大。據張守節，當時星占
説，斗星盛明，預示王道和平，爵禄行。這樣此句又可以與下一句的"顓豫録恢，夠
隋愷襄"相契合、相銜接。

第二句前半句"顓豫録恢"。"豫"，指六十四卦之一的"豫"卦，坤下震上。《周
易·豫》："豫，利建侯行師。"鄭玄注："'坤，順也'，'震，動也'，順其性而動者，莫

---

①張雙棣：《淮南子校釋》，第 1600、1602 頁。

②《漢書》卷八七上，第 3516、3517 頁。

③[清]陳立撰，吳則虞點校：《白虎通疏證》，中華書局，1994 年，第 337 頁。

④王國維：《今本竹書紀年疏證》卷上，《帝王世紀 世本 逸周書 古本竹書紀年》附四，齊魯書社，2010
年，第 42 頁。

⑤[清]王繼培箋，彭鐸校正：《潛夫論箋校正》，中華書局，1985 年，第 397 頁。

⑥《史記（修訂本）》卷二七，第 1543 頁。

⑦[唐]瞿曇悉達：《開元占經》卷六五，九州出版社，2012 年，第 620 頁。原文第一句斷作："招搖奮，光
明動"，此爲筆者改。參見拙文《北大藏漢簡〈蒼頡篇·顓頊〉補釋》，武漢大學簡帛研究中心主辦《簡帛》第
15 輯，上海古籍出版社，2017 年。

不得其所,故謂之'豫'。豫,喜佚説樂之貌也。震又'爲雷',諸侯之象。坤又'爲衆',師役之象。故'利建侯行師'矣。"①據此,若得豫卦,利於分封諸侯、出兵作戰。顙,《説文》頁部:"大頭也。從頁,羔聲。"②《玉篇》頁部:"顙,《蒼頡》云'頭大也'。"③《廣韻》:"顙,大額。""顙,額大貌。"④秦印中有"顙印"。⑤因此,"顙豫"就是大肆分封諸侯、賜與爵禄的意思。

録,記録,省録。《釋名·釋言語》:"贊,録也,省録之也。"⑥《玉篇》言部:"記,居意切,録也,識也。"⑦《漢書·鄭吉傳》:"(鄭)吉薨,謚曰繆侯。子光嗣,薨,無子,國除。元始中録功臣不以罪絶者,封吉曾孫永爲安遠侯。"⑧恢,《説文》心部:"大也。從心,灰聲。"⑨《玄應音義》卷三"恢大"注引《蒼頡解詁》曰:"恢亦大也。"⑩《漢書·叙傳下》:"恢我疆宇,外博四荒。"顔師古注:"恢,廣也。"⑪"録恢"即記録大功的意思,大功當指出兵作戰取得的軍功。

第二句後半句"彴隋愷襄"。彴,《説文》彳部:"行示也。從彳,匀聲。《司馬法》:'斬以彴。'"段玉裁注:"大司馬,斬牲以左右徇陳。曰:'不用命者斬之'。"⑫古代篆寫匀、句二字通假,《説文》勹部"句"段玉裁注:"知古句匀二篆,相假爲用。"⑬故彴亦與"徇"通假。《周禮·夏官·小子》:"小子掌祭祀……凡師田,斬牲以左右徇陳。"⑭即軍隊出征或田獵時,殺生祭祀以徇軍陣。隋,《説文》肉部:"隋,裂肉也。從肉,隓省聲也。"段玉裁注:"裂肉謂尸所祭之餘也……單言肉者,爲其字從肉也。"⑮《周礼·春官·守祧》:"既祭,則藏其隋與其服。"鄭玄注:"隋,尸所祭肺脊黍稷之屬。"⑯《周禮·春官·小祝》:"大祭祀,逆齍盛,送逆尸,沃尸盥,贊隋,贊徹,贊奠。"鄭玄注:"隋,尸之祭也。"⑰因此,"彴隋"指軍隊出征前的祭祀禮。

---

①[清]李道平撰,潘雨廷點校:《周易集解纂疏》卷三,中華書局,1994年,第200頁。

②[漢]許慎撰,[清]段玉裁注:《説文解字注》,第422頁上欄。

③《宋本玉篇》,中國書店,1983年,第75頁。

④[宋]陳彭年:《重修廣韻》卷二,四部叢刊景宋本,中國基本古籍庫電子版,第69、71頁。

⑤許雄志主編:《秦印文字彙編》,河南美術出版社,2001年,第173頁。

⑥[清]王先謙:《釋名疏證補》卷四,上海古籍出版社,1984年,第175頁。

⑦[梁]顧野王:《大廣益會玉篇》卷九,中華書局,1987年,第42頁上左。

⑧《漢書》卷七○,第3006頁。

⑨[漢]許慎撰,[清]段玉裁注:《説文解字注》,第508頁上欄。

⑩徐時儀校注:《一切經音義三種校本合刊·玄應音義》卷三,上海古籍出版社,2012年,第68頁上欄。

⑪《漢書》卷一○○下,第4237—4238頁。

⑫[漢]許慎撰,[清]段玉裁注:《説文解字注》,第77頁下欄。

⑬[漢]許慎撰,[清]段玉裁注:《説文解字注》,第437頁下欄。

⑭[漢]鄭玄注,[唐]賈公彦疏:《周禮注疏》,北京大學出版社,1999年,第795頁。

⑮[漢]許慎撰,[清]段玉裁注:《説文解字注》,第174頁下欄。

⑯[漢]鄭玄注,[唐]賈公彦疏:《周禮注疏》,第562頁。

⑰[漢]鄭玄注,[唐]賈公彦疏:《周禮注疏》,第675頁。

愷，通"豈"。①《説文》豈部："豈，還師振旅樂也。"②《周禮·夏官·大司馬》："若師有功，則左執律，右秉鉞，以先愷樂獻於社。"鄭玄注："軍樂曰愷……《司馬法》'得意則愷樂、愷歌，示喜也'。"③《漢書·主父偃傳》："天下既平，天子大愷，春蒐秋獮，諸侯春振旅，秋治兵，所以不忘戰也。"顏師古注引應劭曰："大愷，周禮還師，振旅之樂也。"④襄，《逸周書·謚法》："辟地有德曰襄，甲胄有勞曰襄。"⑤一説，成功，完成。《集韵·陽韵》："襄，成也。"⑥《左傳》定公十五年："葬定公。雨，不克襄事，禮也。"杜預注："襄，成也。"⑦愷，軍隊勝利回師時所奏樂。襄，軍隊出征勝利。

綜上，"徇隋愷襄"應指從出征前祭祀到勝利回師慶祝的盛大場面。《淮南子·時則》："南方之極……赤帝祝融之所司者，萬二千里。其令曰：爵有德，賞有功，惠賢良，救饑渴，舉力農，振貧窮，惠孤寡，憂罷疾，出大禄，行大賞，起毁宗，立無後，封建侯，立賢輔。"⑧當時的陰陽五行思想主張，夏季應封爵行賞施惠。《白虎通·八風》："景風至，則爵有德，封有功。"⑨因此，孟夏月令規定："立夏之日，天子親帥三公、九卿、大夫以迎夏於南郊，還反，行賞，封諸侯。慶賜遂行，無不欣説。乃命樂師習合禮樂。命太尉贊桀俊，遂賢良，舉長大。行爵出禄，必當其位。"⑩第二句當與祝融有關。

第三句"鄢鄧析酈，宛鄂酄鄲"是八個楚地名，除"鄢"屬南郡外，其餘均屬南陽郡。這八個地名與上下文的關係目前尚不能完全確定，有待進一步研究。可以提示的有以下兩點：第一，秦漢時曾在這些地區發生過一些著名的戰役和重大歷史事件。如《史記·秦本紀》："（昭襄王）二十八年，大良造白起攻楚，取鄢、鄧，赦罪人遷之。"⑪《史記·楚世家》：楚頃襄王横元年，"秦昭王怒，發兵出武關攻楚，大敗楚軍，斬首五萬，取析十五城而去"。⑫《漢書·吳芮傳》："沛公攻南陽，乃遇芮之將梅鋗，與偕攻析、酈，降之。"顏師古注："二縣也，并屬南陽。"⑬《史記·秦本紀》：昭

---

① 北京大學出土文獻研究所：《北京大學藏西漢竹書［壹］》，第 115 頁。
② ［漢］許慎撰，［清］段玉裁注：《説文解字注》，第 208 頁下欄。
③ ［漢］鄭玄注，［唐］賈公彦疏：《周禮注疏》，第 782 頁。
④ 《漢書》卷六四上，第 2799 頁。
⑤ 黄懷信：《逸周書校補注譯》，三秦出版社，2006 年，第 268 頁。
⑥ 趙振鐸校：《集韵校本》，上海辭書出版社，2012 年，第 451 頁。
⑦ ［晋］杜預注，［唐］孔穎達正義：《春秋左傳正義》，第 1607 頁。
⑧ 何寧：《淮南子集釋》卷五，第 433 頁。
⑨ ［清］陳立撰，吳則虞點校：《白虎通疏證》，第 345 頁。
⑩ ［清］孫希旦撰，沈嘯寰、王星賢點校：《禮記集解》卷一七，第 442—443 頁。
⑪ 《史記（修訂本）》卷五，第 267—268 頁。
⑫ 《史記（修訂本）》卷四〇，第 2082 頁。
⑬ 《漢書》卷三四，第 1894 頁。

襄王十五年,白起"攻楚,取宛"。①《史記·秦本紀》:"(昭襄王)二十四年,與楚王會鄢,又會穰。"②第二,楚地屬南方,在陰陽五行體系中爲南方之神祝融管轄範圍。

第四句前半句"閲篾竈趩"。閲,指卜筮或祭祀時清點祭品數量。《説文》門部:"具數於門中也。從門,説省聲。"段玉裁注:"具者,供置也。數者,計也。計者,會也,筭也。云於門中者,以其字從門也。"③《左傳》襄公九年:"晋侯問於士弱曰:'吾聞之,宋災,於是乎知有天道。何故?'對曰:'古之火正,或食於心,或食於咮,以出内火。是故咮爲鶉火,心爲大火。陶唐氏之火正閼伯居商丘,祀大火而火紀時焉。相土因之,故商主大火。商人閲其禍敗之釁,必始於火,是以日知其有天道也。"杜預注:"閲,猶數也。"④周以來也稱閲兵禮。《玉篇》門部:"閲,檢軍實也。"⑤《周禮·夏官·大司馬》:"中冬,教大閲。"鄭玄注:"至冬大閲檢軍實。"⑥篾,《説文》段玉裁注:"篾與徹義別,徹者通也,篾謂除去。若禮之有司徹,客徹重席,《詩》之徹我墻屋,其字皆當作篾,不訓通也。或作撤,乃篾之俗也。"⑦簡作"徹",俗作"撤"。羅振玉《增訂殷虛書契考釋》:"此從鬲從又,象手象鬲之形,蓋食畢而徹去之。"⑧《荀子·正論》:"雍而徹乎五祀。"劉臺拱曰:"徹乎五祀,謂徹於竈也。⑨睡虎地秦簡《法律答問》:"可(何)謂'祠未闋'?置豆俎鬼前未徹乃爲'未闋'。"⑩竈,《説文》穴部:"炊竈也。《周禮》以竈祠祝融。從穴,鼀省聲。"⑪《風俗通義·祀典·竈神》:"《周禮》説:'顓頊氏有子曰黎,爲祝融,祀以爲灶神。'"⑫《禮記·月令》孟夏、仲夏、季夏均有"其日丙丁……其祀竈,祭先肺"之語。⑬睡虎地秦簡《日書》乙種:"祠五祀日,丙丁竈,戊己内中土,乙户,壬癸行、庚辛□。(簡40貳)"⑭趩,《説文》走部:"止行也。一曰竈上祭名。從走,畢聲。"⑮此與"竈"連稱,當爲竈上祭名。

據《説文》和《風俗通義》,自周以來人們就尊祝融爲竈神。祝融主夏,故前引

①《史記(修訂本)》卷五,第267頁。
②《史記(修訂本)》卷五,第267頁。
③[漢]許慎撰,[清]段玉裁注:《説文解字注》,第596頁下欄。
④[晋]杜預注,[唐]孔穎達正義:《春秋左傳正義》,第869頁。
⑤《宋本玉篇》,第212頁。
⑥[漢]鄭玄注,[唐]賈公彦疏:《周禮注疏》,第774頁。
⑦[漢]許慎撰,[清]段玉裁注:《説文解字注》,第706頁下欄。
⑧羅振玉:《殷虛書契考釋三種》,中華書局,2006年,第526頁。
⑨[清]王先謙撰,沈嘯寰、王星賢點校:《荀子集解》,中華書局,1988年,第334頁。
⑩陳偉主編,彭浩、劉樂賢等撰著:《秦簡牘合集(釋文注釋修訂本)(貳)·睡虎地秦墓竹簡(下)》,武漢大學出版社,2016年,第489頁。
⑪[漢]許慎撰,[清]段玉裁注:《説文解字注》,第347頁上欄。
⑫[漢]應劭撰,王利器校注:《風俗通義校注》,第360頁。
⑬[漢]鄭玄注,[唐]孔穎達疏:《禮記正義》,第489—491、498、508頁。
⑭睡虎地秦墓竹簡整理小組編:《睡虎地秦墓竹簡》,第236頁。
⑮[漢]許慎撰,[清]段玉裁注:《説文解字注》,第67頁下欄。

《禮記·月令》和睡虎地秦簡《日書》乙種規定,祭竈儀式要在孟、仲、季夏三個月的丙丁日舉行。閱指祭祀前清點祭品,劈指祭祀後撤掉祭品。根據《荀子·正論》,“徹乎五祀”專指“徹於竈”。因此,“閱劈竈趣”講的是祭祀竈神祝融禮儀的全過程。

後半句“滕先登慶”的文義目前無法確定。

第五句前半句的“陳蔡宋衛”,是兩周時四個相鄰的諸侯國,分布在今河南南部、江蘇西部等江淮流域一帶。甘肅水泉子漢簡七言《蒼頡篇》有“蔡宋衛故有王(暫 27)”之語。①《左傳》昭公八年:(史趙曰)“陳,顓頊之族也,歲在鶉火,是以卒滅。”②《漢書·地理志下》:“宋地,房、心之分壄也。今之沛、梁、楚、山陽、濟陰、東平及東郡之須昌、壽張,皆宋分也。周封微子於宋,今之睢陽是也,本陶唐氏火正閼伯之虛也……宋自微子二十餘世,至景公滅曹,滅曹後五世亦爲齊、楚、魏所滅,參分其地。魏得其梁、陳留,齊得其濟陰、東平,楚得其沛。故今之楚彭城,本宋也。”“衛地,營室、東壁之分壄也。今之東郡及魏郡黎陽,河內之野王、朝歌,皆衛分也。衛本國既爲狄所滅,文公徙封楚丘,三十餘年,子成公徙於帝丘。故《春秋經》曰‘衛遷於帝丘’,今之濮陽是也。本顓頊之虛,故謂之帝丘。”③春秋時起,四國先後皆依附於楚,秦漢時稱西楚。《左傳》昭公十三年:“蔡侯廬歸於蔡,陳侯吳歸於陳。”杜預注:“陳、蔡皆受封於楚,故稱爵。”④《漢書·五行志下之下》:“昭公十七年……時楚彊,宋、衛、陳、鄭皆南附楚。”⑤《漢書·地理志下》“淮陽國”條下:“縣九:陳,故國,舜後,胡公所封,爲楚所滅。楚頃襄王自郢徙此。莽曰陳陵。”⑥《史記·貨殖列傳》:“夫自淮北沛、陳、汝南、南郡,此西楚也……陳在楚夏之交,通魚鹽之貨,其民多賈。”⑦

後半句的“吳邘許莊”是兩周時江淮流域四大姓氏,也用作地名,這一地區秦漢時稱東楚。甘肅水泉子漢簡七言《蒼頡篇》有“□邘許莊姓不亡(暫 42)”之語。⑧《左傳》昭公十二年:“王曰:‘昔我皇祖伯父昆吾,舊許是宅。今鄭人貪賴其田,而不我與,我若求之,其與我乎?’”洪亮吉引服虔云:“陸終氏六子,長曰昆吾,少曰季連。季連,楚之祖,故謂昆吾爲伯父也。”服虔云:“昆吾曾居許地,故曰舊許是

---

①北京大學出土文獻研究所:《北京大學藏西漢竹書[壹]》,第 160 頁。

②[晉]杜預注,[唐]孔穎達正義:《春秋左傳正義》,第 1262 頁。

③《漢書》卷二八下,第 1664 頁。

④[晉]杜預注,[唐]孔穎達正義:《春秋左傳正義》,第 1310 頁。

⑤《漢書》卷二七下之下,第 1514 頁。

⑥《漢書》卷二八下,第 1635 頁。

⑦《史記(修訂本)》卷一二九,第 3964 頁。

⑧北京大學出土文獻研究所:《北京大學藏西漢竹書[壹]》,第 160 頁。

宅。"①《史記·貨殖列傳》:"彭城以東,東海、吳、廣陵,此東楚也。其俗類徐、僮。
胊、繒以北,俗則齊。"②《漢書·高帝紀上》:"(元年)二月,羽自立爲西楚霸王。"顏
師古注引文穎曰:"《史記·貨殖傳》曰:淮以北沛、陳、汝南、南郡爲西楚;彭城以東
東海、吳、廣陵爲東楚;衡山、九江、江南、豫章、長沙爲南楚。羽欲都彭城,故自稱
西楚。"孟康曰:"舊名江陵爲南楚,吳爲東楚,彭城爲西楚。"顏師古曰:"孟説是
也。"③

結合第三句來看,從"鄢鄧析酈,宛鄂郮鄭"到"陳蔡宋衛,吳邠許莊"均位於
江淮流域,《顓頊》是從江淮流域的西部講到東部。

第六句"建武牴觸,軍役嘉臧"。建武,指建立武事。牴,《説文》牛部:"觸也。從
牛,氐聲。"④觸,《説文》角部:"抵也。從角,蜀聲。"二字互訓。段玉裁注:"牴,亦
作抵、觝。"⑤牴觸、抵觸,牛羊等動物用角相鬥。也用以指人格鬥角力。軍役,因軍
事而征發的兵役和勞役。嘉,《説文》壴部:"美也。從壴,加聲。"段玉裁注:"嘉,善
也。"⑥臧,《説文》臣部:"善也。從臣,戕聲。"與"嘉"同義。⑦《詩·大雅·抑》:"辟
爾爲德,俾臧俾嘉。"⑧

顓頊爲北方水德之帝,屬陰,值冬,主兵刑。至晚自戰國以來便盛行招搖、北
斗主兵的説法,因篇幅所限,這裏僅舉招搖例。前引《史記·天官書》載,招搖又名
"矛",是預示兵事的星之一,故"天一、槍、棓、矛、盾動搖,角大,兵起"。《禮記·曲
禮上》:"行,前朱雀而後玄武,左青龍而右白虎,招搖在上,急繕其怒。"鄭玄注:
"以四獸爲軍陳,象天也。急猶堅也。繕讀曰勁。又畫招搖星於旌旗上,以起居堅
勁,軍之威怒,象天帝也。招搖在北斗杓端,主指者。"⑨鄭玄所説"畫招搖星於旌旗
上",時稱"靈旗",在出兵前的祭祀儀式上,指向所伐國家,可祈禱軍隊勝利。漢武
帝伐南越時,專門製作了靈旗,用於告禱泰一。《史記·孝武本紀》:"其秋,爲伐南
粵,告禱泰一,以牡荆畫幡日月北斗登龍,以象天一三星,爲泰一鋒,名曰'靈旗',
爲兵禱,則太史奉以指所伐國。"⑩招搖主兵刑的思想反映在月令上,便是在冬季

①[清]洪亮吉撰,李解民點校:《春秋左傳詁》卷一六,中華書局,1987,第702頁。
②《史記(修訂本)》卷一二九,第3965頁。
③《漢書》卷一上,第28頁。
④[漢]許慎撰,[清]段玉裁注:《説文解字注》,第53頁上欄。
⑤[漢]許慎撰,[清]段玉裁注:《説文解字注》,第187頁下欄。
⑥[漢]許慎撰,[清]段玉裁注:《説文解字注》,第207頁下欄。
⑦[漢]許慎撰,[清]段玉裁注:《説文解字注》,第119頁下欄。
⑧[漢]毛亨傳,[漢]鄭玄箋,[唐]孔穎達疏:《毛詩正義》,北京大學出版社,1999年,第1171頁。
⑨[清]孫希旦撰,沈嘯寰、王星賢點校:《禮記集解》卷四,第84—85頁。
⑩《史記(修訂本)》卷一二,第598頁。

三月宜講武。故《禮記·月令》孟冬月:"天子乃命將帥講武,習射御,角力。"①《顓頊》章中"建武牴觸,軍役嘉臧"一句意思正與此相合。

第七句"貿易買販,市旅賈商"。戰國秦漢時期,流行着祝融創造市場的説法,《吕氏春秋·勿躬》:"祝融作市。"②還有一種説法,説炎帝神農作市。《潜夫論·五德》:"有神龍首出常羊,感任姒,生赤帝魁隗。身號炎帝,世號神農,代伏羲氏。其德火紀,故爲火師而火名。是始斲木爲耜,揉木爲耒耨。日中爲市,致天下之民,聚天下之貨,交易而退,各得其所。"③《風俗通義·皇霸》:"伏羲氏没,神農氏作,斲木爲耜,揉木爲耒,耒耜之利,以教天下,日中爲市,致天下之民。通其變,使民不倦,神而化之,使民宜之。"④炎帝在陰陽五行體系中是南方火德之帝,與祝融相配伍。總之,市場與火、夏季有關。故《禮記·月令》仲夏月規定:"門閭毋閉,關市毋索。"⑤這兩句應與此對應,講貿易往來、市場買賣,行商坐賈往來交易的情形。

第八句"魌展蕢達,游敖周章"義亦不能確定。

第九、十句的"黕黶黯黮,黷黝黔黓。黔黬赫赧,黪赤白黄"是十六個表顔色的字。其中前十個字爲深淺不一、雜有其他顔色的黑色。黑色爲顓頊水德北方冬季之色。《禮記·月令》孟、仲、季冬月,天子均"居玄堂","乘玄路,駕鐵驪,載玄旂,衣黑衣,服玄玉"。⑥因此,"黕"等十字可與顓頊相配。赫、赧則顯然與火、赤有關,故與祝融有關。此外,《史記·封禪書》載,力主漢爲水德的丞相張蒼認爲,漢王朝年始冬十月,德色爲外黑内赤,⑦或許也與此有關。

黪,《説文》黑部:"青黑繒縫白色也。從黑,攸聲。"⑧徐鍇《繫傳》作:"青黑繒發白色也"。⑨黪赤白黄,當指"赤青白黄"四方色,代指天下。《續漢書·輿服志下》載:"(漢代君臣)佩雙印,長寸二分,方六分……刻書文曰:'正月剛卯既决,靈殳四方,赤青白黄,四色是當。帝令祝融,以教夔龍,庶疫剛癉,莫我敢當。疾日嚴卯,帝令夔化,慎爾周伏,化兹靈殳。既正既直,既觚既方,庶疫剛癉,莫我敢當。'凡六十

---

①[漢]鄭玄注,[唐]孔穎達疏:《禮記正義》,第 551 頁。

②許維遹:《吕氏春秋集釋》,第 450 頁。

③[清]王繼培箋,彭鐸校正:《潜夫論箋校正》,第 389 頁。

④[漢]應劭撰,王利器校注:《風俗通義校注》,第 7 頁。

⑤[漢]鄭玄注,[唐]孔穎達疏:《禮記正義》,第 504 頁。

⑥[漢]鄭玄注,[唐]孔穎達疏:《禮記正義》,第 543、553、559 頁。

⑦《史記·封禪書》:"是時丞相張蒼好律曆,以爲漢乃水德之始,故河决金堤,其符也。年始冬十月,色外黑内赤,與德相應。"裴駰《集解》引服虔曰:"十月陰氣在外,故外黑;陽氣尚伏在地,故内赤。"(《史記(修订本)》卷二八,第 1661 頁。)

⑧[漢]許慎撰,[清]段玉裁注:《説文解字注》,第 493 頁下欄。

⑨[南唐]徐鍇:《説文解字繫傳》,中華書局,1987 年,第 202 頁。

六字。"①"剛卯"指劉姓。②"正月剛卯既決,靈殳四方,赤青白黃,四色是當",指劉姓擁有天下,統攝四方。"帝令祝融"的"帝"當指顓頊,顓頊命令手下祝融,抵擋瘟疫、厲鬼,護衛劉姓天下。秦時僅祭祀四方帝,不祭黑帝。漢二年,劉邦立北畤,祭黑帝,五帝祠纔得以完備。《史記·封禪書》:"(漢)二年,東擊項籍而還入關,問:'故秦時上帝祠何帝也?'對曰:'四帝,有白、青、黃、赤帝之祠。'高祖曰:'吾聞天有五帝,而有四,何也?'莫知其説。於是高祖曰:'吾知之矣,乃待我而具五也。'乃立黑帝祠,命曰北畤。"③"儵赤白黃"四方色的觀念自戰國秦以來相沿已久。

第十一句"殣弃臞瘦,兒孺旱殤"。殣,《説文》歺部:"道中死人,人所覆也。從歺,堇聲。"④《左傳》昭公三年:"庶民罷敝,而宮室滋侈,道殣相望。"杜預注:"餓死爲殣。"⑤《國語·楚語下》:"道殣相望。"韋昭注:"道冢曰殣。《詩》云:'行有死人,尚或殣之。'"⑥《釋名·釋喪制》:"葬不如禮曰埋。埋,痗也,趨使腐朽而已也。不得埋曰弃,謂弃之於野也。不得其屍曰捐,捐於他邊者也。"⑦殣弃,指將路途中餓死的人不用棺材草草掩埋。水泉子漢簡《蒼頡篇》有"……當道魁"之語,可以爲證。《國語·周語下》:"夫周,高山、廣川、大藪也。故能生是良材,而幽王蕩以爲魁陵、糞土、溝瀆,其有悛乎?"韋昭注:"小阜曰魁。"⑧將餓殍草草掩埋,堆起小土包。臞、瘦二字同義,也可作瘦臞。《淮南子·脩務》:"神農憔悴,堯瘦臞。"⑨指消瘦、憔悴。兒、孺爲同義詞,指幼小的孩子。旱,即"早"。⑩殤,《説文》歺部:"不成人也。人年十九至十六死,爲長殤;十五至十二死,爲中殤;十一至八歲死,爲下殤。從歺,傷省聲。"⑪《儀禮·喪服》:"子女子子之長殤中殤。"鄭玄注:"殤者,男女未冠笄而死,可殤者。"⑫水泉子漢簡《蒼頡篇》有"兒孺旱殤父母悲"之語。⑬

①《後漢書》志第三十下,中華書局,1965 年,第 3673 頁。
②《漢書·王莽傳中》載,王莽始建國元年,下詔:"今百姓咸言皇天革漢而立新,廢劉而興王。夫'劉'之爲字'卯、金、刀'也,正月剛卯,金刀之利,皆不得行。博謀卿士,僉曰天人同應,昭然著明。其去剛卯莫以爲佩,除刀錢勿以爲利,承順天心,快百姓意。"顏師古注:"莽以劉字上有卯,下有金,旁又有刀,故禁剛卯及金刀也。"(《漢書》卷九九中,第 4109、4110 頁。)
③《史記(修訂本)》卷二八,第 1657 頁。
④[漢]許慎撰,[清]段玉裁注:《説文解字注》,第 165 頁上欄。
⑤[晋]杜預注,[唐]孔穎達正義:《春秋左傳正義》,1183 頁。
⑥徐元誥撰,王樹民、沈長雲點校:《國語集解(修訂本)》,第 522 頁。
⑦[清]王先謙撰集:《釋名疏證補》卷八,中華書局,1985 年,第 430—431 頁。
⑧徐元誥撰,王樹民、沈長雲點校:《國語集解(修訂本)》,第 132 頁。
⑨何寧:《淮南子集釋》,中華書局,1998 年,第 1321 頁。
⑩張存良:《〈蒼頡篇〉的版本、流傳、亡佚和再發現》,《甘肅社會科學》2015 年第 1 期。
⑪[漢]許慎撰,[清]段玉裁注:《説文解字注》,第 164 頁上欄。
⑫[漢]鄭玄注,[唐]賈公彥疏:《儀禮注疏》,北京大學出版社,1999 年,第 598 頁。
⑬北京大學出土文獻研究所:《北京大學藏西漢竹書[壹]》,第 161 頁。

當時流行月令思想,如果不按照月令行事,采用其他季節的時令,就會出現災异。《禮記·月令》仲夏月:"行春令,則五穀晚熟,百螣時起,其國乃饑。"①季冬月"行春令,則胎夭多傷,國多固疾,命之曰逆"。②因此,此句反映的應是違反仲夏月令和季冬月令,造成饑饉,餓殍於路,草草掩埋,嬰幼兒死亡的情形。

第十二句"恐懼懷歸,趨走病狂"。懷,《説文》心部:"念思也。從心,褱聲。"段玉裁注:"念思者,不忘之思也。"歸,《説文》止部:"女嫁也。從止,從婦省,自聲。"段玉裁注:"乃凡還家者假婦嫁之名也。"懷歸,思念歸家。《詩·小雅·小明》:"豈不懷歸?畏此罪罟。"③病,《説文》疒部:"卧驚病也。從寢省,丙聲。"④《廣韵·映韵》:"病,驚病。"⑤即癔病,神經官能症。狂,《説文》犬部:"狾犬也。從犬,㞷聲。"⑥狂犬病。引申爲疯癲,精神失常。《史記·倉公列傳》:"後三日而當狂,妄起行,欲走;後五日死"。⑦

《禮記·月令》:"季夏行春令,則穀實鮮落,國多風欬,民乃遷徙。""孟冬行春令,則凍閉不密,地氣上泄,民多流亡。"此句反映的是違反季夏月令、孟冬月令,百姓被迫遷徙、顛沛流離、恐懼、思念故鄉乃至發癲發狂的情形。

第十三句"疵疕禿瘻,齲齪痀傷"。疵,《説文》疒部:"病也。從疒,此聲。"⑧《廣韵·支韵》:"疵,黑病。"⑨《慧琳音義》卷七八"瘦疵"注曰:"疵,瘡也,肉有黑毛生曰疵。"⑩疕,《説文》疒部:"頭瘍也。從疒,匕聲。"⑪《周禮·天官·醫師》:"凡邦之有疾病者、疕瘍者造焉,則使醫分而治之。"鄭玄注:"疕,頭瘍,亦謂禿也。"賈公彥疏:"疕,頭瘍,謂頭上有瘡含濃血者。"⑫睡虎地秦簡《封診式·癘》記述丙"以三歲時病,疕,麋(眉)突(禿)(簡 52)"。⑬禿,《説文》禿部:"無髮也。從人,上象禾粟之形,取其聲。"⑭瘻,《説文》疒部:"頸腫也。從疒,婁聲。"⑮疵、疕、禿、瘻,應當都是

---

① [漢]鄭玄注,[唐]孔穎達疏:《禮記正義》,第 507 頁。
② [漢]鄭玄注,[唐]孔穎達疏:《禮記正義》,第 564 頁。
③ [漢]毛亨傳,[漢]鄭玄箋,[唐]孔穎達疏:《毛詩正義》,第 800 頁。
④ [漢]許慎撰,[清]段玉裁注:《説文解字注》,第 64 頁上欄。
⑤ 周祖謨校:《廣韵校本》,第 431 頁。
⑥ [漢]許慎撰,[清]段玉裁注:《説文解字注》,第 64 頁上欄。
⑦ 《史記(修訂本)》卷一〇五,第 3387 頁。
⑧ [漢]許慎撰,[清]段玉裁注:《説文解字注》,第 352 頁上欄。
⑨ 周祖謨校:《廣韵校本》,第 48 頁。
⑩ 王華權、劉景雲編撰:《一切經音義三種校本合刊索引》,上海古籍出版社,2008 年,第 1889 頁。
⑪ [漢]許慎撰,[清]段玉裁注:《説文解字注》,第 352 頁下欄。
⑫ [漢]鄭玄注,[唐]賈公彥疏:《周禮注疏》,第 108 頁。
⑬ 睡虎地秦墓竹簡整理小組編:《睡虎地秦墓竹簡》,第 156 頁。
⑭ [漢]許慎撰,[清]段玉裁注:《説文解字注》,第 411 頁下欄。
⑮ [漢]許慎撰,[清]段玉裁注:《説文解字注》,第 353 頁上欄。

頭部的傷病。水泉子漢簡《蒼頡篇》有"疵疵禿瘻頭傷脩(?)"之語，①可參考。

齮，《説文》齒部："齧也。從齒，奇聲。"②齕，《説文》齒部："齧也。從齒，气聲。"③二字同義，此指牙齒咬嚙傷。《史記·田儋列傳》："且秦復得志於天下，則齮齕用事者墳墓矣。"裴駰《集解》引如淳曰："齮齕猶齚齧。"司馬貞《索隱》："齮齕，側齒齩也。"④痍，《説文》疒部："傷也。從疒，夷聲。"⑤《釋名·釋疾病》："痍，侈也。侈開皮膚爲創也。"⑥痍傷，指刀劍等兵器造成的創傷。《史記·蒙恬列傳》"論"曰："夫秦之初滅諸侯，天下之心未定，痍傷者未瘳。"⑦

第十四句"毆伐疻痏，肤肤睛盲"。毆，《説文》殳部："捶毄物也。從殳，區聲。"⑧伐，《説文》人部："擊也。從人，持戈。"⑨張家山漢簡《二年律令·賊律》："鬥而以刃及金鐵銳、錘、椎傷人，皆完爲城旦舂。其非用此物而人，折枳、齒、指，肤體，斷肤(決)鼻、耳者(簡 27)，耐。(簡 28)"⑩推測不用金鐵銳器稱毆，用金鐵銳器則稱伐。疻，《説文》疒部："毆傷也。從疒，只聲。"⑪痏，《説文》疒部："疻痏也。從疒，有聲。"⑫《急就篇》卷四："疻痏保辜謕呼號。"顏師古注："毆人皮膚腫起曰疻，毆傷曰痏。"⑬《漢書·薛宣傳》："遇人不以義而見疻者，與痏人之罪鈞，惡不直也。"顏師古注引應劭曰："以杖手毆擊人，剥其皮膚，腫起青黑而無創瘢者，律謂疻痏。"⑭肤，《説文》肉部："孔也。從肉，決省聲。"⑮指造成身體創傷。張家山漢簡《二年律令·賊律》："折枳、齒、指，肤體，斷肤鼻、耳者。(簡 27)"⑯亦通"決"，斷裂。《淮南子·説山》："故決指而身死，或斷臂而顧活。"⑰肤，《説文》肉部："骨差也。從肉，失聲。讀

---

①北京大學出土文獻研究所：《北京大學藏西漢竹書[壹]》，第 161 頁。

②[漢]許慎撰，[清]段玉裁注：《説文解字注》，第 79 頁上欄。

③[漢]許慎撰，[清]段玉裁注：《説文解字注》，第 80 頁下欄。

④《史記》(修訂本)卷九四，第 3208、3209 頁。

⑤[漢]許慎撰，[清]段玉裁注：《説文解字注》，第 355 頁上欄。

⑥[漢]劉熙：《釋名》卷八，第 129 頁。

⑦《史記(修訂本)》卷八八，第 3119 頁。

⑧[漢]許慎撰，[清]段玉裁注：《説文解字注》，第 120 頁下欄。

⑨[漢]許慎撰，[清]段玉裁注：《説文解字注》，第 385 頁下欄。

⑩張家山漢簡二四七號漢墓竹簡整理小組：《張家山漢墓竹簡[二四七號墓](釋文修訂本)》，文物出版社，2006 年，第 12 頁。

⑪[漢]許慎撰，[清]段玉裁注：《説文解字注》，第 354 頁下欄。

⑫[漢]許慎撰，[清]段玉裁注：《説文解字注》，第 354 頁下欄。

⑬四部叢刊續編景明抄本電子版。

⑭《漢書》卷八三，第 3395—3396 頁。

⑮[漢]許慎撰，[清]段玉裁注：《説文解字注》，第 172 頁上欄。

⑯張家山漢簡二四七號漢墓竹簡整理小組：《張家山漢墓竹簡[二四七號墓](釋文修訂本)》，第 12 頁。

⑰何寧：《淮南子集釋》，第 1156 頁。

與趺同。"段玉裁注:"謂骨節差忒不相值。故趺出也。"①指骨節折斷、錯位。睡虎地秦簡《法律答問》:"妻悍,夫毆治之,夬(決)其耳,若折支(肢)指、胅體(體),問夫可(何)論? 當耐。(簡 79)"②睛,《玉篇》目部:"睛,子盈切,目珠子。又七井切。"③即眼珠。盲,《説文》目部:"目無牟子。從目,亡聲。"段玉裁注:"無牟子者,白黑不分是也。今俗謂青盲。"④宋佚名《小兒衛生總微論方·眼目病論》:"黑睛雖全而視物疏疏,此名睛盲。"⑤"睛盲"指眼睛看似正常,但却視物不見或不清。

《禮記·月令》:"仲夏行冬令,則雹凍傷穀,道路不通,暴兵來至……行秋令,則草木零落,果實早成,民殃於疫。"⑥"(孟冬)行秋令,則雪霜不時,小兵時起,土地侵削。"⑦"(仲冬)行秋令,則天時雨汁,瓜瓠不成,國有大兵。行春令,則蝗蟲爲敗,水泉咸竭,民多疥癘。仲冬月行春令,則胎夭多傷,國多固疾,命之曰逆。"⑧第十三、第十四兩句的病症和創傷應是違反夏季月令和冬季月令後出現的瘟疫病症,以及暴兵來至格鬥後出現的創傷。而據前引《續漢書·輿服志下》,漢君臣印上刻有六十六個字,主旨是顓頊帝命令祝融教導夔龍如何抵禦瘟疫厲鬼,由此可推祝融具備抵禦、解除瘟疫的能力。

第十五句前半句"執囚束縛"指抓捕囚犯,關押監禁起來;後半句"論訊既詳"指仔細審訊、判定罪刑。如前引《史記·秦始皇本紀》記載,水德主兵刑,故秦始皇"剛毅戾深,事皆決於法,刻削毋仁恩和義,然後合五德之數。於是急法,久者不赦"。揚雄《校獵賦》:"於是玄冬季月,天地隆烈,萬物權輿於内,徂落於外,帝將惟田于靈之囿,開北垠,受不周之制,以終始顓頊玄冥之統。"應劭曰:"顓頊玄冥,皆北方之神,主殺戮也。"⑨王逸《楚辭·九歎·遠游》:"就顓頊而敶詞兮,考玄冥於空桑。"注:"空桑,山名也。玄冥,太陰之神,主刑殺也。"⑩《史記·天官書》載,作爲顓頊之象的北斗七星,斗魁中爲"貴人之牢";杓端兩星招搖、天鋒外,"有句圜十五星,屬杓,曰賤人之牢。其牢中星實則囚多,虛則開出"。關於貴人牢:

> 《集解》孟康曰:"《傳》曰'天理四星在斗魁中。貴人牢名曰天理'。"

---

① [漢]許慎撰,[清]段玉裁注:《説文解字注》,第 174 頁上欄。
② 睡虎地秦墓竹簡整理小組編:《睡虎地秦墓竹簡》,第 112 頁。
③ [梁]顧野王:《大廣益會玉篇》卷四,第 22 頁上左。
④ [漢]許慎撰,[清]段玉裁注:《説文解字注》卷四上,第 136 頁下欄。
⑤ [宋]佚名:《小兒衛生總微論方》卷一八,文淵閣四庫全書本,《中國基本古籍庫》電子版,筆者標點。
⑥ [漢]鄭玄注,[唐]孔穎達疏:《禮記正義》,第 507—508 頁。
⑦ [漢]鄭玄注,[唐]孔穎達疏:《禮記正義》,第 552 頁。
⑧ [漢]鄭玄注,[唐]孔穎達疏:《禮記正義》,第 557—558 頁。
⑨ 《漢書》卷八七上引,第 3543、3544 頁。
⑩ [宋]洪興祖撰,白化文等點校:《楚辭》卷一六,第 311 頁。

《索隱》："在魁中，貴人牢。《樂汁圖》云'天理理貴人牢'。宋均曰'以理牢
獄'也。"《正義》："占：明，及其中有星，此貴人下獄也。"①

斗魁中的天理四星主貴人牢，即貴人犯法下獄事，而秦漢時負責刑法、監獄的機
構廷尉也被稱作"大理"，②與天上的天理四星相應。關於賤人牢：

《索隱》："案：《詩記曆樞》云'賤人牢，一曰天獄'。又《樂汁圖》云'連
營，賤人牢'。宋均以爲連營，貫索也。"《正義》："貫索九星在七公前，一
曰連索，主法律，禁暴强，故爲賤人牢也。牢口一星爲門，欲其開也。占：
星悉見，則獄事繁；不見，則刑務簡；動搖，則斧鉞用；中虛，則改元；口開
則有赦，人主憂；若閉口，及星入牢中，有自繫死者，常夜候之，一星不
見，有小喜；二星不見，則賜祿；三星不見，則人主德令且赦。遠十七日，
近十六日，若有客星出，視其小大：大，有大赦；小，亦如之也。"

杓前所屬環狀十五星即後代所謂貫索九星（亦稱連營、連索），也主法律，爲賤人
牢，即賤人犯法下此獄。當時以此星的多少、形狀、明暗來占獄事繁簡、是否當頒
布赦令等。《春秋公羊傳》莊公十年條徐彥疏：

所以必備七等之法者，正以北斗七星主賞罰示法，《春秋》者賞罰之
書，故則之。故《說題辭》曰"北斗七星有政，《春秋》亦以七等宣化"，《運
斗樞》曰《春秋》設七等之文，以貶絶録行，應斗屈伸"是也。③

故《禮記·月令》仲冬月規定："塗闕廷門閭，築囹圄，此以助天地之閉藏也。"④

此外，還有祝融任司寇的説法。《管子·五行》："祝融辨乎南方，故使爲司徒。"⑤
司徒的職掌之一即刑罰。《周禮·地官·大司徒》大司徒之職："以鄉八刑糾萬民：一
曰不孝之刑，二曰不睦之刑，三曰不姻之刑，四曰不弟之刑，五曰不任之刑，六曰
不恤之刑，七曰造言之刑，八曰亂民之刑。以五禮防萬民之僞，而教之中。以六樂
防萬民之情，而教之和。凡萬民之不服教而有獄訟者，與有地治者，聽而斷之；其
附於刑者歸於士。"⑥《禮記·月令》孟夏月則規定："麥秋至，斷薄刑，決小罪，出輕
繫。"⑦

第十六句"卜筮狉占，祟在社場"。狉，《説文》卜部："灼龜坼也。從卜、兆，象

————

① 《史記（修訂本）》卷二七，第 1544—1545 頁。
② 如《漢書·百官公卿表上》載："廷尉，秦官，掌刑辟……景帝中六年更名大理，武帝建元四年復爲廷
尉……哀帝元壽二年復爲大理。王莽改曰作士。"（《漢書》卷一九上，第 730 頁。）
③ [漢]何休注，[唐]徐彥疏：《春秋公羊傳注疏》卷七，上海古籍出版社，2014 年，第 261—262 頁。
④ [漢]鄭玄注，[唐]孔穎達疏：《禮記正義》，第 557 頁。
⑤ 黎翔鳳撰，梁運華整理：《管子校注》，中華書局，2004 年，第 865 頁。
⑥ [漢]鄭玄注，[唐]賈公彦疏：《周禮注疏》，第 268—269 頁。
⑦ [漢]鄭玄注，[唐]孔穎達疏：《禮記正義》，第 494—495 頁。

形。"段玉裁注:"兆者如龜之坼。"①龜甲灼燒後形成的璺紋。同"兆"。祟,《說文》示部:"神禍也。從示,從出。"②徐鍇《繫傳》:"祟者,神自出之以警示人者,亦瘟神無故而爲。"③鬼神爲禍。睡虎地秦簡《日書》甲種:"甲乙有疾,父母爲祟,得之於肉,從東方來。(簡68正貳)"④社,《說文》示部:"地主也。從示、土。"⑤《國語·魯語上》:"共工氏之伯九有也,其子曰后土,能平九土,故祀以爲社。"韋昭注:"社,后土之神也。"⑥《白虎通·社祭》:"社者,土地之神也。"⑦社場,謂祭土地神的場所。《鹽鐵論·散不足》:"貧者雞豕五芳,衛保散臘,傾蓋社場。"⑧

《開元占經·石氏中官占上一》第四爲"招搖占"。元代何异孫《十一經問對》:"問大卜三兆如何? 對曰:'三兆者,顓頊氏之占法;瓦兆者,帝嚳之占法;原兆者,周之占法也。'"⑨則元代流傳有顓頊占法爲太卜三兆的說法。由此或可推測,北方水德主占卜,故《禮記·月令》孟冬令:"是月也,命大史釁龜、筴,占兆,審卦,吉凶是察,阿黨則罪,無有掩蔽。"⑩孟冬月要進行卜筮占兆,目的是發現、揪出"阿黨"的人。這個活動應是在社舉行的。故此句可與下一句即第十七句的"寇賊盜殺,捕獄問諒"相銜接。諒,《說文》言部:"信也。從言,京聲。"⑪問諒,審訊得到真實的供詞。

三

雖然目前對《顓頊》章中一些句子的句義尚未完全了解,但通過第二部分的考察,我們仍然可以得出如下結論:《顓頊》章不僅每句押韻,而且句有句義,章有章旨,其體例不同於《說文解字》《玉篇》等以部首編排的字典、辭典,而和《三字經》《千字文》等小學書相類。《顓頊》章緊緊圍繞起首的顓頊、祝融兩個人物展開,上下句的內容彼此連貫,并依照一定的邏輯依次遞進,其內容和邏輯的基礎就是戰國秦漢時人的主流意識形態。

雖然顓頊、祝融均是古史系統和陰陽五行體系中的重要人物,但從《顓頊》章

① [漢]許慎撰,[清]段玉裁注:《說文解字注》,第128頁上欄。
② [漢]許慎撰,[清]段玉裁注:《說文解字注》,第8頁下欄。
③ [南唐]徐鍇:《說文解字繫傳》,第4頁。
④ 睡虎地秦墓竹簡整理小組編:《睡虎地秦墓竹簡》,第193頁。
⑤ [漢]許慎撰,[清]段玉裁注:《說文解字注》,第8頁上欄。
⑥ 徐元誥撰,王樹民、沈長雲點校:《國語集解(修訂本)》,第155—156頁。
⑦ [清]陳立撰,吳則虞點校:《白虎通疏證》,第91頁。
⑧ 王利器校注:《鹽鐵論校注》,中華書局,1992年,第352頁。
⑨ [元]何异孫:《十一經問對》卷五,清通志堂經解本,《中國古籍基本庫》電子版。
⑩ [漢]鄭玄注,[唐]孔穎達疏:《禮記正義》,第544—546頁。
⑪ [漢]許慎撰,[清]段玉裁注:《說文解字注》卷三上,第90頁上欄。

的内容來看,本章主要立足於陰陽五行思想和五德終始說,顓頊表現爲北方水德之帝,祝融則爲南方火德之神。

顓頊因爲是北方之帝,故其象是位於北天的招搖星。雖然當時對招搖星具體所指有異說,但通常招搖被用來泛指北斗星。當時人認爲北斗星位於天的正中,斗杓四季所指方向正與節氣相合,故給予北斗在天界、人間特殊地位。《漢書·律曆志上》稱北斗爲"天之綱":"玉衡杓建,天之綱也。日月初躔,星之紀也。"顏師古注引孟康曰:"斗在天中,周制四方,猶宫聲處中,爲四聲綱也。"[①]《史記·天官書》說北斗七星的職責在於"齊七政"。司馬貞《索隱》案:

> 《尚書大傳》云"七政,謂春、秋、冬、夏、天文、地理、人道,所以爲政也。人道政而萬事順成"。又馬融注《尚書》云"七政者,北斗七星,各有所主:第一曰主日法天;第二曰主月法地;第三曰命火,謂熒惑也;第四曰煞土,謂填星也;第五曰伐水,謂辰星也;第六曰危木,謂歲星也;第七曰剽金,謂太白也。日、月、五星各异,故曰七政也"。[②]

按照《尚書大傳》的說法,七政爲掌管四季、天文、地理、人道;按照馬融的說法,七星分別主管日、月和火、土、水、木、金五星。而在《史記·天官書》描述的天界中,"斗爲帝車,運於中央,臨制四鄉,分陰陽,建四時,均五行,移節度,定諸紀,皆繫於斗"。北斗星是天帝所乘車,運行於中央,監管四方,負責確定陰陽、四時、五行、節令。由於戰國秦漢時流行的三種月令書——《禮記·月令》《吕氏春秋·十二紀》和《淮南子·時則》系統地反映了當時的時令思想,故可參照了解。

由此我們也對北大藏漢簡《蒼頡篇》有了更爲深入的認識和了解。《蒼頡篇》并不是單純的字書,而是帶有明確意識形態色彩和教化功能的教科書。其功用不僅僅在於教人識字,還在於宣傳主流意識形態,弘揚統治者所認可的價值觀。我們也不得不感慨《蒼頡篇》作者的才華。《顓頊》緊緊圍繞開頭的顓頊、祝融展開,以宣傳天人相感、順應時令的陰陽五行思想爲主旨,將各種生僻字串聯起來,承啓轉合,句句押韻,僅用一百餘字,便達到了字典、教化與美文兼備的功能。

附記:此文韓文版刊韓國《大東文化研究》第 99 輯,2017 年。

作者簡介:楊振紅,女,1963 年 12 月生,歷史學博士,南開大學歷史學院教授、博士生導師,西北師范大學特聘教授,主要從事戰國秦漢簡牘和秦漢史研究。

---

① 《漢書》卷二一上,第 965—966 頁。
② 《史記(修訂本)》卷二七,第 1542 頁。

《嶽麓書院藏秦簡(肆)》研究綜述

劉艷娟

(華東師範大學中國文字研究與應用中心,上海 200241)

2015 年 12 月《嶽麓書院藏秦簡(肆)》(以下簡稱《嶽麓(肆)》)由上海辭書出版社出版。内容爲秦律令,該卷定名爲"秦律令(壹)",共收録 391 枚竹簡,分爲三組。第一組 105 枚簡,是有關"亡律"内容的卷册。第二組 178 枚簡,是秦律的19 種律文。第三組 108 枚簡,内容大都與"内史"有關。這三組簡文内容對秦代法律制度研究有重大價值和意義。

在《嶽麓(肆)》出版之前,已經有部分文章公布了有關材料。陳松長《嶽麓書院藏秦簡中的徭律例説》(中國文化遺産研究院編《出土文獻研究》第 11 輯,中西書局,2012 年),公布了簡 1241、1242、1238、1394 的圖版與釋文。陳松長《〈嶽麓書院藏秦簡〉(肆)概述》(中國文化遺産研究院編《出土文獻研究》第 14 輯,中西書局,2015 年),公布了簡 1277、1401 的圖版。周海鋒《嶽麓秦簡〈尉卒律〉研究》(中國文化遺産研究院編《出土文獻研究》第 14 輯),公布了《尉卒律》的四條竹簡的圖版以及數條竹簡的釋文。歐揚《嶽麓秦簡所見秦比行事初探》(中國文化遺産研究院編《出土文獻研究》第 14 輯),公布簡 0640、0635、0526、0319 的圖版與釋文。陳松長《嶽麓秦簡中的兩條秦二世時期令文》(《文物》2015 年第 9 期),公布了簡 0587、0638、0681、0519、0352 圖版與釋文。周海鋒《〈嶽麓書院藏秦簡(肆)〉的内容與價值》(《文物》2015 年第 9 期),公布了簡 2011、1984、1977、2040、1979、1373、1405、1291、1293、1235 的圖版與釋文。

《嶽麓書院藏秦簡(肆)》已出版兩年有餘,研究成果頗爲豐富,其研究成果主要發表在"簡帛"網以及學術研討會上。據我們統計共有學術論文七十篇左右,這些成果主要涉及如下幾個方面。

一、簡牘的再整理

(一)簡文校釋

《嶽麓(肆)》公布之初,學者就對簡文内容進行了校釋,成果集中發布在"簡帛"網上,主要包括糾正整理者釋錯之字,對已釋字提出新釋讀意見,對未釋字進行考釋以及對簡文重新句讀等方面。

陳偉《嶽麓秦簡"尉卒律"校讀(一)》("簡帛"網 2016 年 3 月 21 日,http://www.bsm.org.cn/show_article.php?id=2489),對尉卒律五條簡(編號 1373、1405、1291、1293、1235)的釋文重新句讀,并訂正了三點内容。

陳偉《嶽麓秦簡"尉卒律"校讀(二)》("簡帛"網 2016 年 3 月 21 日,http://www.bsm.org.cn/show_article.php?id=2490),對尉卒律(編號 1234、1258、1259、1270)重新斷句,并將原釋文"剃"改釋爲"筋"。

何有祖《讀嶽秦簡肆札記(一)》("簡帛"網 2016 年 3 月 24 日,http://www.bsm.org.cn/show_article.php?id=2492),提出簡 10"簿"當作"薄",簡 13"投(殳)殺"當作"牧殺",簡 114"若"當作"或"解,簡 140–141 中的兩處"結"從陳偉讀爲"媷",簡 157–158"節"讀作"即",新釋了"敖童"和"居老"兩詞的意義。

何有祖《讀嶽麓秦簡肆札記(二)》("簡帛"網 2016 年 3 月 25 日,http://www.bsm.org.cn/show_article.php?id=2496),認爲簡 166"官守府"即守官府,簡 188"鄣"當爲"郭",簡 213"毋"當爲"勿"。

方勇《讀〈嶽麓書院藏秦簡(肆)〉札記一則》("簡帛"網 2016 年 3 月 25 日,http://www.bsm.org.cn/show_article.php?id=2494),認爲簡 1398/130 正、1365/131 正中的"久"字,整理者皆讀爲"炙",應該據劉釗官馬標識研究成果,讀爲"灸",是指用烙馬印往馬身上烙印的行爲。

方勇《讀〈嶽麓書院藏秦簡(肆)〉札記二則》("簡帛"網 2016 年 3 月 25 日,http://www.bsm.org.cn/show_article.php?id=2497),指出簡 047 正和簡 048 正中的"扶"即"鈇",義同"釜",簡 109 正"繑"的字形應是《説文》"繘"籀文形的訛形。

朱錦程《讀〈嶽麓書院藏秦簡(肆)〉札記(一)》("簡帛"網 2016 年 3 月 25 日,http://www.bsm.org.cn/show_article.php?id=2495),認爲簡 1398"盈"當爲"至",簡 1232"敖"當爲"勞",簡 1299"并"當爲"竝",簡 1298"敢"當爲"取",簡 1302"癈"當爲"廢",簡 1352"使"當爲"傳",簡 1261"杵"當爲"柱",簡 0326"殺及"後當補釋"亡皆官",簡 0443"敢"當爲"非",簡 0327 補最後一句釋文爲"不從令者貲二甲□有不□□",簡 0587"泰"前有墨釘痕迹,簡 0680"囂"當爲"酈"。

何有祖《利用嶽麓秦簡校釋〈二年律令〉一則》("簡帛"網 2016 年 3 月 26 日,http://www.bsm.org.cn/show_article.php?id=2498),指出《二年律令》408 可與嶽麓秦簡 158—159 對讀,將 408 簡中"若"改釋爲"老"。

方勇《讀〈嶽麓書院藏秦簡(肆)〉札記一則》("簡帛"網 2016 年 3 月 27 日,http://www.bsm.org.cn/show_article.php?id=2501),指出簡 0652/361 正中整理者釋爲"鋒"的字當爲"鋑",同"鑴",指雕鑿用的器具。

方勇《讀〈嶽麓書院藏秦簡(肆)〉札記一則》("簡帛"網 2016 年 3 月 31 日,http://www.bsm.org.cn/show_article.php?id=2511),認爲簡 1419/232 正中的"傳"當爲"傅",如字讀,意爲附著,其下一字整理者未釋,從雷海龍釋"箭",讀"躇"。

陳偉《嶽麓秦簡肆校商(壹)》("簡帛"網 2016 年 3 月 27 日,http://www.bsm.org.cn/show_article.php?id=2503),指出《田律》簡 1284 正/111 正、1285 正/112 正、1281 正/113 正"吏"當作"事",并重新句讀。《田律》簡 1276 正/114 正中"物故"有"事故"義,也重新標點。簡 397 正/140 中的"穀"有"生育"義。重新爲簡 1257 正/148 正、1269 正/149 正、1408 正/150 正句讀。

陳偉《嶽麓秦簡肆校商(貳)》("簡帛"網 2016 年 3 月 28 日,http://www.bsm.org.cn/show_article.php?id=2504),解釋了《傅律》(1256 正/160 正、1268 正/161 正、1275 正/162 正)中的"拜免""事"并重新標點。將《司空律》(1375 正/167 正、1412 正/168 正)"仗"改釋爲"反"。《内史襍律》(1413 正/169 正、1297 正/170 正)簡 169 最末一字,原釋文缺釋,應釋爲"池"。《内史襍律》(1266 正/175 正、1274 正/176 正)之"侍"當讀爲"庤"。

陳偉《嶽麓秦簡肆校商(叄)》("簡帛"網 2016 年 3 月 29 日,http://www.bsm.org.cn/show_article.php?id=2506),對《縣(徭)律》(1305 正/253 正、1355 正/254 正、1313 正/255 正)斷句,認爲"縣(徭)戍數發"當連讀。《司空律》(0350 正/257 正、0993 正/258 正、0793 正/259 正、0795 正/260 正、J57 正/261 正)"榦"當爲"除","入"當爲"人","者"當爲"之"。簡 0327 正/326 正"部"當爲"都"。簡 0519 正/344 正"詔"當爲"制"。0526 正/359 正"歸"當爲"適"。0671 正/377 正"戌"當爲"或"。0669 正/383 正、0666 正/384 正、0588-1+0588-2 正/385 正三處"賤"當爲"賦"。

邢義田《"結其計"臆解——讀嶽麓書院藏秦簡札記之二》("簡帛"網 2016 年 3 月 29 日,http://www.bsm.org.cn/show_article.php?id=2507),認爲"結其計"的意思當是"要求自計簿中特別抽出那些逃亡滿一年未歸者的名字,別集爲一名籍或簿册,標明其初亡的年、月。"

李洪財《秦漢簡文字考釋二則》(《湖南大學學報(社會科學版)》2016 年第 4 期),認爲嶽麓秦簡中原來被整理作"羛"的字形,實際不從"弗",并不存在從"弗"的"羛"字。嶽麓秦簡整理出來的"羛"和傳世文獻中出現的"羛",是後人整理文獻時的誤認,所謂"弗"秖是"我"的草化訛變。

陳偉《秦簡牘中的"皋"與"罪"》("簡帛"網 2016 年 11 月 27 日,http://www.bsm.org.cn/show_article.php?id=2673),根據嶽麓秦簡以及睡虎地秦簡中"皋"與"罪"交替使用的情况推斷秦代用"罪"取代"皋"發生在秦始皇三十年五月至三十四年六月之間。

魯家亮《嶽麓書院藏秦簡〈亡律〉零拾》(《第六屆"出土文獻與法律史研究"暨慶祝華東政法大學法律古籍整理研究所成立三十周年學術研討會論文集》,2016 年),補釋了《亡律》中的"寺車府""内官""均輸""四司空",對簡 012/2090 釋作"數"的字形存疑,改釋簡 019/0169 的"捕"爲"物"。

朱紅林《〈嶽麓書院藏秦簡(肆)〉補注(一)》(《第六屆"出土文獻與法律史研究"暨慶祝華東政法大學法律古籍整理研究所成立三十周年學術研討會論文集》),對《嶽麓秦簡(肆)》的注釋補釋了十三處,包括"匿罪人""貲二甲""贖死""其奴婢弗坐""典、田典""室人""年十八歲""各與其疑同灋""典、田典、伍不告,貲一盾""舍匿罪人律""佐弋隸臣、湯家臣,免爲士五,屬佐弋而亡者""内官、中官隸臣妾、白粲以巧及勞免爲士五、庶人、工、工隸隱官""簿其所爲作務""典、老占數小男子年未盈十八歲"等,還探討了睡虎地秦簡、里耶秦簡、張家山漢簡中的内容理解、標點斷句與法律傳抄問題。

吳雪飛《利用嶽麓簡校勘睡虎地簡兩則》("簡帛"網 2016 年 11 月 28 日,http://www.bsm.org.cn/show_article.php?id=2674),將睡虎地簡《法律答問》163 簡與嶽麓秦簡《亡律》43 簡對讀,校勘前者句讀。將睡虎地簡《秦律十八種》第 145 簡、146 簡與嶽麓簡《司空律》第 273、274 簡對讀,認爲前者應該分爲兩條獨立的簡文。

陳偉《嶽麓秦簡肆校商(四)》("簡帛"網 2016 年 11 月 30 日,http://www.bsm.org.cn/show_article.php?id=2675),將嶽麓簡 068/1992、069/1946 與睡虎地秦簡《秦律十八種·金布律》簡 72-75 對讀,進而將前者重新進行句讀,并改"當"爲"虜"。將嶽麓簡 268/0118、269/0173 與睡虎地秦簡《秦律十八種·司空》對讀,將前者改讀。李洪財《關於嶽麓肆 1992(068)簡"當"字釋讀問題》("簡帛"網 2017 年 2 月 13 日,http://www.bsm.org.cn/show_article.php?id=2729),認爲該簡中陳偉改釋爲"虜"的字,字形與同簡的"當"一樣,不可改釋。同時,斷定原句句讀有誤,重新整理了簡文。

吴雪飛《嶽麓簡與〈二年律令〉對讀三則》（“簡帛”網 2016 年 12 月 5 日,http://www.bsm.org.cn/show_article.php?id=2677）,將《興律》238-239 簡與《二年律令》269—270 簡對讀,認爲張家山漢簡 269—270 當屬於《興律》而非《行書律》。將《亡律》47、50、97 簡與《二年律令·亡律》146 簡對讀,認爲秦及漢初對城旦舂和鬼薪白粲逃亡以及自出的處罰是一樣的。《亡律》簡 91 與《二年律令》簡 157 對讀,認爲二者内容相同。

吴雪飛《從嶽麓簡看里耶秦簡的一條秦令》（“簡帛”網 2016 年 12 月 9 日,http://www.bsm.org.cn/show_article.php?id=2679）,將嶽麓簡《繇律》148—150 與里耶簡 16—5a 對讀,進而將前者重新句讀。

何有祖《讀秦漢簡札記(二則)》（“簡帛”網 2017 年 1 月 3 日,http://www.bsm.org.cn/show_article.php?id=2696）,認爲《嶽麓(肆)》簡 317/0589“蜀”下一字,并非“巴”,而是“邑”,“蜀邑”見於傳世文獻,泛指蜀郡下轄縣邑。李洪財《嶽麓肆中的“蜀巴”問題補正》（“簡帛”網 2017 年 1 月 6 日,http://www.bsm.org.cn/show_article.php?id=2697）,認爲何有祖所説“邑”字仍爲“巴”,簡中此字上部竹纖維拔絲,故看起來像口形。“蜀巴”雖然不見於傳世文獻,但是這種表述在嶽麓簡中很常見。

陶磊《讀嶽麓書院藏秦簡（四）札記》（“簡帛”網 2017 年 1 月 9 日,http://www.bsm.org.cn/show_article.php?id=2698）,討論了“莫占吏數者”“不仁”“失令”“入穀”“壹夫”“守”等詞語的含義,并探討了簡 2132、1276 的句讀問題等。

齊繼偉《〈嶽麓書院藏秦簡(肆)〉補釋二則》（“簡帛”網 2017 年 2 月 13 日,http://www.bsm.org.cn/show_article.php?id=2729）,補釋簡 0326“有□不疑亡者”未釋字爲“重”,簡 0639“賣□息子”未釋字爲“番”。

(二)簡文編連

張弛《〈爲吏治官及黔首〉編聯補證與關於〈嶽麓肆〉059 號簡歸屬問題的討論》（“簡帛”網 2016 年 4 月 7 日,http://www.bsm.org.cn/show_article.php?id=2513）,通過簡背劃綫判斷嶽麓秦簡肆 059 號簡當是《爲吏治官及黔首》的一枚簡。

陳偉《嶽麓秦簡肆附録肆校讀》（“簡帛”網 2016 年 5 月 29 日,http://www.bsm.org.cn/show_article.php?id=2564）,列舉了簡號之誤,組別之誤,圖版重複及缺失情況,指出附録中有四枚未正式公布的竹簡,并做了釋文。

紀婷婷、張馳《〈嶽麓肆·亡律〉編聯芻議(精簡版)》（“簡帛”網 2016 年 9 月

12 日,http://www.bsm.org.cn/show_article.php?id=2630），根據新發現的反印文以及筆迹分組對簡文編連進行了調整。

李洪財《嶽麓秦簡的簡號問題》（"簡帛"網 2017 年 2 月 11 日,http://www.bsm.org.cn/show_article.php?id=2726），列舉了嶽麓秦簡中 20 對重複的原始編號,指出嶽麓簡原始編號改動的原因比較複雜,日後會逐漸清晰并解決這個問題。

二、簡文内容的研究

在簡文釋讀與編連的基礎上，對簡文内容的研究進一步加深，由於《嶽麓（肆）》的内容是秦律令,學者們的研究主要集中在律令内容方面,如對《亡律》《徭律》《尉卒律》等的研究,并通過秦律令所載内容對秦法律制度、賦税制度、基層行政制度和風俗禮制等方面進行了深入的探討。

（一）關於秦律令的研究

1.關於《亡律》的研究

曹旅寧《嶽麓書院藏秦簡（肆）〈亡律〉公布的歷史意義》（"簡帛"網 2015 年 2 月 7 日,http://www.bsm.org.cn/show_article.php?id=2152），指出秦時逃亡是當時社會生活中的一個重要社會問題。《亡律》條文的完全公布,不僅呈現了秦漢逃亡及政府控制的真實面貌,而且有助於加深對"秦政"的全面了解。

魯家亮《嶽麓書院藏秦簡〈亡律〉零拾之一》（"簡帛"網 2016 年 3 月 28 日,http://www.bsm.org.cn/show_article.php?id=2505），補釋了《亡律》中的職官如"寺車府""内官""中官""均輸""四司空"等語詞的含義。

周海鋒《嶽麓書院藏秦簡〈亡律〉研究》（楊振紅、鄔文玲主編《簡帛研究二〇一六·春夏卷》,廣西師範大學出版社,2016 年），指出嶽麓秦簡《亡律》條文中所見逃亡者稱謂不一,大致可分爲刑徒、黔首、奴婢和官吏逃亡四類,討論了秦律對各類逃亡者的處罰及相關問題。

歐揚《嶽麓秦簡〈亡律〉"亡不仁邑里、官者"條探析》（楊振紅、鄔文玲主編《簡帛研究二〇一六·春夏卷》），認爲"亡不仁邑里、官者"指代的對象是所有的不明身份逃亡者,討論了對"亡不仁邑里、官者"的處置方式以及此類案件的審理程序。

歐揚《嶽麓秦簡〈亡律〉日期起首律條初探》（《第六屆"出土文獻與法律史研究"暨慶祝華東政法大學法律古籍整理研究所成立三十周年學術研討會論文集》），指出嶽麓秦簡《亡律》共有五枚簡以日期起首,分爲三組,認爲簡 2089、

2088、2054、2010、2047 是日期起首律文,五枚簡中有三枚日期是"廿年後九月戊戌",整理者現在并未合編。作者探討了律令格式語"自今以來"的來源,認爲日期起首律文有類似修正案的功能。

劉欣欣《秦漢〈亡律〉"舍匿罪人"探析》(《第六屆"出土文獻與法律史研究"暨慶祝華東政法大學法律古籍整理研究所成立三十周年學術研討會論文集》),論述了"舍匿罪人"的含義與刑罰原則,認爲嶽麓秦簡《亡律》詳細規定了舍亡人及罪人亡者之室主、室人、奴婢、典伍和負責抓捕亡人的鄉部吏的具體責任與刑罰,與張家山漢簡《二年律令·亡律》有較大差異。

2.關於《尉卒律》的研究

周海鋒《〈嶽麓書院藏秦簡(肆)〉的内容與價值》(《文物》2015 年第 9 期),舉例論述了《嶽麓書院藏秦簡(肆)》在秦代法制、職官、賦税、基層行政制度等方面的研究價值,討論了《尉卒律》的内容,認爲律文中"毋"爲衍字,"毋命爲典、老者以不更以下"實是"命爲典、老者以不更以下"之誤。

周海鋒《嶽麓秦簡〈尉卒律〉研究》(中國文化遺産研究院編《出土文獻研究》第 14 輯),在律名解析方面,認爲《尉卒律》的"卒"當讀爲"萃",可當"聚""集"解。《尉卒律》指與縣尉有關的律文彙集,并指出嶽麓簡中以"卒"命名的律令均可如是解。在《尉卒律》内容與相關問題解析方面,解釋了"縣毋命爲典、老者以不更以下"等内容。該文還討論了《尉卒律》中新見的文書及文書貯藏機構。

曹旅寧《嶽麓秦簡(四)所見秦郡尉與秦縣尉》("簡帛"網 2015 年 1 月 26 日,http://www.bsm.org.cn/show_article.php?id=2145),根據周海鋒《尉卒律》公布的材料推測秦縣尉所掌應與郡尉相同,不同的祇是職掌範圍。

邢義田《〈尉卒律〉臆解——讀嶽麓書院藏秦簡札記之一》("簡帛"網 2016 年 3 月 23 日,http://www.bsm.org.cn/show_article.php?id=2491),認爲《尉卒律》之"卒"既可以讀爲"萃",也可以讀爲"倅",讀《尉卒律》爲《尉倅律》或《尉副(附)律》,是從屬、旁附或副加於《尉律》以補《尉律》所不及者,類似漢初所謂的《傍律》,并以益陽兔子山漢簡《尉卒律》列於《旁律》爲例。

符奎《秦簡所見里的拆并、吏員設置及相關問題——以〈嶽麓書院藏秦簡(肆)爲中心〉》(《安徽史學》2017 年第 2 期),通過《尉卒律》及相關記載,討論了秦代里的拆并、吏員設置與構成情況,進而揭示了爵位制度在當時社會的重要作用與價值。

周海鋒《從嶽麓書院藏〈司空律〉看秦律文本的編纂與流變情況》(清華大學出土文獻研究與保護中心編《出土文獻》第 10 輯,中西書局,2017 年),通過將嶽麓簡《司空律》6 則 22 支簡的内容與《秦律十八種·司空律》對比,認爲節録者在抄録法律條文時會根據個人需要或喜好進行摘抄,以致抄録順序和律文篇章與“元本”存在差距,官府也會根據以類相從的原則對前代律條進行整合。

3.關於《徭律》的研究

陳松長《嶽麓書院藏秦簡中的徭律例説》(中國文化遺産研究院編《出土文獻研究》第 11 輯),解釋了簡文中“徒人”“三尺券”“書其厚焉”“鄉嗇夫必身與典”“以券行之”“田時先行富有賢人”“皆月券書其行月及所爲日數,而署其都發及縣請(情)”“縣令給日”“已葬,輒攝以平其徭”等語詞與詞句的意義,并通過與睡虎地秦簡、張家山漢簡徭律的對比研究,揭示了這兩條徭律在興徭細節、律文人性化等方面的重要價值。

陳偉《嶽麓書院秦簡〈徭律〉的幾個問題》(《文物》2014 年第 9 期),根據陳松長公布的《徭律》簡文,討論了“徭徒興發”“都發”與“縣請”“蟲徭”等問題,認爲“三尺券”是對文書形式上的規定,而不是“三辨券”。“都發”大概是指整體性或者是大規模的徵發。“縣請”大概是在一些特别情形下,縣在向上級請示之後而興發的徭役。嶽麓簡中“攝”在張家山漢簡《二年律令》中寫作“蟲”,當讀爲“躡”,意爲“追捕”,在嶽麓秦簡中指服徭役時,因親人去世歸家治葬,事後需要補回所欠徭役。

彭浩《談〈嶽麓書院藏秦簡(肆)〉的“執法”》(《第六届“出土文獻與法律史研究”暨慶祝華東政法大學法律古籍整理研究所成立三十周年學術研討會論文集》),通過分析《徭律》等律文中與“執法”相關的規定,詳述了執法的執掌和機構設置,補充了整理者關於“執法”的釋義,即執法在法律、法令執行過程中主要職責是監管、協調、彙集各地司法、官吏任免等文書,并將文書摘要呈遞皇帝,是下情上達的樞紐。同時推測“執法”或與《商君書》“法官”有淵源關係。

4.關於《置吏律》的研究

朱錦程《讀〈嶽麓書院藏秦簡〉(肆)札記(二)》(“簡帛”網 2016 年 5 月 8 日 http://www.bsm.org.cn/show_article.php?id=2546),將簡 1227、J43、1262《置吏律》與睡虎地秦簡中《置吏律》、張家山漢簡《二年律令·置吏律》進行比較研究,探求秦漢律法的細微差别,如從以身高爲標準判斷某些人群犯罪是否負法律責任到以年齡爲標準。

周海鋒《嶽麓書院藏秦簡〈置吏律〉及相關問題研究》(《第六届“出土文獻與法律史研究”暨慶祝華東政法大學法律古籍整理研究所成立三十周年學術研討會論文集》),第一部分解析嶽麓秦簡《置吏律》的内容,包括除吏的籍貫要求,爲

吏的門檻以及任人爲吏。第二部分是《置吏律》的比較研究,包括睡虎地《置吏律》
與嶽麓簡《置吏律》的异同以及秦漢《置吏律》條文之异同。

陳偉《"奴妾""臣妾"與"奴婢"》(《第六屆"出土文獻與法律史研究"暨慶祝華
東政法大學法律古籍整理研究所成立三十周年學術研討會論文集》),指出三者
是秦漢簡牘中指稱私家奴隸的用語,存在年代上的差异。其中,《嶽麓書院藏秦簡
(肆)》中《置吏律》簡 212-214 表明,"奴妾""臣妾"改稱"奴婢"的時間或可追溯到
始皇三十年五月左右。

5.關於其他秦律令的研究

王勇《嶽麓秦簡〈金布律〉關於奴婢、馬牛買賣的法律規定》(《中國社會經濟
史研究》2016 年第 3 期),討論了奴婢、牛馬買賣契券"質"與奴婢、牛馬買賣的通
行證"傳""致"的用途與性質。

(二)關於秦法律制度的研究

在《嶽麓(肆)》未公布時,曹旅寧根據先行公布的部分簡文對秦法律制度進
行了探討。《〈嶽麓秦簡〉(肆)概述與〈法經〉辨僞》("簡帛"網 2014 年 12 月 27 日,
http://www.bsm.org.cn/show_article.php?id=2119),認爲嶽麓秦簡律令比篇目(十四
律名、二十三令名)的公布,爲《法經》的辨僞工作提供了强有力的證據。《嶽麓秦
簡(四)所見秦刑徒終身服役的新證》("簡帛"網 2015 年 1 月 14 日,http://www.
bsm.org.cn/show_article.php?id=2134),根據歐揚《嶽麓秦簡所見比初探》公布的一
條秦令,將其與里耶秦簡 J1⑧154 對讀,認爲秦代徒隸也就是刑徒爲罪犯奴隸,
没有刑期,需要終身服役。

陳松長《嶽麓秦簡中的兩條秦二世時期令文》(《文物》2015 年第 9 期),根據
令文模式與用語判斷嶽麓秦簡的時代下限是秦二世二年,而非秦始皇三十五年。

歐揚《嶽麓秦簡所見秦比行事初探》(中國文化遺産研究院編《出土文獻研
究》第 14 輯),通過將嶽麓秦簡、睡虎地秦簡與《漢書·刑法志》等對比研究,認爲
漢代律令比合編模式與漢律令篇章内外都有決事比類法律的現象,均起源于秦。

周海鋒《秦律令之流布及隨葬律令性質問題》(《華東政法大學學報》2016 年
第 4 期),根據出土秦簡尤其是嶽麓秦簡分析了秦代律令文書的傳遞方式,即實
用的律令是通過郵驛傳遞、官吏抄録、布告、口頭宣讀等形式傳播。隨葬律令的性
質當是遵循"事死如生"的習俗,將與死者有關的部分物品葬入墓中。

陳松長《嶽麓秦簡中的秦令令名訂補》(《第六屆"出土文獻與法律史研究"暨
慶祝華東政法大學法律古籍整理研究所成立三十周年學術研討會論文集》),更
正了 2009 年介紹秦令内容時的錯誤,補釋了幾個未釋字,如"安□居室共令"中

"□"爲"台"等；指出"贖令"是在没有簡文系聯的情况下做出的判斷，實則是不存在的；指出個別令名的文字隸定不對造成了誤釋，如"備盗賊令廿三"，"備"誤釋爲"補"；總結嶽麓秦簡中的令名應該分爲兩類：第一類是篇名而非單一的令名，共計十個；第二類是單一的令名，共計十六個。

陳迪《"覆獄故失"新考》(《第六届"出土文獻與法律史研究"暨慶祝華東政法大學法律古籍整理研究所成立三十周年學術研討會論文集》)，認爲嶽麓秦簡等充分證明了秦代"覆獄"較爲普遍，指出秦律令當中第一次正式出現"故"作"故意"的例子出現於《嶽麓書院藏秦簡(肆)》簡 287 中。

温俊萍《秦遷刑考略》(《第六届"出土文獻與法律史研究"暨慶祝華東政法大學法律古籍整理研究所成立三十周年學術研討會論文集》)，認爲"遷刑"是秦漢時期的主要刑罰之一，《嶽麓書院藏秦簡(肆)》所見遷刑和刑城旦春一樣，屬於刑罰體系中的正刑之一。

周海鋒《秦律令研究——以〈嶽麓書院藏秦簡〉(肆)爲重點》(湖南大學 2016 年博士學位論文)，對《嶽麓書院藏秦簡(肆)》中《亡律》《田律》《金布律》《徭律》《尉卒律》和《置吏律》的疑難語詞和相關術語進行考釋，并探討了律文涉及的秦官制，及馬政、簡牘制度、徭役制度、文書制度等，專門探討了秦律的修訂以及秦漢律令的异同問題。另外，此文還新公布了部分竹簡簡文。

(三)關於秦賦税制度的研究

陳松長《秦代"户賦"新證》(《湖南大學學報(社會科學版)》2016 年第 4 期)，通過解讀嶽麓秦簡中的一條金布律文，證明秦代有"户賦"，并且有征收户賦的時間和數量的規定，還討論了"芻""錢"的换算關係。隨後朱德貴也對"户賦"進行了討論，見《簡牘所見秦及漢初"户賦"問題再探討》(《深圳大學學報(人文社會科學版)》2017 年第 4 期)，認爲秦漢户賦并非户税，也不是户税的組成部分，征收對象是"泰(大)庶長以下"凡有定居權者，同時認爲户賦與軍事密切相關，是軍備物資和軍費的重要來源。

朱德貴《嶽麓秦簡所見"徭"制問題分析——兼論"奴徭"和"吏徭"》(《江西師範大學學報(哲學社會科學版)》2016 年第 4 期)，認爲秦"徭"具有特定指向，是官府强制傳籍之黔首服勞役的制度，并且"奴徭"和"吏徭"不是"徭"。

朱德貴《嶽麓秦簡所見田税問題探討》(《税務研究》2017 年第 5 期)，認爲通過嶽麓秦簡田律可知秦田税的征收采取了"租禾稼"的方式，田律規定了上交田税的時間，并且嚴厲打擊"匿田""匿租"等違法行爲。

(四)關於秦政治、社會生活的研究

關於政治生活的研究有游逸飛《三府分立——從新出秦簡論秦代郡制》(《中研院歷史語言研究所集刊》第 87 本第 3 分册,2016 年),根據里耶秦簡和嶽麓秦簡,討論分析了秦郡守、郡尉和郡監御史的職權。

關於社會生活的研究包括對秦代避諱、禮俗、倫理思想等方面的研究,這些成果主要有朱錦程《秦代避諱補論》("簡帛"網 2016 年 5 月 24 日,http://www.bsm.org.cn/show_article.php?id=2561),根據嶽麓秦簡肆中簡 1396、1367"君子"或是指擁有高於"大夫"爵位的一類人,推測秦始皇二十二年及以前,秦國的有爵者也是不用避"秦"字諱。周海鋒《新出秦簡禮俗考》(《中國文化研究》2016 年夏之卷),在利用新出秦簡考求秦代禮俗時,認爲嶽麓秦簡從文獻上證明了屈肢葬的存在。嶽麓秦簡中關於祠廟設置與管理的材料,也説明了秦政府對祭祀活動的重視。朱錦程《簡牘所見秦代制度與倫理思想》(《倫理學研究》2017 年第 1 期),認爲從《嶽麓書院藏秦簡(肆)》中的《金布律》等法律條文可以看出秦時已經形成了對自然環境合理利用,注重協調吏民關係和維護家庭尊長的倫理制度。李洪財《嶽麓秦簡(肆)中的紀年問題》(中國文化遺產研究院編《出土文獻研究》第 14 輯),根據嶽麓秦簡數枚記有"某年某月"的簡推測秦代應該是多種曆譜并行或者實行一種現在尚不明確的曆法,嶽麓簡"廿五年五月戊戌"可能與秦改曆有關係。

此外,《嶽麓(肆)》中還有一些關於馬匹管理的律文,引起了學者的關注,取得了一定的研究成果,主要有高一致《讀〈嶽麓書院藏秦簡(肆)〉雜説一則》("簡帛"網 2016 年 3 月 27 日,http://www.bsm.org.cn/show_article.php?id=2502),通過分析簡 127 至 131 總結秦代对馬匹管理方面的認識,包括秦代馬匹役使的規定,對商賈使用馬匹的限制,對私人馬匹的管理和官牛馬的管理,等等。邢義田、高震寰《"當乘"與"丈齒"——讀嶽麓書院藏秦簡札記之三》(簡帛網 2016 年 4 月 8 日,http://www.bsm.org.cn/show_article.php?id=2515),認爲"當乘"是某類馬的通名,"丈齒"與"馬齒盈四以上""齒未盈至四以下"密切相關,當是秦漢時馬由幼年進入成年,一生一次的成年禮。

三、結　語

在《嶽麓(肆)》出版之前,已有數枚竹簡公布,内容爲秦律令,包括《徭律》《尉卒律》《亡律》等,相關研究成果數量比較少,并且集中於通釋文本及闡發嶽麓秦簡的重要價值。

　　《嶽麓(肆)》的公布,掀起了秦汉史和秦汉法律制度研究的新高潮,目前已有豐碩的研究成果。這些成果集中於對簡牘的再整理和簡文内容的研究。在《嶽麓(肆)》最初公布之時,對簡文文字的校釋較多,學者不但對竹簡中文字的釋讀、句讀進行了校訂,還對原整理者的注釋進行了考訂與補充,這些工作爲嶽麓秦簡釋文及注釋的準確性提供了重要參考。

　　簡文内容的研究成果最爲豐富,學者們關注簡文内容折射出來的秦代法制、倫理制度、宗廟祭祀等諸多方面。尤其在法律史方面,學者通過律令内容研究秦代的户賦征收、馬匹管理、奴隸制度等問題,并且與同時期的睡虎地秦簡、里耶秦簡以及漢代的張家山漢簡進行對比,進一步探討秦代法律體系的特徵以及後代法律對其繼承情況。這對全面把握中國古代法制史具有重要參考價值。

　　回顧目前的研究成果,《嶽麓(肆)》還有進一步研究的必要。第一,在律文研究方面,有待將《嶽麓(肆)》與睡虎地秦簡、張家山漢簡相似、相關律文之間的發展繼承關係進行系統的深入研究,進而把握秦漢律令的發展演變。第二,在文字研究方面,《嶽麓(肆)》的文字構形系統還需要深入研究。嶽麓書院藏秦簡所用字體主要爲早期隸書,處於漢字發展史的承上啓下階段,在漢字發展史上有重要地位,系統的字形字體研究還亟待深入展開。第三,用字習慣方面,《嶽麓(肆)》秦律令文獻由於其内容的特殊性,與前三卷在用字方面有明顯差異,目前僅見零星的研究。此外,《嶽麓(肆)》的用字與睡虎地秦簡、張家山漢簡中法律律文的用字現象及特點的對比研究也需要進一步深化。

　　作者簡介:劉艷娟,女,1989 年 7 月生,華東師範大學中國文字研究與應用中心博士研究生,研究方向爲漢語言文字學。

嶽麓書院藏秦簡《質日》研究綜述

温俊萍

（湖南大學嶽麓書院，長沙 410082）

嶽麓書院藏秦簡《質日》共 165 個編號，分爲三組：《廿七年質日》《卅四年質日》和《卅五年私質日》。從形制來看，前兩種簡長約 27 厘米、寬 0.6 厘米左右，後一種簡長約 30 厘米、寬 0.5 厘米。自 2010 年 12 月《嶽麓書院藏秦簡(壹)》出版以來，已有不少研究成果。本文即是對出版以來關於《質日》研究成果的綜述。總體而言，學界對《質日》中新見地名地望的考察着墨較多，對《質日》的性質、《質日》所見曆譜的正確與否，及《質日》的主人等都有所涉及。毋庸置疑，嶽麓書院藏秦簡《質日》爲學界對曆書類文獻的研究提供了重要資料。

一、《質日》的性質

陳松長認爲嶽麓書院藏秦簡《質日》的内容和形制都與湖北《關沮秦漢墓簡牘》中的《曆譜》相同，這種所謂曆譜的主要功能是記事，故暫定名爲《日誌》。[1]蘇俊林認爲其應稱爲"質日"，并認爲"質日"不是官方檔案或文書，而是一種私人文書，主要是將自己平時的活動及生活中遇到的重大事件記錄下來，以備自己需要時查閱。[2]肖從禮提出秦漢簡牘中的"質日"類曆表應該是曆日，屬於實用曆本。各級官府或個人在抄錄時是本於朝廷頒行的詔定曆日，祇是根據各自的需要進行了形制上的調整。這類曆表的主要功能有三：一是查閱當年具體月日干支；二是作爲人們行事宜忌的指南；三是用於記事。[3]陳偉認爲"質日"的名義可以作兩種推測：一是"質"訓"約"，質日指約定的曆日；二是"質"訓"實"，質日指可靠、實用

①陳松長：《嶽麓書院所藏秦簡綜述》，《文物》2009 年第 3 期。
②蘇俊林：《關於質日簡的名稱和性質》，《湖南大學學報(社會科學版)》2010 年第 4 期。
③肖從禮：《秦漢簡牘"質日"考》，《魯東大學學報(哲學社會科學版)》2011 年第 3 期。

的曆日。①斯琴畢力格、羅見今認爲嶽麓秦簡三年《質日》没有注明節氣,所以其既非實用曆譜,亦非日記,而是帶有曆譜格式的官員記事册。②于洪濤認爲這類文獻的命名應從“質日”説。理由有二:一是“曆譜”“曆日”這兩個名稱類似今天的日曆,未體現出記事的作用。而“日記”具有私屬性質,命名爲“日記”有些狹隘。二是對於“視日”的理解。“視日”與“視事”有相關聯之處,均與官吏政事有關。從内容上來看,“視日”中記載大多爲官吏政務,很少有私人事務。因此,這種官吏必備的政務日程表,需要常備於案頭,以待查用,作爲陪葬之物也就不足爲奇了。并且通過里耶秦簡中“令史行廟質日”的材料認爲秦代“質日”并非皆爲私屬,應有官私之分。③何晋在其《秦簡質日小識》一文中提出“質日”這類曆譜文獻在當時是具有實用性的,但是對於其是家庭曆譜還是工作曆譜,有待于進一步研究。④王丹鳳在其碩士學位論文中提到,嶽麓秦簡三卷《質日》應依原簡自書篇題,命名爲《質日》,否定了斯琴畢力格、羅見今的觀點,認爲其爲實用曆譜。提出質日簡不僅記日,還記事,查看日子之義與全年日干支的設計相吻合,可用來備查日期干支。日干支下又選擇性地記事,事件查詢時又要比對相應日期,比對之義與留空以記事的設計相吻合。因此,可以看出墓主在編制時做到了名稱與内容的統一。⑤李零認爲這類簡册,到目前爲止,只發現過“質日”或“視日”兩種自名,“質日”或“視日”通行於秦代和西漢早中期,很明顯是古人本來的叫法,因此,我們應該承認,至少秦和西漢早中期,“質日”或“視日”是這類簡册的通名,不能用晚期名稱來代替早期名稱。⑥綜上,對於嶽麓書院藏秦簡三卷《質日》的命名,學界的普遍認知是依據其自名,命名爲“質日”。

二、《質日》所載曆譜

嶽麓書院藏秦簡三卷《質日》,暫且不論其所載曆譜是官方還是私人的,客觀上爲秦漢曆法的研究提供了材料。因而對於其所載曆譜,學界亦有不少討論。陳

---

①陳偉:《嶽麓書院秦簡“質日”初步研究》,“簡帛”網 2012 年 11 月 17 日,http://www.bsm.org.cn/show_article.php?id=1755。

②斯琴畢力格、羅見今:《嶽麓書院秦簡三年質日初探》,《内蒙古師範大學學報（哲學社會科學版）》2012 年第 3 期。

③于洪濤:《秦簡牘“質日”考釋三則》,《魯東大學學報(哲學社會科學版)》2013 年第 4 期。

④何晋:《秦簡質日小識》,中國文化遺産研究院編《出土文獻研究》第 14 輯,中西書局,2015 年,第 198 頁。

⑤王丹鳳:《秦漢簡帛曆譜研究綜述》,西南大學碩士學位論文,2015 年,第 15、16 頁。

⑥李零:《讀簡隨筆》,《出土文獻與中國古代文明——李學勤先生八十壽誕紀念論文集》,中西書局,2016 年,第 403 頁。

松長通過對照張培瑜的《中國先秦史曆表》指出，嶽麓書院藏秦簡《質日》中二十七年的朔日干支完全對應。三十四年的正月、三月、五月、七月、九月的朔日干支都因正月誤抄而全部抄錯了月份。①孫沛陽根據簡背劃綫的排列，提出原《二十七年質日》中簡 25 應屬於《三十四年質日》，置於簡 4 和簡 5 之間。原《三十五年質日》中簡 17 應該置於《二十七年質日》簡 6 與簡 7 之間。②另根據書體來看，簡 17 的書體與《二十七年質日》的書體相同，可以佐證孫沛陽的觀點。曲安京、蕭燦認爲嶽麓書院藏秦簡《質日》卅四年曆譜是正確的，而廿七年、卅五年的曆日干支在抄寫時都有部分串行或錯位。《卅五年私質日》從簡 0069 開始串行錯排直至末尾，在簡 0069 上，十一月與正月的橫欄記的干支是初四干支，而三月、五月、七月、九月的橫欄記的是初三干支，這種情況很可能是抄寫時的疏忽造成的。《廿七年質日》中簡 0575 上的六月初一是“甲戌”，八月初一是“癸酉”，但是根據里耶秦簡的記錄，八月當是甲戌朔，因而推測在抄寫時把五月三十日和和七月三十日的干支錯抄在了六月初一和八月初一上，因而六月和八月應往後退一天。③陳偉在《嶽麓書院秦簡“質日”初步研究》一文中指出了釋文中的兩處疏漏，分別是：《二十七年質日》第 6（0564）簡和第 7（0616）簡之間應補入一簡，補入的內容是【癸未 壬午 辛巳 庚辰 己卯 戊寅】，根據孫沛陽的觀點補入的是《三十五年質日》中的簡 17，應是沒有問題的。還有就是《三十五年質日》第 26（0166）簡之下，簡 27/殘 1–11 的復原時位置當提升一欄，提升之後如表1。④但是由於簡 27 殘斷，無法確定其編繩位置，因而在恢復曆譜時，也可以保留整理原貌，在簡 26 和簡 27 之間補入一簡，補入內容是【壬辰 辛卯 庚寅 己丑 戊子 丁亥】。

表 1

26/0166	■十一月辛卯大	■正月庚寅大	■三月小	■五月小	■七月小	■九月小
27/殘 1–11	【壬辰】	辛卯	庚寅	【己丑	戊子	丁亥】
	【癸巳	壬辰	辛卯	庚寅	己丑	戊子】
28/0069	甲午	癸巳	壬辰	辛卯宿商街郵	庚寅	己丑

①陳松長：《嶽麓書院所藏秦簡綜述》，《文物》2009 年第 3 期。

②孫沛陽：《簡冊背劃綫初探》，《出土文獻與古文字研究》第 4 輯，上海古籍出版社，2011 年，第 451 頁。

③曲安京、肖燦：《嶽麓書院藏秦簡質日曆譜考訂》，“復旦大學出土文獻與古文字研究中心”網 2012 年 2 月 25 日，http://www.gwz.fudan.edu.cn/Web/Show/1788。

④陳偉：《嶽麓書院秦簡“質日”初步研究》，“簡帛”網 2012 年 11 月 17 日。

　　李忠林將嶽麓書院藏秦簡《質日》與周家臺 30 號秦墓所出曆譜及其他相關曆朔資料綜合考察後認爲《三十四年質日》所記秦始皇三十四年相關曆日、《三十五年質日》所記秦始皇三十五年相關曆日均正確無誤,爲當月朔干支。而《二十七年質日》中簿主爲了記事整齊,將五月和七月的晦日干支記在了六月和八月的月名之下。①斯琴畢力格、羅見今認爲根據《卅五年私質日》十月壬戌朔,卅四年後九月壬辰至辛酉計有 30 個日干支,應爲大月。因而認爲九月下“小”字爲誤書。②綜上,對於出土文獻中出現的不確定曆日干支,只能依靠確定的曆點和基本曆理進行推導辨析,進而驗證或是修正今人所推衍的曆表,另外對於曆譜中與其他曆表所不能相互對應的地方,不能簡單地認爲是誤抄,而應考慮當時官方頒朔與私人用曆并存的情況,及不同地域用曆不同的情況。

三、《質日》所見地名的地望考察

　　對於《廿七年質日》中的“武强”,整理者認爲其是地名,南朝梁置縣,治今湖北武岡,但從簡上的行程看,其地望不應是湖北武岡。③于振波認爲從《廿七年質日》五月“庚戌到州陵”“癸丑起歸”“甲寅宿武强”的行走路綫及時間方面來看,武强或在湖北武漢一帶,即漢水與長江交匯處附近。④

　　簡 12“丙戌宿沮陽”,整理者認爲“沮陽”,治今湖北保康縣南,⑤但是于振波認爲沮陽可能是在湖北遠安西北,而不是湖北保康縣南,因爲從江陵到湖北保康縣,距離有 230 公里(約漢里 550 里以上),廿七年四月“乙酉夕行”“丙戌宿沮陽”,一晝夜不可能走那麽長的路程。而遠安距江陵約 130 公里(漢里 310 多里),而且全程水路,或許可以達到這樣的距離。⑥

　　方勇認爲《二十七年質日》簡 40“丙辰宿□亭”中未釋字疑爲“夏”字,“夏”約在今湖北省武漢市武昌區一帶。⑦

　　①李忠林:《嶽麓書院藏秦簡質日曆朔檢討——兼論竹簡日誌類記事簿册與曆譜之區別》,《歷史研究》2012 年第 1 期。

　　②斯琴畢力格、羅見今:《嶽麓書院秦簡三年質日初探》,《内蒙古師範大學學報 (哲學社會科學版)》2012 年第 3 期。

　　③朱漢民、陳松長主編:《嶽麓書院藏秦簡(壹)》,上海辭書出版社,2010 年,第 60 頁。

　　④于振波:《嶽麓書院藏秦簡質日札記三則》,《甘肅省第二屆簡牘學國際學術研討會論文集》,上海古籍出版社,2012 年,第 523—524 頁。

　　⑤朱漢民、陳松長主編:《嶽麓書院藏秦簡(壹)》,51 頁。

　　⑥于振波:《嶽麓書院藏秦簡質日札記三則》,第 524 頁。

　　⑦方勇:《讀嶽麓秦簡 (壹) 札記五則》,“簡帛”網 2014 年 7 月 14 日,http://www.bsm.org.cn/show_article.php?id=2049。

《二十七年質日》簡 42“戊午，波留”，整理者將“波留”解釋爲地名，不明其地望。①郭濤認爲“波留”不是地名，“波”假借爲“陂”，義爲水池。“陂留”表示因阻礙而滯留縣内之義，或與河堤修築事宜有關。②王偉、孫苗苗同意“波留”非地名説，但是認爲“波”應作本字理解，“波留”應該斷讀爲“波，留”，意思可能是因河流漲水而滯留，認爲《質日》類文獻中的記録個人行程時的“留”，含義應該相同，均是滯留的意思。③

王偉、孫苗苗還認爲《二十七年質日》簡 44/0738“庚申宿楊口”，楊口即楊（揚）水和漢水的交匯處。④

“亡尸”在嶽麓書院藏秦簡《質日》中總共出現四次，分別是《三十四年質日》簡 34“己巳召走亡尸”，簡 47“壬午亡尸之津”，簡 53“丙戌走亡尸行=當百”，《三十五年私質日》簡 21“丙戌亡尸復行漁”，整理者認爲含義不明，疑與祭祀活動有關或認爲是人名。⑤于振波認爲“尸”與“夷”古字相通，“亡夷”指的是逃亡的夷人。⑥王輝認爲“亡尸”就是“死屍”，指的是死而未葬者。⑦高一致認爲“亡尸”當還應該表示人名，“走”或許指的是臨時指派遞送文書的人員，“行”應該指傳遞文書。“走亡尸行”或可以理解爲以“亡尸”爲“走”來傳遞文書。⑧

《三十五年私質日》簡 4“辛酉宿箸鄉”中“箸鄉”的地望，陳偉認爲當與古都國、楚都都故城有關，約在今鐘祥市西北胡集鎮南的麗陽村（明清麗陽驛）一帶。這裏稱之爲“箸鄉”，有兩種可能，一是當時還未置縣，二是縣名就是箸鄉。⑨

蔣文認爲簡 7“丁卯宿杏鄉”中的“杏鄉”可能是文獻之“杏聚”。杏聚漢代屬南陽郡復陽縣，在今豫鄂邊區，桐柏山南麓。⑩簡 8“戊辰宿麗”中的麗，陳偉認爲

①朱漢民、陳松長主編：《嶽麓書院藏秦簡（壹）》，第 61 頁。
②郭濤：《嶽麓秦簡二十七年質日“波留”或非地名》，“簡帛”網 2011 年 12 月 30 日，http://www.bsm.org.cn/show_article.php?id=1612。
③王偉、孫苗苗：《嶽麓秦簡研讀札記（七則）》，中國文化遺產研究院編《出土文獻研究》第 14 輯，中西書局，2015 年，第 60 頁。
④王偉、孫苗苗：《嶽麓秦簡研讀札記（七則）》，中國文化遺產研究院編《出土文獻研究》第 14 輯，第 62 頁。
⑤朱漢民、陳松長主編：《嶽麓書院藏秦簡（壹）》，第 79 頁。
⑥于振波：《嶽麓書院藏秦簡質日札記三則》，第 525 頁。
⑦王輝：《一粟居讀簡記（四）》，《第四屆國際漢學會議：出土材料與新視野》，中研院，2013 年，第 420 頁。
⑧高一致：《嶽麓書院藏秦簡（壹）補釋三則》，《學行堂語言文字論叢》第 4 輯，四川大學出版社，2014 年，第 56 頁。
⑨陳偉：《嶽麓秦簡三十五年質日 “箸鄉” 小考》，“簡帛”網 2011 年 4 月 4 日，http://www.bsm.org.cn/show_article.php?id=1431。
⑩蔣文：《嶽麓秦簡三十五年質日地理初探》，“簡帛”網 2011 年 4 月 5 日，http://www.gwz.fudan.edu.cn/SrcShow.asp?Src_ID=1453。

秦漢的酇縣當在南酇,南酇在"湍水"之上,宛城之西,接近析縣和武關。所以之後的"庚午宿關"中的"關"當是武關,而不是方關。①簡 9"□郵"未釋字當釋爲"廣","廣郵"可能就是黄郵,在今新野東北。②簡 12 中的"癸酉宿康口郵"中的"康口郵",蔣文認爲"口"一般是表示湖泊出口或河流下游的地名用字,"唐河"流經南陽郡,頗疑"康"讀爲"唐",康口郵可能就位於唐河下游。③王偉、孫苗苗認爲"康(唐)口郵"指的是設置在唐河匯入漢水附近的郵驛類機構。④

　　復旦大學出土文獻與古文字研究中心研究生讀書會認爲簡 30 "甲午宿□鄉","鄉"上一字稍殘,細審圖版,此字似當釋作"鄾",其地在今湖北襄陽附近。⑤蔣文同樣認爲這裏的"□鄉"是"鄾鄉",地望在鄧東南,屬南陽郡。方勇認爲簡 31 "乙未宿日土郵"的"日土"應該是"白土","白土郵"應是地名"鄾鄉"與"析"之間的某地。⑥王偉、孫苗苗也認爲這裏的"日土"也應該是"白土"的誤釋,"白土郵"可能是設置在雉縣"白土鄉"的郵驛機構。⑦

　　關於"銷縣"的地望,以往學者根據里耶秦簡的材料,已經做了分析。王焕林認爲"銷""湫"實爲一地,位於湖北鐘祥市北部。⑧晏昌貴認爲銷很有可能是東晋南北朝時的"宵城"或"宵城縣",在今湖北天門市東北笑城遺址或其附近。⑨陳偉根據《三十五年私質日》的記録,認爲銷在當陽和箬鄉之間,且與江陵南北相對,所以認爲王焕林所説銷縣地望偏東北,晏昌貴所説更爲偏東,周振鶴的意見比較正確,即銷縣位於今湖北荆門市北面的石橋驛與南橋之間。⑩王琢璽認爲銷當在陸路交通綫上,位於今荆門市區以北,子陵崗鎮以南一帶,或即今荆門子陵鋪遺址。⑪簡 45/0062"丁巳去南歸",蔣文認爲這裏的南是指地名,地望應在江陵西北

　　①陳偉:《嶽麓秦簡三十五年質日地名小考》,《歷史地理》第 26 輯,上海人民出版社,2012 年,第 444 頁。
　　②蔣文:《嶽麓秦簡三十五年質日地理初探》,"簡帛"網 2011 年 4 月 5 日。
　　③蔣文:《嶽麓秦簡三十五年質日地理初探》,"簡帛"網 2011 年 4 月 5 日。
　　④王偉、孫苗苗:《嶽麓秦簡研讀札記(七則)》,中國文化遺産研究院編《出土文獻研究》第 14 輯,第 60 頁。
　　⑤復旦大學出土文獻與古文字研究中心研究生讀書會:《讀嶽麓書院藏秦簡(壹)》,"復旦大學出土文獻與古文字研究中心"網 2011 年 2 月 28 日,http://www.gwz.fudan.edu.cn/SrcShow.asp?Src_ID=1416。
　　⑥方勇:《讀嶽麓秦簡(壹)札記五則》,"簡帛"網 2014 年 7 月 14 日。
　　⑦王偉、孫苗苗:《嶽麓秦簡研讀札記(七則)》,中國文化遺産研究院編《出土文獻研究》第 14 輯,第 62 頁。
　　⑧王焕林:《里耶秦簡釋地》,《社會科學戰綫》2004 年第 3 期。
　　⑨晏昌貴:《張家山漢簡釋地》,《江漢考古》2005 年第 2 期。
　　⑩陳偉:《秦至漢初銷縣地望補説》,"簡帛"網 2011 年 4 月 5 日,http://www.bsm.org.cn/show_article.php?id=1432。
　　⑪王琢璽:《秦漢銷縣小考》,《中國歷史地理論叢》2014 年第 3 期。

一帶，"去南歸"應該是指離開南地回到江陵。王偉和孫苗苗則認爲"南"恐怕非地名，僅僅表示行進的方向是向南。①但是，三卷《質日》中還是有許多地名的地望不是很清晰，因而仍需要我們繼續關注和考察。此類問題的解決客觀上也有助於對秦郵驛、傳舍和道路等系統研究的深入。

四、《質日》的主人

陳松長在介紹嶽麓書院藏秦簡時曾提出："從形制上看，《質日》大致可分爲兩種，一種簡長約 30 厘米，寬 0.5 厘米；另一種簡長約 27 厘米、寬 0.6 厘米。從所抄寫的干支和記事文字來看，二十七年和三十四年的字體比較接近，可歸爲一類。三十五年的抄寫字體比較草率，簡也比較瘦長，應屬於另一類。三份質日所記內容也各有不同。其中二十七年質日，主要記錄了'騰'的情況。在三十四年質日中，有一個叫"爽"的人。三十五年質日沒有具體的人名，也沒有具體的事件，主要是記載住宿的行程。這份質日書體和形制都與上兩份不同，顯然不是同一個人所書寫。因此，這三份質日的歸屬以及與墓主人的關係等問題，都值得深入研究。"②蘇俊林認爲在嶽麓書院藏秦簡《質日》中，明確記載的事件行爲者，不是質日主人，而那些沒有事件行爲者記錄的記事，應該是同一個人所爲，這個人才是質日的主人。有意省去其名字、官職或身份。③于振波在同意蘇俊林觀點的基礎上，進一步認爲質日主人爲南郡屬吏，在其郡治江陵任職。④于洪濤通過分析《爲吏治官及黔首》及《質日》兩部分簡的內容，認爲其所屬主人的身份可能有兩個：一是從事土地測量業務的小吏；一是從事捕盜業務的司法人員，并可能參與行書、郵行的業務。由於《質日》簡的性質不太確定，所屬主人有可能會是兩個人。⑤接著在其《秦簡牘質日考釋三則》一文中，他認爲這份"質日"實際上記錄了三個人的內容，一是騰，二是爽，再就是這份《質日》的擁有者，也就是説他也認爲記事內容沒有明確寫明行動者的是《質日》的擁有者的活動。另根據里耶簡的材料，認爲"騰""爽"爲《質日》擁有者的下屬。⑥陳偉通過分析《質日》中的具體記事，認爲騰和爽

---

①王偉、孫苗苗：《嶽麓秦簡研讀札記（七則）》，第 62 頁。

②陳松長：《嶽麓書院所藏秦簡綜述》，《文物》2009 年第 3 期。

③蘇俊林：《關於質日簡的名稱和性質》，《湖南大學學報（社會科學版）》2010 年第 4 期。

④于振波：《嶽麓書院藏秦簡質日札記三則》，第 522 頁。

⑤于洪濤：《嶽麓簡爲吏治官及黔首札記二則》，"簡帛"網 2011 年 5 月 24 日，http://www.bsm.org.cn/show_article.php?id=1480。

⑥于洪濤：《秦簡牘"質日"考釋三則》，《魯東大學學報（哲學社會科學版）》2013 年第 4 期。

皆非《質日》的主人,而真正的主人應該是爽的父親。在秦王政三年(前244)爽出生之時,大概在二十歲以上。當他行年四十一歲以上(秦始皇二十四年)時,出任司空史,次年(秦始皇二十五年)升任令史。秦始皇三十五年,因公前往咸陽,已在五十二歲以上。三十五年質日的最後一件記事爲五月"壬寅宿環望"。即在咸陽之行返程尚未記完之時,記録戛然而止。很可能爽之父就死於此後不久。①史達認爲陳松長在《嶽麓書院所藏秦簡綜述》一文中提到的四枚簡:爽初書年十三,盡廿六年年廿三歲(0552),卅年十一月爽盈五歲(0418),廿四年十二月丁丑初爲司空史(0687),廿五年五月壬子徙爲令史(0625),②根據簡背劃綫的關係,應該放在《二十七年質日》之後,簡序爲0687、0625、0552、0415,認爲其是爽的履歷。并且指出《廿七年質日》的擁有者,即墓主,很有可能是爽的上司。③

　　據陳侃理統計,目前所知年代較爲確定的出土秦漢曆書共83件,根據内容和形制,他將這些曆書分爲兩類,分别是曆日類和曆朔類。查日期是曆書最基本的功能,查詢歲時節日、加注記事和配合日書占視吉凶是附屬功能。④嶽麓書院藏秦簡《質日》中的3件曆書,屬於曆日類,暫且不論其官私與否,查日期也是其最基本的功能,雖然在整理的過程中,學術界對其命名有過不同意見,但是隨着研究的不斷深入,大家形成了一個共識,即以自題名《質日》來命名,以更好地體現其功用。另外,嶽麓書院藏秦簡《質日》所載的曆書也有些舛誤,如《三十四年質日》中四月、六月、八月中的"丙午"均訛爲"丙申",但是這也不能否認其作爲曆書資料的重要性。像嶽麓書院藏秦簡《質日》這種連續記載兩三年日干支的曆日資料,相較《史記》《漢書》、"里耶秦簡"等中零散的曆日干支記載,對于研究秦漢之際的曆法更爲珍貴。

　　如上所述,嶽麓書院藏秦簡《質日》作爲曆日資料,查日期是其基本功能,但是《質日》中在每日干支下加注所記之事也可以從另一個側面反映一些問題。文獻記載,漢時官吏"五日得一休沐",《漢書·萬石衛直周張傳》載:"建老白首,萬石君尚無恙。每五日洗沐歸謁親,入子舍。"⑤《初學記》卷二〇:"漢律:吏五日得一下沐,言休息以洗沐也。"沐日即指此種類型的假日,《漢書·匡張孔馬傳》:"沐日歸

　　①陳偉:《嶽麓書院秦簡"質日"初步研究》,"簡帛"網2012年11月17日。
　　②陳松長:《嶽麓書院所藏秦簡綜述》,《文物》2009年第3期。
　　③[德]史達:《嶽麓秦簡廿七年質日所附官吏履歷與三卷質日擁有者的身份》,《湖南大學學報(社會科學版)》2016年第4期。
　　④陳侃理:《出土秦漢曆書綜論》,楊振紅、鄔文玲主編《簡帛研究二〇一六·秋冬卷》,廣西師範大學出版社,2017年,第50頁。
　　⑤《漢書》卷四六《萬石衛直周張傳》,中華書局,1962年,第2195頁。

休,兄弟妻子燕語,終不及朝省政事。"①但根據嶽麓書院藏秦簡《質日》的記事,事實并非如此,個中原因可能是在秦時并未形成這樣的制度,或者説"五日一休沐"的制度只適用一些特定的群體,諸如此類的問題還有待于更深入的研究。我們相信,隨着此類資料的不斷公布,②無論是對於秦漢曆法還是其他制度類問題的研究,都會有更深刻和更準確的認識。

附記：本文係國家社科基金青年項目"秦律令及其所見制度新研"(17CZS056)的階段性研究成果。

作者簡介:温俊萍,女,1989 年 9 月生,湖南大學嶽麓書院簡帛文獻研究中心博士研究生,主要從事出土文獻與秦漢史研究。

①《漢書》卷八一《匡張孔馬傳》,第 3354 頁。
②這類質日資料中,目前所知的還有北大秦簡的兩組質日,分別爲秦始皇三十一年和三十三年;睡虎地 M77 號漢墓的十三組質日,時間跨度爲西漢文帝前元十年至文帝後元七年;張家山漢墓 M136 號漢墓的"七年質日",時間爲文帝前元七年等。

從簡牘格式擬構走向簿書復原
——讀《走馬樓吳簡采集簿書整理與研究》

沈　　剛

（吉林大學古籍研究所，長春 130300）

　　回顧二十世紀以來的學術史，如果説簡牘的出土極大地改變了秦漢魏晋史研究的面貌，殆無异議。這類材料中的賬簿、名籍、政府檔案等簿書在數量上占有較大比例，而且因其多爲第一手的行政記録，這類資料具有原始性和真實性等特點，也爲歷史學者所關注。從早期的居延漢簡到新世紀公布的諸多文書檔案，都曾推動了秦漢史及相關領域的研究。1996 年長沙走馬樓吳簡出土後，因其體量之巨大、内容之豐富新穎，令學術界興奮不已。這批材料整理、公布的速度也没有令人失望，迄今已經刊布了八卷，共計數萬枚簡牘。正因材料豐富，故在其 20 年的研究史中，已發表了數百篇論文，數十部論著、報告、資料集。凌文超先生所著《走馬樓吳簡采集簿書整理與研究》（廣西師範大學出版社，2015 年）即爲其中重要成果之一。全書共分九章，以先期采集公布的《長沙走馬樓三國吳簡·竹簡》〔壹〕〔貳〕〔叁〕作爲材料基礎，并參以後來在古井中經科學發掘并公布的部分竹簡，對吳簡中具有代表性的簿書，如户籍、特殊名籍、入皮、入布賬簿、隱核波田簿等作了整理、復原和研究，并在此基礎上提出了吳簡文書研究方法論。與同類論著相比，該書最突出的特色是在研究路徑方面所取得的突破。

　　吳簡爲孫吳早期材料，其内容和傳統社會經濟史的一些命題頗爲吻合，而這一時段又恰好處在從漢末向兩晋制度轉化的關節點上，因而就導致解讀這些論題存在各種可能。在吳簡研究最初幾年，面對這些似曾相識却又陌生的材料，學者們從自己既有的知識背景出發，不斷提出新見，但又很快被否定，其結論涵蓋了種種可能性，却又缺乏充分的理由。在此背景下，找尋新的研究路徑就顯得十分迫切了。本書内容即以揭剥示意圖爲主，綜合運用筆迹、編痕等考古學和文書學信息，并結合内容來觀察這批材料，是區分其他同類著作的最主要一點。與以前相比,現在簡牘整理所公布信息更爲詳盡,除了圖版、釋文等基本内容外,也注意考古等更多外緣信息的刊布。吳簡也同樣如此。但如何將這些新信息同簡牘内容結合起來,是簡牘研究中遇到的新問題。在吳簡研究中,作者是較早注意利用這些信息的學者之一,他將其作爲除内容之外導向自己結論的又一條證據鏈,通過對揭剥位置圖簡牘分布規律的分析,强化了自己的結論,并且書中一以貫之地使用了這一研究方法。

這一方法在研究中的具體實踐是對吳簡簿書的復原。簡牘文書的集成和復原起源于日本學者 1950 年代以後從古文書學角度對居延漢簡進行的研究。因爲刊布信息的限制,這一工作的結果儘管已有突破,但除了大庭脩先生對《元康五年詔書令册》作出成功復原外,更多的成果還止步於格式的擬構。面對同爲簿籍檔案的走馬樓吳簡,估計很多學者也會聯想到這個辦法。然而面對數量數倍于居延簡、且先期公布的竹簡多有殘斷,册書具體形式的復原就已令人望而生畏,更遑論復原出相對完整的簿書。而本書能突破傳統文書簡研究中在路徑上依賴釋文的限制,更前進一步,以盆號、揭剥圖爲綱,結合竹簡内容,成功地復原出"嘉禾四年小武陵鄉吏民人名妻子年紀簿""小武陵、南鄉等吏民人名年紀口食簿"等户籍簿類册書,以具體實例,對諸家岐説進行了檢驗,成爲相關史學問題研究的堅實基礎,推進了研究的深入。對作部工師及妻子簿的復原與整理也是一個典型的例子。這批材料達到百余條,作者能如外科手術般的條分縷析,既兼顧内容中師佐家庭、籍貫等關係,又照應到簡牘的層位關係,左右逢源。與簿籍文書的格式擬構相比,對簿書内容的追索則能得到更爲準確的資料。如果説簿籍格式能够看到的是文書大致面貌,簿書内容的復原則可以呈現出鮮活的史料。如果認爲簡牘文書的集成研究,比把漢簡作爲漢史研究的輔助史料看待、從單簡中提取材料信息是文書類簡研究的一次進步,那麽結合考古邊緣信息對簿書内容進行整理工作的意義,同樣亦可如此視之。

隨着簡牘數量及研究者隊伍的增多,簡牘研究的分工也愈加細緻,對簡牘作出文獻學的清理,梳理出有價值的内容,這種工作即可告一段落。但作者卻要追索簡牘所藴含的更多功用,找出更多的歷史實態。書中有這樣的例子:户籍簿書在吳簡名籍簡中所占比例最大,格式形同而實異。作者通過觀察户計簡等處細微的差别,將"人名妻子年紀簿"和"人名年紀口食簿"的功能、性質給區分開來。以此爲基礎,對户計簡中"口○事○,筭○事○"兩個"事"的解釋,提出了新見。這是目前吳簡研究中爭議較大的問題,關涉到秦漢魏晉時期征賦的種類、形式、年齡界限等重要問題,因而凸顯了這一研究的價值。又如,"郡縣吏兄弟叛走人名籍"

中關於叛走原因的討論,他敏鋭地注意到 15 歲這個年齡界限,將其和當時派役始齡聯繫到一起,進而與唐長孺先生關於曹魏士家制度的結論連接起來,以歷史演進的宏觀背景作爲底色,顯示出這一研究結論的學術價值所在。

作者通過自己對吳簡簿書的整理和研究實踐,提出了吳簡文書學的概念,即在古井這一特殊埋藏條件下簡牘整理和研究的方法。走馬樓吳簡采集簿書因情況特殊,散亂、殘斷情況十分嚴重,整理研究難度頗大,此後公布的《長沙走馬樓三國吳簡·竹簡》〔肆〕〔陸〕〔柒〕〔捌〕及尚待公布的吳簡,因係來自科學發掘,有更多成坨簡的揭剥位置示意圖等信息,作者總結出的研究方法,已經被更多的學者接受和使用,其效果也會在今後吳簡的整理和研究工作中得到進一步驗證。

作者簡介:沈剛,男,1973 年生,歷史學博士,吉林大學古籍研究所、出土文獻與中國古代文明研究協同創新中心教授,主要從事秦漢史研究。

《簡牘學研究》文稿技術規範

《簡牘學研究》文稿技術規範在原有基礎上進行了適當調整,從《簡牘學研究》第七輯開始執行,敬請同仁垂注。

一、作者投稿,敬請惠寄打印稿或電子稿(WORD+PDF 文檔)。文稿務請達到齊(内容摘要、關鍵詞、正文、注釋均需完整)、清(整齊清晰)、定(係作者定稿)。

二、本刊采用繁體横排。標題下爲作者名,後加括號標注作者單位、城市名、郵編,如:×××(西北師範大學簡牘學研究所,蘭州 730070)。

三、論文正文前需附内容摘要(200—300 字)、關鍵詞(3—5 個,以分號隔開)。綜述、書評、會訊等不附内容摘要和關鍵詞。

四、文内分節或分層的數字順序依次是:一、二、三、四……;(一)(二)(三)(四)……;1.、2.、3.、4.……;(1)(2)(3)(4)……。二級、四級標題後不加標點,三級標題阿拉伯數字後用".。"

五、本刊採用頁下注,每頁連續編號,注號採用①②③……數碼形式,標在標點符號(頓號、逗號、句號、引號等)之後。各類引文注釋格式如下:

(一)著作類:[撰寫者時代或國別]作者,譯者或整理者(譯著或古籍整理類):《著作名》卷數,出版社,年份,第×頁。習見古籍如二十四史、《資治通鑒》等,征引時不出撰寫者時代和作者。

(二)論文類:[國別]作者,譯者(譯文類):《論文名》,《期刊名》年期。

(三)集刊類:[國別]作者,譯者(譯文):《論文名》,編者《集刊名》,出版社,出版年,第×頁。

集刊"第×輯"中"×"統一爲阿拉伯數字,"第×輯""第×卷"不需加括弧。

(四)凡征引文獻以"參見""詳見""并見"等引導,作者直接與論著名連接,不加":"。如:參見陳夢家《漢簡綴述》,中華書局,1980 年,第 20 頁。

(五)同一文獻再次引用時,仍需完整標出責任者、著作名、出版信息和頁碼。一律不采用"前揭""前引""同前注""同上注"等。

(六)網絡文章,先標注出網絡名、發表時間,再標注出網址。如:陳偉:《嶽麓書院秦簡"質日"初步研究》,"簡帛"網 2012 年 11 月 17 日,http://www.bsm.org.

cn/show_article.php?id=1755。再次引用時,不需再標出網址,如:陳偉:《嶽麓書院秦簡"質日"初步研究》,"簡帛"網 2012 年 11 月 17 日。

(七)學位論文格式:××大學博士學位論文,××××年。

六、綜述、書評、會訊等所評述的論著,出版信息以括號形式注出,如:裘錫圭《湖北江陵鳳凰山十號漢墓簡牘考釋》(《文物》1974 年第 7 期)。

七、因突出引文的重要而另立段落者,引文第 1 行起首空 4 格,從第 2 行起,每行之首均空 2 格。引文的首尾不加引號。引文的注釋號標在引文最後標點之後。

八、系統在默認狀態下不能處理録入的文字, 請造字或以圖片形式插入正文。

九、數字的用法

(一)一般性叙述均使用阿拉伯數字。

(二)古籍文獻中的卷數,如"《漢書》卷九七上""《資治通鑒》卷一○○",使用漢字。

(三)中國朝代的年號及干支紀年使用漢字,其後加括號標出公元年代。如:秦始皇二十六年(前 221);建武二十五年(49)秋。

十、標點符號的用法

(一)文字間的連接號采用長橫"——",占兩個字符;數字間的連接號采用短橫"一",占一個字符。

(二)省略號前、後均不加逗號、句號等標點符號。如《漢書·王莽傳上》:"公卿咸嘆公德……傳曰申包胥不受存楚之報……"

(三)連續使用引號或書名號,之間不加頓號,如"案""劾",《史記》《漢書》等。

十一、表格形式

表格需注明表題,文中含一個以上的表需注明表序號,表中或表後應注明資料來源。

十二、課題、項目資助、鳴謝等以附記形式附正文後。

十三、文末附作者詳細信息(姓名,性別,出生年月,工作或學習單位,職稱或學歷,專業領域)。

《簡牘學研究》征稿啓事

　　《簡牘學研究》創刊於 1997 年，是國内較早的簡牘（簡帛）學類專業學術集刊，至今已公開出版七輯。現由西北師範大學歷史文化學院、甘肅簡牘博物館、河西學院河西史地與文化研究中心、蘭州城市學院簡牘研究所聯合主辦。

　　近年來簡牘學的發展日新月異，爲適應簡牘學發展新形勢，提升辦刊質量，縮短出版周期，近期本刊重組編輯委員會和編輯部，全新改版。

　　優質稿件是辦好刊物的根本，《簡牘學研究》衷心希望學界同仁鼎力支持，惠賜與下述内容相關的佳作，并對我們的工作予以批評指導。

　　1. 出土簡牘的整理、考證成果；2. 以簡牘爲主要材料，研究中國古代語言文字、制度、歷史、社會、文化、思想的成果；3. 代表性的國外簡牘研究譯文；4. 包括簡牘學理論方法探討、簡牘研究綜述、簡牘研究新書評介、簡牘研究論著索引、簡牘學人專訪在内的簡牘學學術動態。

　　惠賜稿件請注意以下事項：

　　1. 本刊注重稿件的原創性、首發性，祇接受首發投稿。已在正式出版物和網絡上刊發者，均不視爲首發。

　　2. 來稿應遵守學界公認的學術規範，作者文責自負。

　　3. 來稿格式請按照《〈簡牘學研究〉文稿技術規範》執行。

　　4. 來稿請提交 word 文本和 pdf 文本的電子文稿（電子郵件）。

　　5. 本刊實行雙向匿名專家審稿制度。稿件中勿出現作者個人信息，請另紙寫明作者姓名、工作單位、職稱或職務、電話號碼、電子郵件、通訊地址和郵政編碼，以便聯繫。

　　6. 本刊處理來稿期限爲三個月。逾期未接到通知，作者有權對自己的稿件另行安排。請作者自留底稿，來稿恕不退還。

　　7. 來稿一經刊用稿酬從優，并奉送樣刊三本。

　　來函請寄：

　　西北師範大學歷史文化學院　　甘肅省蘭州市安寧東路 967 號

　　李迎春　收

郵編:730070

電子郵件請寄:

jianduxueyanjiu@nwnu.edu.cn